Pete Greig

Einfach Gott hören

www.fontis-verlag.com

Im Gedenken an
Floyd McClung (03.08.1945–29.05.2021)
Joel Edwards (15.10.1951–30.06.2021)
– wahre Väter und Söhne.

Pete Greig

Einfach Gott hören

fontis

MIX
Papier | Fördert gute Waldnutzung
FSC® C014138
www.fsc.org

Bibliografische Information der Deutschen Nationalbibliothek
Die Deutsche Nationalbibliothek verzeichnet diese Publikation in der Deutschen Nationalbibliografie; detaillierte bibliografische Daten sind im Internet über www.dnb.de abrufbar.

Der Fontis-Verlag wird von 2021 bis 2026
vom Schweizer Bundesamt für Kultur unterstützt.

Fontis AG
Steinentorstr. 23
4051 Basel
Schweiz
info@fontis.ch

Verantwortlich in der EU:
Fontis Media GmbH
Baukloh 1
58515 Lüdenscheid
Deutschland
fontis@fontis-media.de

First published in Great Britain in 2022 by Hodder & Stoughton
An Hachette UK company

2. Auflage 2026

Übersetzung: Daniel Oesterle, Esslingen a. N.
Umschlag: Spoon Design, Olaf Johannson, Langgöns
Grafiken Umschlag: alla_line/Shutterstock.com
Satz: InnoSet, Justin Messmer, Basel
Druck: Finidr
Gedruckt in der Tschechischen Republik

ISBN 978-3-03848-270-3

Inhalt

Gott schweigt nicht. Aber oft sind wir zu beschäftigt, um seine Stimme zu hören. *Einfach Gott hören* ist ein biblisch fundierter und historisch reicher Überblick über die verschiedenen Arten, auf die Gott zu uns spricht. Das Lesen dieses Buches und das Nachdenken über seine Botschaft hat mich zu einem besseren Zuhörer gemacht. Ich empfehle es jedem, der sich eine engere Beziehung zu Gott wünscht.
Gary D. Chapman, Autor von *Die fünf Sprachen der Liebe*

Unter den vielen Gemeindeleitern, die ich kenne, zeichnet sich Pete Greig durch seine Demut, Lernbereitschaft und seine Liebe für den ganzen Leib Christi aus. Er ist eine persönliche Inspiration für mich, und ich stimme ihm von ganzem Herzen zu, dass es kein größeres Abenteuer gibt als das vertraute, andauernde Gespräch mit Gott. Egal wer du bist: Du bist persönlich eingeladen, dieses Wunder zu erleben. Entdecke zusammen mit Pete, was es bedeutet, Gottes Reden mit deinem ganzen Sein zu suchen – in der Heiligen Schrift, in der Tradition der Kirche, in der Stille und in der kostbaren Gemeinschaft der Heiligen, die überall auf der Welt mit dir zusammenstehen.
Heidi G. Baker, Mitbegründerin und geschäftsführende Vorstandsvorsitzende von *Iris Global*

Pete schafft es jedes Mal aufs Neue, dass die gute Nachricht von Gottes Gegenwart, von seiner Führung und seiner Einladung zum Gebet mich tief in meiner Seele erreicht. Dieses Buch ist süß und salzig – eine perfekte geistliche Zwischenmahlzeit aus

tiefen spirituellen Wahrheiten, gewürzt mit viel Lebensweisheit und von erfrischender Kürze. Es hat mich durstig nach lebendigem Wasser gemacht – und genau das soll es ja. Ich bete, dass du dir dieses Buch besorgst, es liest und dann zehn weitere kaufst, um sie deinen Freunden zu schenken. Es wird Leben verändern.
Danielle Strickland, Rednerin, Autorin und Aktivistin

Gottes Stimme zu hören ist unerlässlich für unseren gesamten Lebensweg – und Pete Greig ist ein idealer Reiseführer. Als Gründer von *24-7 Prayer* ist Pete eine Legende in Sachen Gebet. Und er schreibt auch noch wunderbar. Ich freue mich sehr, dass er dieses Buch herausgegeben hat!
Nicky Gumbel, Mitentwickler des *Alpha-Kurses*[1]

«Wenn Generäle sprechen, hören Soldaten zu!» Jede Generation hat Generäle des Glaubens, die das Gehör der Kirche verdienen. Nicht, weil sie besonders inbrünstig rufen oder besonders geschickt reden würden, sondern weil die Früchte ihres Lebens und ihres Dienstes es förmlich verlangen, dass wir zuhören. Pete ist solch ein Leiter, und die Wahrheit in diesem Buch beantwortet eine der dringendsten Fragen, die sich Menschen heute stellen: «Wie hört man Gott?» Pete hat die Antwort.
Glyn Barrett, leitender Pastor der *Audacious Church* und nationaler Leiter der *Assemblies of God* in Großbritannien

Es gibt viele Menschen, die behaupten, Gott hätte ihnen etwas übermittelt, aber wenn man sich diese Offenbarung dann anhört, klingt sie eher nach dem Teufel. Und dann gibt es noch Leute, die den Anschein erwecken, ein Wort der Wahrheit für unsere Zeit zu haben, aber sie glauben nicht an Gott. Nun, hier ist ein Buch, das wir gerade jetzt brauchen – über das Gebet, über das Hören auf Gott. Und zwar von jemandem, dem man vertrauen kann. Pete Greig ist seit Jahren ein guter Freund, und was das Beten angeht, ist er einer der klügsten Menschen, die ich kenne.

Dieses Buch schöpft aus dem tiefen Brunnen der Weisheit, welcher die Gläubigen seit Jahrhunderten versorgt. Es übermittelt uns die Stimmen von Heiligen, die nicht nur Menschen des Gebets waren, sondern auch Menschen der Tat – von Menschen also, die ihre Hände falteten, aber anschließend nicht in den Schoß legten. Dieses unglaubliche Buch ist daher ein Aufruf zum Gebet und ein Aufruf zum Handeln. Und das ist genau das, was unsere Welt gerade braucht!
Shane Claiborne, Autor, Aktivist und Mitbegründer von *Red Letter Christians*

Oft erscheint uns der Versuch, Gottes Stimme zu hören, wie eine zutiefst rätselhafte Aufgabe, und wir können uns dabei schnell entmutigt oder ratlos fühlen. Zu solchen Zeiten haben wir alle etwas Unterstützung nötig, und mit diesem Buch bietet uns Pete eine großartige Hilfestellung an. Was er schreibt, ist tief in der Bibel verwurzelt und gespickt mit den Erfahrungen vieler, die uns vorausgegangen sind. Pete zeigt, dass Gott wirklich zu uns spricht, und weist uns klare Schritte auf, um ihn zu hören, wenn er es tut.
Dr. Henry Cloud, *New-York-Times*-Bestsellerautor

Pete Greig hat uns ein weiteres Meisterwerk geschenkt. Klug und gewinnend, tiefgründig und doch spielerisch: *Einfach Gott hören* ist das Buch, das wir brauchen. Egal ob ungestüm-charismatisch oder kontemplativ-klösterlich – dieses Buch ist ein Festmahl für alle. Auch in hundert Jahren noch wird dieses Buch für viele eine entscheidende Ressource auf dem Weg des Glaubens sein.
Daniel Grothe, leitender Pastor der New Life Church und Autor von *The Power of Place*

In einer Welt, die so voller Lärm und Ablenkung ist, ist es dringend notwendig, dass das Volk Gottes lernt, die Stimme Gottes zu hören und auf sie zu achten. In diesem brillanten Buch zeigt

Pete verschiedene Möglichkeiten auf, wie wir im Hören auf Gott wachsen können. Wenn du dich auch danach sehnst, Gottes Reden im Alltag besser wahrzunehmen, dann ist dies das richtige Buch für dich!
Tim & Rachel Hughes, leitende Pastoren der *Gas Street Church Birmingham*

Würden wir nicht alle gern von Gott hören? Wie viel einfacher wäre unser Leben, wenn wir seine Stimme vernehmen und seiner Führung folgen könnten! Ich liebe Petes einfachen, leicht verständlichen Schreibstil. Die unkomplizierte Art, auf die er mit solch einem schwierigen Thema umgeht, macht dieses Buch so überzeugend. Wenn du dich wirklich auf die Reise machen willst, um mehr von Gottes Stimme zu hören, wird dieses Buch dir helfen, deinem Ziel näherzukommen.
Agu Irukwu, leitender Pastor von *Jesus House London*

Alles, was Pete Greig schreibt, entfacht ein Feuer in mir. Dieses Buch hat mich gepackt und etwas in mir aufgeweckt. Auf einmal merkte ich, dass ich anders betete und Gott anders zuhörte – mit mehr Erwartung und mit der Bereitschaft, Glaubensschritte zu gehen, auch auf die Gefahr hin, mich dabei töricht zu fühlen. Pete nimmt ein potenziell entmutigendes und verwirrendes Thema, überwindet unsere Ausreden und demontiert unsere Einwände mit urkomischen Geschichten, bodenständigen Beispielen und einfachen Übungen. Jede Seite wird deine Vorstellungskraft beflügeln und dich einladen zu glauben, dass wirklich jeder Gott hören kann.
Glenn Packiam, leitender Pastor der *Rockharbor Church* und Autor von *The Resilient Pastor*

Ich liebe das Ziel, das Pete Greig mit diesem Buch verfolgt: Er will «einen einfachen Ratgeber für normale Menschen» schreiben. Genau darin ist Pete Greig so gut – ein zutiefst geheimnisvolles

Thema wie das Gebet zu nehmen und es auf herrlich unspektakuläre Weise zugänglich zu machen. Was er uns in diesem Buch lehrt, ist eine wunderbare Mischung aus dem «Alltäglichen» und dem «Ewigen» – und deshalb ist es so bewegend und hilfreich. Einfach nur gut!
Matt Redman, Lobpreisleiter und Songwriter

Pete Greig hat ein gleichermaßen praktisches und tiefgründiges Buch darüber geschrieben, wie wir unsere Beziehung zu Gott vertiefen können. Ich glaube, dass dieses Buch das Leben vieler Menschen bereichern wird. Ich kann es nur wärmstens empfehlen.
Jon Tyson, leitender Pastor der *Church of the City New York*

Wir dienen seit über zwanzig Jahren jungen Menschen und bringen ihnen bei, wie man Gottes Stimme hört. Wenn wir von Anfang an dieses Buch gehabt hätten, wäre unsere Aufgabe sehr viel einfacher gewesen! Es ist das inspirierendste, hilfreichste und gründlichste Buch, das wir je zu diesem Thema gelesen haben. Es ist nicht die Art von Buch, die nur deinen Kopf mit Informationen füllt, sondern ein Buch, das ein Feuer der Inspiration in deinem Herzen entfacht. Du könntest es jemandem geben, der gerade erst zum Glauben gekommen ist, und er oder sie würde sofort in die Lage versetzt, auf Gottes Stimme zu hören. Oder du könntest es jemandem geben, der schon viele Jahre mit Gott unterwegs ist, und er oder sie würde angeregt und herausgefordert werden, ihn auf noch tiefere Weise zu hören. Der Leib Christi wartet schon sehr lange auf dieses Buch.
Jonathan und Melissa Helser, Musiker und Begründer einer christlichen Künstlerkommunität

Vorwort von John Mark Comer

Sollte es einen Gott geben ...

Und sollte dieser Gott kein abstraktes Konzept sein, keine diffuse Macht oder ein endloses Meer der Energie, sondern eine persönliche, lebendige Gemeinschaft dreieiniger Liebe ...

Und sollte dieser Gott, der selbst Beziehung ist, durch Liebe motiviert sein und Menschenform angenommen haben ...

Wenn er in Jesus – einem Rabbi, einem Lehrer aus Nazareth – Fleisch und Blut annahm ...

Wenn er Jünger berief, ihm nachzufolgen – Schüler, Lehrlinge –, die zu seinen Füßen saßen, seiner Lehre zuhörten und lernten, all das zu sagen und zu tun, was er sagte und tat ...

Und sollte dieser Jesus, als er zum Vater zurückkehrte, seinen Geist ausgegossen haben, damit dieser überall auf der Welt und für alle Zeit mit allen Christen ist ...

... dann ist der Kern von allem, was im Leben wichtig ist, mit Sicherheit, dass wir lernen, die Stimme dieses Gottes zu hören!

Vor vielen Jahren sagte einmal ein Mentor zu mir: «Zu lernen, die Stimme Gottes zu hören, ist die wichtigste Aufgabe eines Jüngers von Jesus.» Vor Kurzem sagte mir ein anderer erfahrener Lehrer: «Die Grundhaltung eines Jüngers von Jesus ist, zu seinen Füßen zu sitzen und zuzuhören.» Die gleiche Wahrheit, unterschiedlich formuliert.

Und doch: Wie soll das gehen? Ich wache nicht jeden Morgen auf und habe eine E-Mail von Gott im Postfach. Und du wahrscheinlich auch nicht, oder? Ich bekomme keine überirdische Textnachricht, wenn ich eine wichtige Entscheidung treffen muss, und ich höre auch keine laute Stimme vom Himmel, wenn ich verunsichert bin.

Hier kommt mein Freund Pete Greig ins Spiel. Vielleicht ist es ein bisschen anmaßend, ihn meinen Freund zu nennen. Er ist es durchaus, aber ich sehe ihn viel mehr als eine Art Bergführer, einen spirituellen Sherpa für die luftigen Höhen des Königreiches Gottes, ein lebendiges Bild der Art von Christ, zu dem ich im Laufe der Jahre heranreifen möchte.

Und Pete hat einfach das beste Buch geschrieben, das ich je gelesen habe, über das Wichtigste, was du jemals tun kannst – nämlich zu lernen, wie man Gott hört.

Pete nennt dieses Buch «einen einfachen Ratgeber für normale Menschen». Und was er schreibt, ist tatsächlich einfach und flüssig zu lesen, aber das heißt nicht, dass es sich hier um ein banales Thema handeln würde. Dieses Buch ist entwaffnend weise, tiefgründig und aufschlussreich.

Mit seinem außergewöhnlichen Wissen über die Geschichte der Kirche rund um den Globus überwindet Pete das christliche Stammesdenken unserer Zeit (charismatisch, nicht-charismatisch, reformiert, methodistisch, anglikanisch, täuferisch, konservativ, progressiv und so weiter). Er verwurzelt uns in etwas weitaus Älterem, gänzlich Unveränderlichem, Zeitlosem. In dem, was die frühen Christen «den Weg» nannten. Diese alte Beschreibung des Christentums (die übrigens älter ist als der Begriff «Christentum» selbst) ist das Gegenmittel für die meisten Leiden der modernen Kirche. Das Heilmittel für unsere Gebrechen.

Die Zukunft ist uralt.

Das Zeitlose ist zeitgemäß.

Und Gottes Stimme zu hören, ist der Schlüssel zu allem.

Dieses Buch in fünf Minuten

Der Weg nach Emmaus

> Und siehe, zwei von ihnen gingen an demselben Tag zu einem Dorf namens Emmaus …
>
> *Lukas 24,13 (SLT 2000)*

Dieses Buch ist eine einfache Anleitung für etwas, das gleichzeitig verblüffender und verwirrender ist als alles, was du jemals lernen wirst: Die Bibel sagt, dass du geschaffen wurdest, um eine echte, kommunikative Beziehung mit Gott zu genießen. Seine Stimme zu hören, ist somit die natürlichste Sache der Welt. (Und wahrscheinlich tust du das schon öfter, als dir bewusst ist.) Aber wann immer Gottes Wort verdreht, missbraucht oder ignoriert wird, kann das auch erschüttern und wehtun.

Das ganze folgende Buch hindurch will ich mit dir eine der schönsten Geschichten der Bibel betrachten: Die Begegnung des auferstandenen Christus mit den Zweien auf dem Weg nach Emmaus ist ein Meisterkurs für alle, die lernen wollen, seine Stimme zu hören. Und das nicht nur, weil sie so viele der Arten, auf die Gott spricht, illustriert, sondern weil die beiden Jesusnachfolger in der Geschichte immer wieder so konsequent und so beruhigend danebenliegen.

Kapitel 1: Gottes Wort in und durch Jesus hören

> Während sie sich unterhielten und nachdachten, kam Jesus selbst hinzu und ging mit ihnen.
>
> *Lukas 24,15*

Jesus ist der menschgewordene Klang von Gottes Stimme. Er ist buchstäblich das «lebendige Wort Gottes». Deshalb ist Gottes Stimme zu hören viel weniger eine Fähigkeit, die wir meistern müssten, sondern vielmehr ein Meister, dem wir begegnen müssen. All die anderen Wege, über die Gott kommuniziert – durch die Bibel, Prophetie, Träume, Visionen und so weiter –, kommen von Jesus und deuten wieder auf ihn hin. In der Tat liest du diese Zeilen wahrscheinlich deshalb, weil sich der verborgene Christus dir nähert, genau wie er es bei den beiden Jüngern auf der Straße nach Emmaus tat. Er lädt dich ein, dich auf eine langsame, tiefgehende Entdeckungsreise zu begeben, die dein Leben verändern wird.

Kapitel 2: Gottes Wort in der Bibel hören

> Und er fing an bei Mose und allen Propheten und legte ihnen aus, was in allen Schriften von ihm gesagt war.
>
> *Lukas 24,27 (LUT)*

Wenn es darum geht, Gott zu hören, ist die Bibel Gottes Herzenssprache. Nichts, was er auf irgendeine andere Weise in einem anderen Kontext sagt, wird jemals dem widersprechen, was er in der Heiligen Schrift gesagt hat, es untergraben oder außer Kraft setzen. Deshalb taucht Jesus nicht einfach auf der Straße nach Emmaus auf und sagt: «Hallo Leute, ich bin's!» Vielmehr nimmt er sich viel Zeit für eine ausführliche Bibelauslegung, in der er Gottes Wort im Licht seines eigenen Lebens, seines Todes und seiner Auferstehung radikal neu interpretiert. Dieser Ansatz, eine christologische Hermeneutik (aus griechisch *hermēneutikḗ* = Kunst der Deutung), kann dir bei der schwierigen Aufgabe helfen, Gottes Stimme durch die Bibel zu hören und ihre Bedeutung in deinem Leben zu verstehen.

Kapitel 3: Gottes Wort im Gebet hören: *Lectio divina*

> Brannte nicht unser Herz in uns, da er ... uns die Schrift öffnete?
>
> *Lukas 24,32 (LUT)*

In diesem Kapitel gehen wir vom Lesen der Bibel zum Beten der Bibel über, und zwar durch eine antike Form des hörenden Gebets – die sogenannte *Lectio divina.* Durch den Einsatz von Vorstellungskraft und Meditation kann die *Lectio divina* ein «Feuer in unserem Herzen» entfachen und dafür sorgen, dass in vertrauten Texten neue Offenbarungen zu flackern beginnen. Die vier traditionellen Schritte der *Lectio divina – lectio, meditatio, oratio* und *contemplatio* – werden hier vereinfacht durch die englische Abkürzung P.R.A.Y. ausgedrückt: ***P**ause* (Innehalten), ***R**ead* & *Reflect* (Lesen & Nachdenken), ***A**sk* (Bitten) und ***Y**ield* (Hingeben).

Kapitel 4: Gottes Wort durch Prophetie hören

> Brannte nicht unser Herz in uns, da er mit uns redete auf dem Wege ...?
>
> *Lukas 24,32 (LUT)*

Das Neue Testament verwendet zwei verschiedene griechische Begriffe, um das Wort Gottes zu beschreiben: *logos* und *rhēma. Logos* bezieht sich auf die Formen, die wir bisher betrachtet haben: Gottes lebendiges Wort in Jesus (Kapitel 1) und Gottes geschriebenes Wort in der Bibel (Kapitel 2 u. 3). Doch der andere Begriff, *rhēma,* beschreibt Gottes lebendiges, aktives Wort durch prophetisches Reden im Hier und Jetzt. Wie der Apostel Paulus schreibt: «Wer aber prophetisch redet, der redet zu Menschen zur Erbauung und zur Ermahnung und zur Tröstung» (1. Korinther 14,3; LUT). In diesem Kapitel nenne ich einige Schlüssel, die dir helfen sollen, in dieser wichtigen geistlichen Gabe zu wachsen, und einige einfache Grundsätze für den angemessenen Umgang damit.

Kapitel 5: Gottes Flüstern hören

> Jesus selbst kam hinzu und ging mit ihnen. Aber sie – wie mit Blindheit geschlagen – erkannten ihn nicht.
>
> *Lukas 24,15–16*

Wir kommen von Gottes Wort (seiner äußerlich wahrnehmbaren Stimme) zu Gottes Flüstern (seiner innerlich wahrnehmbaren Stimme). Und damit kommen wir zum Kern des Problems, das viele Christen damit haben, Gott zu hören – nämlich ihren Vorstellungen davon, wie Gott klingt und wie er ihrer Meinung nach reden sollte. Seine Stimme ist relativ einfach zu hören, wenn sie uns laut und deutlich erreicht – durch eine Begegnung mit Jesus (Kapitel 1), durch die Bibel (Kapitel 2 und 3) und durch übernatürliche prophetische Rede (Kapitel 4). Aber sie ist weniger leicht zu erkennen, wenn sie – wie es meistens der Fall ist – flüsternd daherkommt, wie ein stilles, sanftes Sausen (1. Könige 19,12).

Kapitel 6: Gottes Flüstern in Träumen und im Unbewussten hören

> Da wurden ihre Augen geöffnet, und sie erkannten ihn. Und er verschwand vor ihnen.
>
> *Lukas 24,31 (LUT)*

Eine der wichtigsten Ebenen, auf denen Gott in der Bibel mit den Menschen kommuniziert, ist die des Unbewussten und der Intuition. Und so spricht er auch heute noch. Dieses Kapitel bietet praktische Ratschläge für all diejenigen, die Gott in ihren Träumen hören wollen, und betont, wie wichtig es ist, auf das eigene Gewissen zu achten – ein wesentliches, aber nicht unfehlbares Sprachrohr für den Heiligen Geist. Außerdem beschäftigen wir uns mit dem ignatianischen Tagesrückblick, dem sogenannten *Examen* – einem effektiven Werkzeug, um sich mit seiner eigenen inneren Welt zu verbinden.

Kapitel 7: Gottes Flüstern in Gemeinschaft, Schöpfung und Kultur hören

Als er mit ihnen zu Tisch saß, nahm er das Brot, dankte, brach's und gab's ihnen. Da wurden ihre Augen geöffnet.

Lukas 24,30–31 (LUT)

Die Emmausgeschichte ist ein unausweichliches Beispiel dafür, wie Gott durch die konkreten Gegebenheiten von Gemeinschaft, Schöpfung und Kultur spricht. Als Jesus geboren wurde, stand Gottes Volk bereits sein Wort in der Bibel zur Verfügung (zumindest der hebräische Teil, den wir das Alte Testament nennen), aber das war eindeutig nicht genug. Sie hatten auch sein Wort durch Propheten und Prophezeiungen, aber auch das war nicht genug. Sie kannten Gottes Flüstern wie in Elias Gottesbegegnung, in ihrem Gewissen, in Träumen und Visionen. Tatsächlich waren sie mit fast jeder Form göttlichen Redens, die wir bisher in diesem Buch untersucht haben, vertraut. Aber nichts davon war genug. Letztlich musste Gottes Wort Fleisch werden – nicht in einem Buch, sondern in einem Körper, nicht nur mystisch im Himmel, sondern materiell «unter uns» (Johannes 1,14). Es gibt keinen Aspekt von Gottes Schöpfung, durch den er nicht sprechen könnte oder sprechen würde. Deshalb geht es in diesem Kapitel darum, die Stimme Gottes in unserem ganzen Leben zu erkennen – nicht nur im religiösen Kontext, sondern auch in den Realitäten der Gemeinschaft, der Schöpfung und der Kultur.

Kapitel 8: Das Wort, das Flüstern und der Weg

Nun erzählten die beiden, was auf dem Weg nach Emmaus geschehen war …

Lukas 24,35

Es dauerte etwa drei Stunden, bis der Groschen endlich fiel und die beiden aus Emmaus erkannten, dass sie das personifizierte, lebendige Wort Gottes zu Gast hatten. Aber in dem Moment, als ihre Augen und Ohren geöffnet wurden, war ihre Reaktion ein deutliches «Ja!». Aus Hören wurde Tun. Sie eilten sofort aus dem Haus und warteten nicht bis zum Morgen. Sie gingen die elf Kilometer nach Jerusalem zurück, wo sie die Jünger fanden und ihnen «erzählten, was … geschehen war» (Lukas 24,35). Das ist das Muster, dem wir folgen: Je mehr wir «Ja» zu Jesus sagen, desto vertrauter und kostbarer wird seine Stimme. Und schließlich werden wir, am Ende der Straße, am Ende des Tages, am Ende unseres Lebens, wenn die Sonne untergeht, zurückblicken und vor Staunen und Freude flüstern: «Brannte nicht unser Herz in uns, als er mit uns redete?»

Jesus ist der menschgewordene Klang von Gottes Stimme. Er ist buchstäblich das «lebendige Wort Gottes». Deshalb ist Gottes Stimme zu hören viel weniger eine Fähigkeit, die wir meistern müssten, sondern vielmehr ein Meister, dem wir begegnen müssen. All die anderen Wege, über die Gott kommuniziert – durch die Bibel, Prophetie, Träume, Visionen und so weiter –, kommen von Jesus und deuten wieder auf ihn hin. In der Tat liest du diese Zeilen wahrscheinlich deshalb, weil sich der verborgene Christus dir nähert, genau wie er es bei den beiden Jüngern auf der Straße nach Emmaus tat. Er lädt dich ein, dich auf eine langsame, tiefgehende Entdeckungsreise zu begeben, die dein Leben verändern wird.

1
Gottes Wort in und durch Jesus hören

Jesus selbst [kam] hinzu und ging mit ihnen.
Lukas 24,15

Rings um euch liegt die weite Welt: Ihr mögt euch einzäunen, aber euer Zaun wird sie nicht fern halten.[2]
J. R. R. Tolkien

Und so beginnt nun das große Abenteuer.

Nichts ist so aufregend und so wunderbar wie die menschliche Fähigkeit, Gottes Stimme zu hören. Aus genau demselben Grund hat sie aber auch – mehr als viele andere Dinge – das Potenzial dazu, Verwirrung zu stiften und Leid zu verursachen, wenn sie von Menschen instrumentalisiert, missbraucht oder ignoriert wird.

Vielleicht hast du dieses Buch deshalb in die Hand genommen. Du willst in deiner Fähigkeit wachsen, Gottes Stimme zu erkennen, weil dir bewusst ist, dass dies der Schlüssel zu allem anderen im Leben eines Christen sein muss. Es ist die eine Sache, ohne die all das Gerede von einer echten, kommunikativen Beziehung zum Herrn nur heiße Luft ist. Denn, wie es Teresa von Ávila schon vor fünf Jahrhunderten sagte: «Gebet ist nichts anderes als Freundschaft mit Gott.»[3] Es ist einfach, aber es ist nicht leicht.

Während ich diese Worte schreibe, versuchen manche selbsternannten Propheten, ihre Spuren zu verwischen, nachdem sie das Ergebnis einer gewissen Präsidentschaftswahl falsch vorhergesagt haben. Gleichzeitig toben immer noch dieselben alten Grabenkämpfe zwischen Menschen mit gegensätzlichen Standpunkten, die jeweils behaupten, Gottes wahre Meinung zu allem zu kennen – von Pandemien und Humangenetik bis hin zur Geopolitik des Nahen Ostens.

Und leider ist dies für viele auch ein schmerzhaftes persönliches Thema: Wer wurde nicht schon einmal verletzt durch eine fehlgeleitete Berufung auf Gottes Wort – ob durch einen manipulativen Elternteil, durch die selbstgefälligen Äußerungen eines überheblichen Predigers oder durch eine arme, verwirrte Seele wie die jener wildfremden Frau, die mich eines Tages am Ende eines Gottesdienstes darüber informierte, dass Gott ihr befohlen hätte, mich zu heiraten.

Und so scheint es mir sowohl natürlich als auch notwendig, meinem letzten Buch über das Reden mit Gott[4] ein Buch über das Hören auf Gott folgen zu lassen. Hier haben wir nun die andere Seite des Gesprächs. Der Teil, bei dem wir aufhören, *über* Gott, *vor* Gott oder sogar *zu* Gott zu sprechen, und tatsächlich anfangen, *mit* ihm zu sprechen.

✦ ✦ ✦

Höre, Israel, der HERR ist unser Gott, der HERR ist einer. Und du sollst den HERRN, deinen Gott, lieb haben von ganzem Herzen, von ganzer Seele und mit all deiner Kraft.
5. Mose 6,4–5 (LUT)

Das wichtigste Gebet im Judentum beginnt mit diesem einen Wort: «Höre!» Die alttestamentlichen Verse aus 5. Mose 6,4–9, bekannt als *Schma Jisrael* (wörtlich «Höre», «Horche» oder «Gib acht, Israel»), wurden von den Rabbinern und von Jesus selbst als der Kern des Gesetzes angesehen. Das *Schma Jisrael* galt als das wichtigste von allen Geboten und somit als höchste Priorität für die gesamte Menschheit.[5] Es bringt zum Ausdruck, dass wir lernen müssen, zuzuhören, bevor wir Gott mit ganzem Herzen, ganzer Seele und ganzer Kraft lieben können. Nur unter diesem Vorzeichen erschließt sich uns der Sinn des Lebens.

Unsere geistlichen Vorfahren schätzten diese Verse so sehr, dass sie sie in den Gebetsriemen an ihren Köpfen und Händen trugen. Tag für Tag und von Generation zu Generation erinnerten diese Worte sie daran, auf Gott zu hören. «Höre», beteten sie zweimal täglich und rezitierten das *Schma Jisrael* als Herzstück ihrer Morgen- und Abendgottesdienste. «Höre», sagten sie ihren Kindern und brachten ihnen bei, diese Worte beim Zubettgehen zu beten. «Höre», hauchten sie mit ihrem letzten Atemzug und beteten das *Schma Jisrael* als ihre letzten Worte.

Gottes Stimme zu hören – sein äußerlich wahrnehmbares Wort und sein Flüstern in unserem Innern – ist das Wichtigste, was du jemals lernen wirst. Das ist keine Übertreibung. Gott zu hören ist nichts, was marginal wäre; es ist ein zentraler Bestandteil der Menschheitsgeschichte. Es ist auch kein optionales Extra für Mystiker oder diejenigen, die zufällig besonders spirituell veranlagt sind. Gott zu hören ist ein wesentlicher Bestandteil dessen, wozu du und ich geschaffen wurden. Ohne diese Fähigkeit fehlt uns der Kitt, der alles zusammenhält. Aber wenn wir lernen, Gottes Wort zu lieben – es zu hören und ihm zu gehorchen –, dann findet alles seinen richtigen Platz. Wie Jesus sagt: «Der Mensch lebt nicht vom Brot allein, sondern von einem jeden Wort, das aus dem Mund Gottes geht» (Matthäus 4,4; LUT).

Zischend schloss sich die Tür und ich ließ mich auf meinem Sitzplatz nieder, während der Zug langsam den Bahnhof verließ. Wir nahmen allmählich Fahrt auf, bis die vertrauten Straßen vor dem Fenster zu einem verschwommenen Häusermeer wurden, das auf dem Weg nach London an uns vorbeirauschte.

Das Abteil war vollgestopft mit Menschen, aber niemand sprach. Ich stieß einen kleinen zufriedenen Seufzer aus und steckte mir ein Paar weiße Kopfhörer in die Ohren. Ich scrollte zu einem Podcast der Kognitions- und Neurowissenschaftlerin Dr. Caroline Leaf, drückte auf Play und freute mich darauf, mich in Ruhe in ein paar neue Ideen zu vertiefen.

Das Rattern der Schienen wurde immer lauter und ich regelte die Lautstärke hoch, um besser verstehen zu können. Ich bemerkte, dass die Dame, die mir gegenübersaß, etwas sagen wollte, und für einen kurzen, grässlichen Moment dachte ich, sie wolle sich mit mir unterhalten. Ich lächelte hilflos, formte mit meinen Lippen das Wort «Sorry» und deutete dabei auf meine Kopfhörer. Sie zuckte ebenfalls mit den Schultern und widmete sich wieder ihrem Taschenbuch. Ich stellte den Podcast noch etwas lauter.

Dr. Leaf interviewte eine Frau, die ein so extremes Trauma erlitten hatte, dass bei ihr eine vorzeitige Menopause durch Eierstockversagen ausgelöst worden war. Aber sie hätte gelernt, viele der typischen Symptome der Wechseljahre zu mildern, indem sie ihren Stresspegel sorgfältig überwachte, sagte sie. Dr. Leaf fragte nach, wie das gehen würde, und die Frau erklärte ohne Umschweife, wie man den pH-Wert seines eigenen Urins testete.

Ein wenig nervös blickte ich die Dame gegenüber an. Der Zug hatte nun seine volle Geschwindigkeit erreicht. Es regnete in Strömen. Die Regentropfen prasselten wie kleine Steinchen gegen das Fenster und rannen in waagerechten Streifen über die schmutzige Scheibe. Der Lärm war wirklich beachtlich, also drehte ich den Ton so weit wie möglich auf.

Erst als ich anfing, meine Sachen zusammenzupacken, um auszusteigen, kam die schreckliche Wahrheit ans Licht: Meine Kopfhörer waren die ganze Zeit über nicht mit meinem Telefon verbunden gewesen. Fast zwanzig Minuten lang hatte ich das ganze Zugabteil auf maximaler Lautstärke mit Dr. Caroline Leafs Gedanken über Stimmungsschwankungen, Gedächtnisprobleme und die Menopause beschallt. Derjenige, der die detaillierten Hinweise des Interviewgastes zur Kunst der persönlichen Urinprobe am schlechtesten hören konnte, war leider ich gewesen! Mit Ausnahme der irritierten Dame gegenüber hatten alle um mich herum so getan, als würden sie nichts merken – sie waren allesamt zu höflich (typisch britisch!) gewesen, um sich zu beschweren.

Dies ist ein einfaches Buch für normale Menschen darüber, wie man mitten im Lärm und Geschrei des Alltags «auf Empfang stellen» kann, um die Stimme Gottes deutlicher zu hören. Es ist, anders gesagt, eine einfache Anleitung für eines der verblüffendsten und gleichzeitig verwirrendsten Dinge, die du jemals lernen wirst.

Verblüffend, weil, nun ja, was könnte erstaunlicher sein? Mit den drei Wörtern «Es werde Licht» (auf Hebräisch sind es sogar nur zwei Wörter) schuf Gott mehr als hundert Milliarden Galaxien (1. Mose 1,3). «Nur ein Wort sprach er, und der Himmel wurde geschaffen, Sonne, Mond und Sterne entstanden, als er es befahl» (Psalm 33,6). Was um alles in der Welt könnte passieren, wenn er – auch nur ein paar Worte – zu mir spricht?

Aber gleichzeitig ist die Sache auch *verwirrend,* weil Gott zum größten Teil nicht akustisch hörbar spricht, so wie wir miteinander reden. Das bedeutet, dass wir das, was er sagt, leicht missverstehen, falsch interpretieren oder sogar ganz verpassen können.

Im Allgemeinen liegt das nicht daran, dass Gott nicht kommunizierte, und normalerweise ist das Problem auch nicht, dass uns die Fähigkeit zum Hören fehlen würde Vielmehr ist es so wie bei mir auf dieser Zugfahrt: Wir werden allzu leicht von der unmittelbaren, engen Verbindung getrennt, abgelenkt oder abgebracht, für die wir eigentlich geschaffen wurden. Es ist eine Trennung, die – wie es die anglikanische Abendmahls-Liturgie ausdrückt – «durch Nachlässigkeit, Schwäche und unser eigenes vorsätzliches Verschulden» entsteht.

Falls sich das jetzt etwas mühselig anhört, mach dir bitte

keine Sorgen. Wie gewohnt ist das Ganze bei Jesus erfrischend einfach, beziehungsorientiert und geerdet: «Meine Schafe hören auf meine Stimme», sagt er. «Ich kenne sie, und sie folgen mir» (Johannes 10,27). Mit anderen Worten, mach dir nicht zu viele Gedanken um hundert Milliarden Sonnensysteme oder gelegentliche peinliche Verbindungsfehler. Wenn selbst Schafe lernen können, die Stimme ihres Hirten zu erkennen, kannst du das auch!

Das ist etwas für jeden. Jesus wird am Jüngsten Tag sicherlich nicht deinen Taufschein prüfen oder deine Fähigkeit testen, das Glaubensbekenntnis aufzusagen. Seine Freunde wird man, wie er in diesem Vers sagt, an zwei einfachen Dingen erkennen: an ihrer Fähigkeit, seine Stimme zu erkennen, und ihrer Bereitschaft, ihm zu folgen.

Wenn du schon längere Zeit mit Christen zu tun hast, dann hast du wahrscheinlich schon mal jemanden ganz nüchtern sagen hören: «Oh, Gott hat mir dies und das gesagt» oder «Der Herr hat Folgendes zu mir gesprochen», als wäre es das Normalste auf der Welt. Und gewissermaßen ist es das auch, wie wir sehen werden. Aber versuch das mal bei deinem Hausarzt: «Frau Doktor, ich höre die Stimme von Jesus.» Oder vor Gericht: «Gott hat gesagt, ich soll das machen, Herr Vorsitzender.» Du wirst schneller Medikamente verschrieben bekommen oder eingebuchtet werden, als du «Halleluja!» rufen kannst.

Und doch haben viele der bedeutendsten Menschen, die jemals gelebt haben, unumwunden zugegeben, die Stimme Gottes zu hören – von George Washington Carver[6], der als der afroamerikanische Vater der modernen Landwirtschaft bekannt ist, bis hin zu Florence Nightingale, der Mutter der modernen Krankenpflege. Kurz vor ihrem siebzehnten Geburtstag schrieb sie in ihr Tagebuch: «Gott sprach zu mir und rief mich in seinen Dienst. Welche Gestalt dieser Dienst annehmen sollte, machte die Stimme nicht deutlich.»[7] Von Ben Carson, dem bahnbrechenden amerikanischen Neurochirurgen und ehemaligen Präsidentschaftskandidaten, der sich durch einen übernatürlichen Traum in die Medizin berufen fühlte,[8] zu Dag Hammarskjöld, dem schwedischen Ökonomen, der den Friedensnobelpreis gewann und von John F. Kennedy als «der größte Staatsmann unseres Jahrhunderts» bezeichnet wurde.[9] Vom genialen französischen Universalgelehrten Blaise Pascal[10] bis hin zur entflohenen Sklavin und Vorreiterin in der Abschaffung der Sklaverei, Harriet Tubman[11]. Vom schottischen Olympioniken Eric Liddell, der Gottes Wohlgefallen spürte, wenn er lief, bis zum blinden englischen Dichter John Milton, der seiner Tochter jeden Morgen diktierte, was er in der Nacht zuvor von Gott eingegeben bekommen hatte.

Umfragen bestätigen immer wieder, dass die meisten Menschen in unseren vermeintlich säkularen westlichen Gesellschaften immer noch mit Gott interagieren.[12] Wir unterziehen uns nicht einer Chemotherapie und denken: «Ich sollte wohl ein Gebet sprechen, aber das ist mir jetzt zu viel.» Meistens heißen wir Neugeborene nicht mit den Worten willkommen: «Siehe da, ein biologischer Zufall, der in ein bedeutungsloses Universum hineingeboren wurde.» Niemand hat jemals einen Vogelschwarm in der Abenddämmerung oder einen Sonnenuntergang auf stürmischer See beobachtet und geflüstert: «Wow, ich bin beeindruckt von meiner eigenen Pracht.» Menschen sind darauf angelegt, anzubeten. Du wurdest sorgfältig gemacht und mit der außergewöhnlichen Fähigkeit ausgestattet, mit Gott zu leben und mit ihm zu reden.

Tatsächlich sagt die Bibel, dass der höchste Sinn deines Lebens darin besteht, eine echte, kommunikative Beziehung zu einem unendlich liebenden göttlichen Wesen zu genießen. Das ist der Grund, warum du geboren wurdest. Und das ist zugleich auch der Grund, weshalb du Gottes Stimme heute bereits mit ziemlicher Sicherheit schon öfter hörst, als dir bewusst ist. Dein Vater im Himmel lädt dich ein, jeden Tag Zeit im entspannten Gespräch mit ihm zu verbringen, so wie Adam und Eva es im Garten Eden taten (1. Mose 3,8). Er möchte mit dir genauso vertraut und persönlich sprechen, wie er es mit Mose getan hat, «von Angesicht zu Angesicht ... so wie Freunde miteinander reden» (2. Mose 33,11).

Gelegentlich wird Gott auf aufregende Weise durch Träume, Visionen und eine hörbare Stimme kommunizieren, so wie es der Apostel Petrus auf dem Dach in Joppe erlebte (Apostelgeschichte 10,9–20). Aber meistens wird er leise, mit einem «stillen, sanften Sausen» sprechen, wie es Elia auf dem Berg Karmel vernahm (1. Könige 19,12; LUT). Dabei wird Gott überraschend unspektakulär klingen, so wie damals, als der junge Samuel seine Stimme mit der des alten Mannes im Zimmer nebenan verwechselte (1. Samuel 3). Immer wieder wird er dich auf deiner Reise durch das Leben ein Stück weit begleiten, deine Seele anrühren und durch die Heilige Schrift zu dir sprechen. Er will sich dir offenbaren, wie er es gegenüber den beiden Jüngern auf dem Weg nach Emmaus tat, deren Geschichte wir in diesem Buch genauer betrachten möchten.

Die Begegnung auf dem Weg nach Emmaus

Am selben Tag gingen zwei Jünger nach Emmaus, einem Dorf elf Kilometer von Jerusalem entfernt. Unterwegs sprachen sie miteinander über die Ereignisse der vergangenen Tage. Während sie sich unterhielten und nachdachten, kam Jesus selbst hinzu und ging mit ihnen. Aber sie – wie mit Blindheit geschlagen – erkannten ihn nicht.

Lukas 24,13–16

So beginnt eine der bedeutendsten Kurzgeschichten, die je erzählt wurden. «Lerne, in dieser Geschichte zu leben», sagt der Theologe N. T. Wright, «und du wirst sie als unerschöpflich erfahren.»[13] Als literarisches Werk ist sie ergreifend und tiefgründig. Als Lehrstück bietet sie zahlreiche Einblicke, wie Gott spricht (und wie wir ihm zuhören können). Und als eine Erzählung ist sie einfühlsam, humorvoll und voller Aaaahh-Momente, die einen staunen lassen.

Tatsächlich ist sie so elegant aufgebaut, dass einige Gelehrte sogar infrage stellen, ob sie überhaupt geschehen ist. Und deshalb, weil wir in den kommenden Kapiteln oft darauf zurückkommen werden, möchte ich mir einen Moment Zeit nehmen, um zu erklären, warum ich glaube, dass die Erzählung von den Emmausjüngern als eine tatsächliche, historische Begebenheit wörtlich genommen werden sollte.

Zuerst einmal wird uns gesagt, dass Jesus seinen Jüngern mindestens zehnmal nach seiner Auferstehung erschien, und dass sich eine dieser Erscheinungen vor einer großen Menge von etwa fünfhundert Menschen ereignete (1. Korinther 15,6). Bei so vielen Augenzeugenberichten, aus denen man wählen konnte, liegt es nahe, dass Lukas den eindrücklichsten und ergreifendsten auswählte, um ihn in sein Evangelium aufzunehmen, und natürlich bedeutet es auch, dass er – inspiriert vom Heiligen Geist – sein Bestes tat, die Geschichte gut zu erzählen. Nur ein sehr zynischer Blick auf die Welt würde einen dazu verleiten, die Wahrhaftigkeit eines Ereignisses infrage zu stellen, einfach weil es in sich bedeutungsvoll und dazu noch kunstvoll geschildert ist.

Zweitens beweist Lukas sowohl in diesem Evangelium als auch in seiner Apostelgeschichte immer wieder, wie sehr er sich zu einer präzisen Berichterstattung verpflichtet fühlt. Während sein Mitevangelist Johannes mit Chronologie, Poesie und bildlichen Ausdrucksformen spielt (und das mit großer Wirkung), bleibt Lukas ein entschiedener Chronist der Fakten. Warum sollte er eine so bedeutsame Begegnung erfinden?

Drittens gibt es eine Reihe wichtiger Details in dieser Geschichte, die sie besonders glaubhaft klingen lassen. Warum sollte Lukas zum Beispiel einem der Reisenden einen Namen geben und dem anderen nicht, wenn er die Geschichte doch frei erfunden hat? Und warum verschwindet Jesus, nachdem er das Brot gebrochen hat, ohne ein Sterbenswörtchen über Wein zu sagen? Wenn diese Geschichte (wie behauptet) zum Teil als Prototyp für die Abendmahlsfeier konstruiert worden wäre, hätte Lukas sich doch sicherlich an beide Elemente der Eucharistie erinnert!

Und es gibt noch ein weiteres interessantes Detail: Warum sollte er den relativ unbedeutenden Vorort Emmaus als Ziel der Jünger gewählt haben? Wäre es nicht interessanter gewesen, wenn sie zum Beispiel auf dem Weg nach Jericho gewesen wären, wo Josua zum ersten Mal das gelobte Land in Besitz nahm, wo erst vor Kurzem der blinde Bartimäus geheilt worden war und wo das Gleichnis vom barmherzigen Samariter spielte? Oder sie hätten nach Bethanien gehen können, wo Jesus nur wenige Tage zuvor mit Parfümöl gesalbt worden und wo Lazarus von den Toten auferstanden war. Daraus ließe sich doch mal eine gute Predigt machen! Aber nein, Lukas schreibt, dass die beiden etwa elf Kilometer nach Hause in eine obskure Kleinstadt gingen, die nirgendwo sonst in der Bibel erwähnt wird. Vermutlich tat er es deshalb, weil es einfach so war.

Und zuletzt ähnelt die Darstellung Jesu in dieser Geschichte auffallend den anderen Berichten, die wir von seinen Erscheinungen nach der Auferstehung haben. So wie Maria ihn früher am selben Tag für einen Gärtner hielt und wie sieben seiner engsten Freunde ihn einige Tage später am Ufer des Sees Genezareth nicht wiedererkannten, so gelingt es auch hier auf dem Weg nach Emmaus den Wandernden nicht, den Herrn zu erkennen. Anscheinend hatte sich sein Aussehen in irgendeiner Form verändert. Aber auch die Art, wie Jesus spricht, stimmt mit den anderen biblischen Berichten überein: Immer wieder nähert sich der Auferstandene seinen Freunden mit herausfordernden Fragen. Er begrüßt Maria mit den Worten: «Frau, warum weinst du?» Er will von den Fischern am See Genezareth wissen: «Habt ihr keine Fische gefangen?» Er fragt Petrus beim

Frühstück: «Liebst du mich?» Und hier, auf dem Weg nach Emmaus, tritt er an die Reisenden mit einer weiteren unbekümmerten Frage heran: «Worüber sprecht ihr da miteinander?» (Lukas 24,17).

Angesichts all dieser biografischen, stilistischen und sonstigen Übereinstimmungen gibt es keine innere Notwendigkeit, die Emmausgeschichte nur als Metapher zu verstehen. Im Gegenteil: Es gibt genügend Indizien, um sie als Tatsache zu akzeptieren. Das ist wichtig, weil eine wortwörtliche Interpretation der Geschichte davon Zeugnis gibt, dass hier eine tatsächliche, persönliche Begegnung mit dem lebendigen Herrn Jesus Christus stattfand und dass eine solche möglich ist. Es bedeutet: Jesus wird greifbar und verfügbar für uns alle. Ist das nicht aufregend?

✦ ✦ ✦

Tauchen wir nun also tiefer in diese Geschichte ein, die uns so viel über das Hören auf Gott zu lehren hat.

Es ist später Nachmittag und die Sonne geht langsam unter, die Schatten werden länger. Wir sprechen über die Schrecken dessen, was sich jüngst in Jerusalem zugetragen hat. Wir schleppen uns den Weg entlang, als ob die Welt untergegangen wäre. Und dann kommt da hinter uns einer mit leichten, federnden Schritten angelaufen, so als ob die Welt gerade erst ihren Anfang nehmen würde. Wir dämpfen unsere Stimmen und erwarten, dass er mit den üblichen Höflichkeitsfloskeln an uns vorbeigeht, aber stattdessen wird er langsamer und passt sich unserem Tempo an. Wie es scheint, will er reden.

> Er fragte sie: «Worüber redet ihr denn so erregt unterwegs?»
>
> Da blieben sie stehen und blickten ganz traurig drein, und der eine – er hieß Kleopas – sagte: «Du bist wohl der Einzige in Jerusalem, der nicht weiß, was dort in diesen Tagen geschehen ist?»
>
> «Was denn?», fragte Jesus.

Weiß er es wirklich nicht? Können wir ihm trauen? Dies sind gefährliche Zeiten.

«Das mit Jesus von Nazaret», sagten sie. «Er war ein Prophet; in Worten und Taten hat er vor Gott und dem ganzen Volk seine Macht erwiesen. Unsere führenden Priester und die anderen Ratsmitglieder haben ihn zum Tod verurteilt und ihn ans Kreuz nageln lassen. Und wir hatten doch gehofft, er sei der erwartete Retter, der Israel befreien soll! Aber zu alledem ist heute auch schon der dritte Tag, seitdem dies geschehen ist!

Und dann haben uns auch noch einige Frauen, die zu uns gehören, in Schrecken versetzt. Sie waren heute früh zu seinem Grab gegangen und fanden seinen Leichnam nicht mehr dort. Sie kamen zurück und erzählten, sie hätten Engel gesehen, die hätten ihnen gesagt, dass er lebt. Einige von uns sind gleich zum Grab gelaufen und haben alles so gefunden, wie es die Frauen erzählten. Nur ihn selbst sahen sie nicht.»

Der Gesichtsausdruck des Fremden ist schwer zu interpretieren. Offensichtlich hat er Interesse an den Dingen, die wir erzählen, aber irgendwie scheint er nicht besonders beunruhigt, beeindruckt oder überrascht zu sein. Einmal scheint es sogar so, als müsse er ein Lachen unterdrücken (aber das kann nicht sein). Schließlich bleibt er stehen, schaut zum Himmel auf und stößt einen langen frustrierten Seufzer aus.

Da sagte [er] zu ihnen: «Was seid ihr doch schwer von Begriff! Warum rafft ihr euch nicht endlich auf zu glauben, was die Propheten gesagt haben? Musste der versprochene Retter nicht dies alles erleiden und auf diesem Weg zu seiner Herrschaft gelangen?» Und Jesus erklärte ihnen die Worte, die sich auf ihn bezogen, von den Büchern Moses und der Propheten angefangen durch die ganzen Heiligen Schriften.

Unser ganzes Leben lang haben wir diese Geschichten von Abraham und Mose gehört, aber die Art und Weise, wie er sie uns jetzt erzählt, entfacht etwas Unbeschreibliches in unseren Herzen: eine Erkenntnis nach der anderen, die wir noch nie zuvor gehört haben. Zu Fuß braucht man ein paar Stunden von Jerusalem nach Emmaus (drei, wenn man müde ist und sich unterhält, so wie wir). Aber ehe wir's uns versehen, sind wir zu Hause, die Sonne ist untergegangen und die Nacht bricht herein.

> Inzwischen waren sie in die Nähe von Emmaus gekommen. Jesus tat so, als wollte er weitergehen. Aber sie ließen es nicht zu und sagten: «Bleib doch bei uns! Es geht schon auf den Abend zu, gleich wird es dunkel!» Da folgte er ihrer Einladung und blieb bei ihnen.

Zuerst werden natürlich die Füße unseres Gastes gewaschen, und danach schaut er die Dienerin mit einer Dankbarkeit an, die in keinem Verhältnis steht zu der kleinen Pflichterfüllung. Mittlerweile erfüllt der Duft von frischem Brot das Haus, die Lampen flackern und unser bester Wein wartet schon. Eifrig begeben wir uns an den Tisch, aber noch bevor ich das Tischgebet sprechen kann, übernimmt unser Gast die Führung:

> Als er dann mit ihnen zu Tisch saß, nahm er das Brot, sprach das Segensgebet darüber, brach es in Stücke und gab es ihnen. Da gingen ihnen die Augen auf und sie erkannten ihn. Aber im selben Augenblick verschwand er vor ihnen. Sie sagten zueinander: «Brannte es nicht wie ein Feuer in unserem Herzen, als er unterwegs mit uns sprach und uns den Sinn der Heiligen Schriften aufschloss?»

Das Feuer, das auf dem Weg in unseren Herzen entzündet wurde, verzehrt uns jetzt ganz und gar. Mit unseren eigenen Augen haben wir ihn gesehen! In unserem eigenen Haus haben wir ihn beherbergt! Plötzlich sind wir wacher, erstaunter, lebendiger als je zuvor. Eilends ziehen wir unsere Mäntel an, von Müdigkeit keine Spur, und treten in die Nacht hinaus.

> Und sie machten sich sofort auf den Rückweg nach Jerusalem. Als sie dort ankamen, waren die Elf mit allen Übrigen versammelt und riefen ihnen zu: «Der Herr ist wirklich auferweckt worden! Er hat sich Simon gezeigt!» Da erzählten sie ihnen, was sie selbst unterwegs erlebt hatten und wie sie den Herrn erkannten, als er das Brot brach und an sie austeilte.
>
> *Lukas 24,17–35 (GNB)*

Gottes Reden und sein ultimatives Wort

Die Begegnung auf dem Weg nach Emmaus ist, wie es N. T. Wright sagt, nicht nur «eine wunderbare, einzigartige, faszinierende Geschichte», sondern auch «ein Modell für einen Großteil dessen, worum es, damals wie heute, beim Christsein geht».[14] Hier entdecken wir den verborgenen Christus, der uns auf unserer Reise durch das Leben begleitet. Und hier werden wir daran erinnert, dass wir ihn aktiv in unsere Fragen, unsere Beziehungen und unser Zuhause einladen müssen. Hier fangen unsere Herzen Feuer und wird die Heilige Schrift lebendig. Hier geht er mit uns und spricht mit uns, beantwortet geduldig unsere Fragen, richtet unser Denken neu aus und lehrt uns beten. Hier am Tisch teilen wir das Brot und den Wein, erinnern uns an seinen Tod und erkennen die Realität seiner Auferstehung direkt vor unseren Augen. Und von hier treibt es uns hinaus in die Dunkelheit, als Zeugen der Wunder, die wir gesehen haben.

Vor allem aber ist die Emmausgeschichte ein Musterbeispiel in Sachen Gebet. Es mag merkwürdig erscheinen, aber diese wenigen Verse erlauben einen tieferen Einblick in die Art und Weise, wie Gott redet und wie wir sein Reden hören sollen, als sonst irgendein Text in den Evangelien. In weniger als zwanzig Versen kommuniziert Jesus auf mindestens fünf verschiedene Arten: *im Gespräch,* «als sie so miteinander sprachen und alles hin und her überlegten»; *exegetisch,* als er «ihnen die Worte, die sich auf ihn bezogen, ... durch die ganzen Heiligen Schriften» erklärte; *sakramental,* als er «das Brot nahm, das Segensgebet darüber sprach, es in Stücke brach und es ihnen gab»; *prophetisch,* als «ihnen die Augen aufgingen»; und *innerlich,* als er direkt zu ihrem Herzen redete und es «brannte ... als er unterwegs mit [ihnen] sprach».

Dies ist keine vollständige Liste all der möglichen Arten, auf die Gott sich uns Menschen mitteilt (es tauchen hier zum Beispiel keine Träume auf, keine Engelserscheinungen, keine sprechenden Esel und so weiter). Dennoch bilden diese fünf Punkte eine solide Grundlage, damit wir uns im weiteren Verlauf des Buches gründlich mit dem Thema «Hören auf Gott» auseinandersetzen können.

Bemerkenswert ist auch, dass die Geschichte zutiefst mit dem übereinstimmt, was wir selbst aus unserer Erfahrung als Christen kennen: Es ist nun mal eine Tatsache, dass eine solch dramatische Begegnung mit Christus, wie Paulus sie auf der Straße nach Damaskus hatte – mit gleißendem Licht und einer dröhnenden Stimme –, eher die Ausnahme darstellt. Für jeden Menschen, der so etwas erlebt, gibt es hunderte andere, die Jesus langsam und leise begegnen, inkognito wie auf der Straße nach Emmaus – durch die Freundschaft mit ihm, durch die Bibel und durch das gemeinsame Gespräch.

Ich habe behauptet, dass Gott in diesen zwanzig Versen auf fünf verschiedene Arten spricht. Aber die Liste wäre unvollständig ohne ihren wichtigsten Bestandteil: Die ultimative Art und Weise, wie sich Gott in dieser Geschichte offenbart, ist nicht durch die Bibel (wie manche Evangelikale überzeugt sind), noch durch das Brechen des Brotes (wie man als Sakramentalist meinen könnte), noch durch ein «Brennen im Herzen» (wie es die Kontemplativen vielleicht denken), sondern durch *Jesus Christus* selbst. Er ist das herausragende und endgültige Wort Gottes

(Johannes 1,1), das jedes andere Wort, das Gott in unser Leben spricht, lebendig macht und definiert.

Auf dem Weg nach Emmaus sendet Jesus ausdrücklich keine Bibel, keinen Engel und auch keine spontane Offenbarung an die beiden, sondern macht sich die Mühe, ihnen persönlich zu erscheinen. Dabei nimmt er sich mindestens eine Stunde Zeit, um zu erklären, «was durch die ganze Schrift hindurch über ihn gesagt wird». Bei einer anderen Gelegenheit macht er deutlich, dass es möglich sei, «die Heilige Schrift [zu durchforschen], weil ihr meint, in ihr das ewige Leben zu finden». Aber dann fügt er hinzu: «Und tatsächlich weist gerade sie auf mich hin. Dennoch wollt ihr nicht zu mir kommen, um dieses Leben zu haben» (Johannes 5,39–40). An anderer Stelle bringt der Verfasser des Hebräerbriefes eine ähnliche Argumentation vor: «In der Vergangenheit hat Gott immer wieder und auf vielfältige Weise durch die Propheten zu unseren Vorfahren gesprochen. Doch jetzt, in dieser letzten Zeit, sprach Gott *durch seinen Sohn* zu uns» (Hebräer 1,1–2; Hervorhebung des Autors).

Das bedeutet, dass das Hören auf Gott in der Begegnung mit Jesus beginnt und endet. Wir verstehen die Bibel im Licht Jesu und nicht umgekehrt (mehr dazu im nächsten Kapitel). Jede andere Art und Weise, auf die Gott kommuniziert – und auf die wir ihn daher sprechen hören können –, kommt von Christus und deutet wieder auf ihn hin. Nichts ist wichtiger als eine persönliche Begegnung mit Jesus. Sie ist durch keine andere Sache auf dieser Welt zu ersetzen. «Es ist Christus selbst, nicht die Bibel, der das wahre Wort Gottes ist», schreibt C. S. Lewis. «Die Bibel, im richtigen Geist und unter der Anleitung guter Lehrer gelesen, wird uns zu ihm führen.»[15]

Manche Menschen werden sich nun unweigerlich Sorgen machen, eine solche Fokussierung auf Christus als das herausragende Wort Gottes könnte die Autorität der Bibel als Gottes Wort beeinträchtigen. Dabei ist das Gegenteil der Fall! Die Bibel ist die primäre Quelle, durch die wir sowohl die Absichten als auch die Persönlichkeit ihrer Hauptperson, Jesus Christus, kennenlernen. Und hier in der Geschichte von den Emmausjüngern zeigt sich uns ein dynamisches Bild von diesem Tanz zwischen Gottes Wort in der Bibel und seinem letzten Wort in Jesus: Sie deuten immer aufeinander hin. Unsere subjektiven persönlichen Begegnungen mit Jesus finden ihr Gegengewicht in der objektiveren Auseinandersetzung mit seinem Wort in der Bibel. Das eine funktioniert einfach nicht ohne das andere. Gott zu hören beginnt mit Christus und führt uns sofort zur Bibel, die uns wiederum auf ihn verweist.

Jede Offenbarung, die angeblich von Gott kommt, aber nicht nach Jesus klingt und uns nicht tiefer in die Beziehung mit Jesus drängt, ist daher grundsätzlich unchristlich – egal wie übernatürlich sie erscheint, wie tiefgründig sie klingt und in wie viele Bibelverse sie verpackt ist.

Die Vision ist Jesus

Vor vielen Jahren, zu Beginn der 24-7-Prayer-Bewegung, schrieb ich ein paar Worte an die Wand unseres ersten Gebetsraums, die sich unerwarteterweise auf der ganzen Welt ausbreiteten. Heute würden wir sagen, «sie gingen viral». Es war ein langes, ausuferndes Gebet/Gedicht/Wortschwall-Ding namens «The Vision», das so begann:

> Da kommt doch dieser Typ zu mir und fragt: «Was ist die Vision? Worum geht es?» Ich mache meinen Mund auf und höre folgende Worte: «Die Vision? Die Vision ist Jesus! Unberechenbar, leidenschaftlich, unverwechselbar Jesus.»

Viel Zeit ist vergangen, seit ich diese Worte geschrieben habe. Die Welt hat sich ein gutes Stück verändert und ich auch. Mein Glaube ist im Lauf der Jahrzehnte größtenteils gesetzter und reifer geworden, hoffentlich so wie ein halbwegs anständiger Wein.

Viele der Dinge, die mir damals so dringlich schienen, sind mit der Zeit einfach verdunstet. Inzwischen ist mein Vertrauen in die Fähigkeit der Menschheit, sich durch Politik, Wirtschaft und Wissenschaft selbst auf den richtigen Kurs zu bringen, drastisch geschrumpft. Ebenso ist meine Hoffnung, dass charismatische Führungspersonen uns den Weg aus unserer misslichen Lage zeigen, fast vollständig verschwunden. Aber die sanfte Anziehungskraft Jesu – die leuchtende Schönheit seines Charakters und die bestürzende Unbeugsamkeit seines Weges – bleibt meine Vision, meine alles vereinnahmende Leidenschaft. Und das vielleicht mehr als je zuvor. Jesus ist wirklich die Hoffnung der Welt!

Ich werde von Natur aus nervös, wenn es um Prophetie geht und wenn Menschen behaupten, einen direkten Draht zum Himmel zu haben. Aber weil mir Jesus wichtig ist, wünsche ich mir zutiefst, alles zu hören, was er zu sagen hat – egal wie er sich entscheidet, es zu sagen. Ich erhalte immer wieder Einladungen aus der ganzen Welt, um übers Beten zu sprechen, und oft fühle ich mich deshalb wie ein Hochstapler. Denn eigentlich interessiere ich mich nicht überdurchschnittlich für das Thema.

Aber weil mir Jesus wichtig ist, reden wir miteinander, und ja, man kann wohl sagen, dass unsere Gespräche heute etwas tiefer gehen als früher.

Seine Stimme zu hören bleibt jedoch eine Herausforderung. Ich lerne immer mehr, zwischen seiner Stimme und anderen zu unterscheiden – aber manchmal irre ich mich immer noch.

Ich werde auch nervös, wenn ich daran denke, dass psychiatrische Stationen voll sind mit Menschen, die Stimmen hören, die sie Gott zuschreiben, und die christliche Konferenz-Szene ist es wohlgemerkt auch.

Was heißt das für uns? Wir müssen denken. Wir müssen uns an die Bibel halten. Aber vor allem müssen wir auf Jesus fokussiert bleiben.

Die beiden Jünger auf der Straße nach Emmaus hatten sicher

umfangreiche religiöse Kenntnisse, aber als sie dem auferstandenen Jesus begegneten, veränderte das alles – auch ihr Bibelverständnis. Persönlich bin ich nicht besonders daran interessiert, frommer, informierter oder auch nur besser darin zu werden, Gott zu hören. Ich strebe nur insoweit danach, seine Stimme zu erkennen, als dass sie mich Jesus näherbringt. Meine Leidenschaft ist immer noch, um es in den Worten von Paulus zu sagen: «Christus allein ... Ihn will ich immer besser kennenlernen» (Philipper 3,10). Trotz vieler Misserfolge bleibt mein Fokus auf Jesus gerichtet, den – wie es der Hebräerbrief ausdrückt – «Urheber und Vollender des Glaubens» (Hebräer 12,2; Einheitsübersetzung).

Innehalten & Beten

Ich halte inne, um meine Gedanken auf Jesus auszurichten, den «Urheber und Vollender [meines] Glaubens», und bitte ihn, sich mir jetzt durch seinen Geist zu nähern, so wie er sich den beiden Jüngern auf dem Weg nach Emmaus näherte. Während ich stillsitze und langsam atme, werde ich mir seiner Anwesenheit bewusst. Und wenn ich über diese beiden Worte – «Urheber» und «Vollender» – nachdenke, frage ich mich, auf welche Weise Jesus die Geschichte meines Lebens weiterschreibt und wo mein Glaube noch vollendet werden muss.

Gottesbegegnung auf Kurdisch

Die wunderbare Wahrheit ist, dass Jesus Christus noch heute Menschen erscheint und zu ihnen spricht, so wie er es auf der Straße nach Emmaus tat. Ich werde nie das Zeugnis einer kurdischen Frau namens Asrin vergessen, die mir eines Abends bei einem Essen ihre Geschichte erzählte und die mir die Erlaubnis erteilt hat, sie hier wiederzugeben: Asrin wuchs im Norden des Iran auf, wo sechs ihrer Cousins von den Truppen des Ajatollahs getötet wurden (mit denen sich die iranischen Kurden im Krieg befanden). Deshalb bestanden ihre frühesten Kindheitserinnerungen darin, dass sie auf dem Friedhof spielte, auf den ihre Mutter ging, um zu trauern. Im Alter von sechzehn Jahren wurde Asrin wegen Verbrechen angeklagt und verhaftet, die sie nicht begangen hatte, und gezwungen, ein Schuldgeständnis zu unterschreiben.

«Ich hatte nichts Falsches getan und trotzdem hielten sie mich fest wie eine Kriminelle», sagte sie mit Feuer in ihren Augen. «Diese Leute hatten meine Cousins getötet, und jetzt beschuldigten sie mich irgendwelcher Verbrechen, die ich nicht verübt hatte. Also beschloss ich, dass ich genauso gut die Dinge in die Tat umsetzen konnte, die sie mich gezwungen hatten, zu gestehen. Ich hatte vor, in das iranische Bergland zu reisen und mich einer kurdischen Miliz anzuschließen.»

Bis zu diesem Zeitpunkt hatte Asrin immer pflichtbewusst die Moschee besucht, um zu beten, aber, so sagte sie, Allah hatte nie geantwortet. Als Kommunisten leugneten die kurdischen Milizen die Existenz Gottes. Und Asrin begann sich zu fragen, ob sie recht hatten.

«Gott musste entweder zu mir sprechen», sagte sie, und dabei blitzte dieses Feuer wieder auf, «oder ich wollte nichts mehr mit ihm zu tun haben. Also stellte ich Gott ein Ultimatum», grinste sie. «Ich sagte ihm, er hätte sieben Nächte Zeit, um mit mir zu sprechen, oder ich würde auf *ghar* schalten – das ist ein persisches Wort dafür, dass man sich dauerhaft mit jemandem überworfen hat.»

In der siebten Nacht, kurz vor dem Schlafengehen, erinnerte Asrin Gott an die ablaufende Frist: «Entweder du zeigst dich mir heute Abend», sagte sie, «oder das war's. Ich werde den Rest meines Lebens so leben, als gäbe es dich nicht.» Und in dieser Nacht hatte sie einen Traum. Sie träumte, dass sie in einer riesigen Empfangshalle voller Menschen stand und sich sehr einsam fühlte, bis sie einen Mann vor sich erkannte, der sich an eine Wand lehnte. Es war *Hazrat 'Isa,* Jesus der Heilige, der im Koran als Prophet verehrt wird (aber nicht als Sohn Gottes). «Er stand so nah, dass ich seinen Atem spüren konnte», erzählte sie. «Um ihn herum war helles Licht.»

Nervös wandte sich Asrin an Jesus. Sie sagte ihm, sie sei hier, um mit Gott zu sprechen. «Er sah mich direkt an und sagte etwas völlig Absurdes: ‹Sprich!›»

«‹Nein›, protestierte ich. ‹Du verstehst mich nicht. Ich muss mit *Gott* reden.›»

«Wieder sah Jesus mich an und sagte: ‹Sprich!›»

«Dann wiederholte er sehr langsam das Erstaunlichste, was ich je gehört hatte: ‹Ich bin Gott›, sagte er. ‹Ich bin Gott. Ich bin Gott.›»

Asrins Gesicht leuchtete förmlich, als sie sich an die Erfahrung erinnerte. «Als ich das hörte», flüsterte sie, «verschwanden alle Zweifel aus meinem müden Herzen. Wir redeten und redeten. Ich schüttete ihm – Gott in Jesus – einfach mein Herz aus und zum ersten Mal in meinem Leben erlebte ich, dass Gott antwortete.»

Als Asrin am Morgen erwachte, beeilte sie sich, dem örtlichen Mullah von ihrem Traum zu erzählen, aber der erklärte ihr wütend, dass Jesus nicht Gott sein könne. Als Nächstes berichtete sie ihrer Familie davon, aber die lachten sie nur aus.

Eines Tages, als sie in einem Park weit weg von zu Hause saß, gab ihr ein völlig Fremder ein Neues Testament in persischer Sprache.[16] Es war die erste Bibel, die sie je gesehen hatte. Der Fremde lud sie auch in die Kirche ein, wo sie erstaunt hörte, wie der Prediger sagte, dass Gott Liebe sei. Als Asrin danach ihre neue Bibel im Park las, fand sie endlich die Worte, die ihr halfen, ihren Traum zu verstehen. Jesus sagte: «Ich bin der Weg und die Wahrheit und das Leben; niemand kommt zum Vater als nur durch mich!» (Johannes 14,6; SLT). Kein Wunder, dass er sie aufgefordert hatte zu sprechen!

Dort in diesem Park erkannte Asrin an, dass Jesus Christus der Sohn Gottes war, und dabei erlebte sie ein ungewohntes Gefühl der Hoffnung, das in ihren Körper strömte und die vielen Jahre der Verzweiflung aus dem Weg räumte.

Asrin erzählte mir diese Geschichte leise und ruhig, aber ich schüttelte immer wieder verwundert den Kopf und vergaß dabei völlig, zu essen. Ein paar Mal hätte ich am liebsten laut «Halleluja!» geschrien. Als Asrin schließlich am Ende ihrer Geschichte angekommen war, wollte ich, dass sie alles noch einmal von vorn erzählte, und zwar diesmal dem ganzen Speisesaal. Doch dann fiel mir ein, dass die meisten Leute um uns herum ebenfalls persische Christen waren – Mitglieder der am schnellsten wachsenden Kirche der Welt, von denen viele eine ebenso erstaunliche Geschichte erlebt hatten wie Asrin.

«Was hast du dann getan», fragte ich, «als du eine Nachfolgerin von Jesus geworden warst?»

«Oh», sagte sie lachend. «Ich habe mich dann doch nicht den kurdischen Milizen angeschlossen. Ich wollte keine Menschen mehr töten. Ich wollte Leben bringen. Also habe ich mich stattdessen zur Gemeindegründerin ausbilden lassen.»

«Natürlich», sagte ich aufmunternd und tat so, als ob das genau die Art von Arbeit wäre, die ich von einer Frau im Iran erwartete. «Und, ähm, wie läuft es so?»

«Also, ich habe bisher fünf Gemeinden gegründet», antwortete sie beiläufig. Ich beschloss, nicht zu erwähnen, dass manche Christen im angeblich emanzipierten Westen einer Frau so etwas nicht zutrauen.

«Ist das nicht auch ein bisschen ... gefährlich?», fragte ich stattdessen und fühlte mich bereits wie ein kompletter Feigling.

Asrin sah mich mit festem Blick an. «Pastor Pete», sagte sie, «ich war bereit, im Kampf für die kurdische Miliz zu sterben. Findest du nicht, dass es viel besser ist, im Kampf für Jesus Christus zu sterben?»

Wenn ich Leute wie Asrin kennenlerne, möchte ich am liebsten noch mal ganz neu Christ werden. Mir geht dieser schöne Vers aus dem Kolosserbrief durch den Kopf, in dem es heißt: «Christus in euch, die Hoffnung der Herrlichkeit» (Kolosser 1,27; LUT). Wie die beiden Jünger auf dem Weg nach Emmaus hätte Asrin nie damit gerechnet, Jesus zu begegnen. Doch als er sich ihr zeigte, sprach er so, dass die Bibel lebendig wurde, ihr Herz in ihr brannte und sich der Verlauf ihres Lebens komplett veränderte. Auf welche Weise redete er mit ihr? Zuerst durch einen Traum, dann durch einen Prediger und schließlich durch die Bibel. Und das Ergebnis dieser verschiedenen Arten von Offenbarungen war ein wunderbares, fortlaufendes Gespräch mit Gott, das bis heute andauert.

✦ ✦ ✦

Als ich jung war, hat mir niemand beigebracht, Gottes Stimme im direkten Gespräch mit ihm zu hören, so wie es die Emmausjünger und Asrin im Iran erlebt haben. Ich lernte, Gottes Stimme herauszufiltern, indem ich bei Predigten und Bibelversen darauf achtete, was davon für meine Situation relevant genug schien, um als *sein* Reden durchzugehen. Ich erwartete wohl auch, dass Gott mir einen Wink geben würde, wenn ich besondere Führung bei wichtigen Entscheidungen brauchte, und ich zweifelte nicht daran, dass er auf übernatürliche Weise zu Missionaren und anderen Menschen sprechen konnte, die mir würdiger erschienen als ich.

Aber ich habe nie wirklich gelernt, den Herrn für mich selbst zu hören, nicht als natürlichen Teil einer lebendigen Beziehung. Rückblickend denke ich, dass ich unbewusst drei grundlegende Probleme entwickelt hatte, die mich daran hinderten zu glauben, dass Gott entweder auf übernatürliche Weise oder durch irgendeine Art von direkter Konversation zu mir sprechen könnte. Diese Hindernisse waren *psychologischer, theologischer* und *erfahrungsmäßiger* Natur.

Psychologisch gesprochen, fühlte ich mich keiner besonderen Aufmerksamkeit von Gott würdig, und meine Erfahrungen schienen das zu bestätigen: Wenn ich um ein Wunder betete, schien es nie zu funktionieren; wenn ich meine Bibel las, war das Gelesene oft irrelevant für mein Leben; und wenn ich es nötig hatte, dass Gott auf dramatische Weise sprach, erlebte ich nie eine hörbare Stimme oder eine Engelserscheinung oder einen übernatürlichen Traum. Bei Asrins Geschichte hätte ich damals insgeheim gedacht: «So was könnte mir nie passieren.» Ich fühlte mich nicht spirituell oder bedeutend genug, um Gott so zu hören, wie es die Menschen in der Bibel oder an Orten wie dem Iran taten.

Theologisch hatte ich einige der Vorurteile des sogenannten Dispensationalismus übernommen, obwohl ich damals keine Ahnung hatte, was dieser Begriff bedeutet. Dahinter verbirgt sich die Idee, dass wir nicht länger erwarten sollten, dass Gott in unserer Zeit auf solch wundersame Weise spricht und handelt, wie er es einst in der Bibel tat. Denn all diese Dinge seien an dem Tag ausgestorben, als die Tinte auf den letzten Seiten des Neuen Testaments trocknete. Heutzutage, so das Argument, hätten wir ja Gottes Wort in der Bibel, das viel zuverlässiger sei als all das andere verrückte Zeug. Eines der vielen Probleme an dieser Sichtweise ist jedoch, dass sie die Tatsache außer Acht lässt, dass Menschen die Bibel genauso missverstehen und falsch verwenden können wie jedes andere Mittel göttlicher Kommunikation. Zudem blendet sie den Fakt aus, dass die Bibel selbst lehrt, dass Gott außerhalb der Bibel spricht![17] Der Dispensationalismus macht nur dort wirklich Sinn, wo keine Wunder geschehen. Was mich zum dritten Problem führt, das ich damit hatte, Gott zu hören …

Erfahrungsmäßig war ich überhaupt nicht mit der Stimme Gottes vertraut. Abgesehen von der Bibel erwartete ich eigentlich nur, dass er durch mein Gewissen kommunizierte (was anscheinend vor allem hieß, dass Gott sehr oft «Nein» sagte) – und durch etwas, das die Christen in meinem Umfeld «Frieden über etwas haben» nannten. Die Vorstellung war, dass man von einem wohligen Gefühl durchströmt würde, sobald man eine gute Entscheidung traf. Sobald man jedoch eine falsche Wahl traf, würde man diesen inneren Frieden unweigerlich verlieren.

Für mein Leben war das nie ein gutes Kriterium. Tatsächlich wurde ein Großteil der besten Entscheidungen, die ich je getroffen habe, von einem Gefühl des blanken Horrors begleitet: An dem Abend, an dem ich Sammy einen Antrag machte, hatte ich zum Beispiel überhaupt keinen Frieden. Ich war starr vor Angst. In der Nacht vor unserer Hochzeit ging es mir noch schlechter. An dem Tag, an dem ich das Praktikum begann, das meine Beziehung zu Gott revolutionierte, ging ich buchstäblich vor Angst gekrümmt aus dem Haus. Mein Mangel an Frieden hatte epische Ausmaße. Ich könnte weitermachen, aber ich glaube, es wird deutlich, was ich meine. «Frieden haben» ist ein sehr unzuverlässiges Mittel, um wichtige Entscheidungen zu treffen, vor allem wenn man so unentspannt ist wie ich.

Das ist von Bedeutung, weil es zeigt, wie oft wir Theologie und Psychologie verwechseln. Ob Gott redet, ist eine Frage der Theologie. Dabei geht es um Gottes Wesen. Aber *wie* wir Gott reden hören, ist keine Frage der Theologie, sondern der Psychologie. Dabei geht es darum, wie unsere Nervenbahnen gelernt haben, Informationen aufzunehmen und zu verarbeiten. Und das ist von Person zu Person unterschiedlich. Der eine Mensch kann tatsächlich einen tiefen inneren Frieden verspüren, während er seiner Freundin einen Antrag macht, wohingegen ein anderer völlig verängstigt ist. Aber das sagt wahrscheinlich mehr über die Art und Weise aus, wie diese Person tickt, als über den Willen Gottes für ihr Leben.

Psychologie und Theologie

Die *St. Joseph's School* in der abgelegenen Kleinstadt Walgett in New South Wales (Australien) wurde 1896 von den *Sisters of St. Joseph of the Sacred Heart* gegründet. Der Wahlspruch der Schule, der vom Wappen bis hin zur Schuluniform überall stolz prangt, lautet: *«I hear, I see, I act»*. Den Schülern von St. Joseph's ist klar, dass sie eine gründliche Schulbildung genießen, die Hören,

Sehen und Handeln umfasst. Allerdings traf man vor ein paar Jahren die Entscheidung, dieses ausgezeichnete Motto ins Lateinische zu übersetzen – vermutlich als Versuch, das Schulmotto etwas würdevoller klingen zu lassen, und zweifelsohne auch als Hommage an die katholischen Wurzeln der Schule. Und so erhielt eine Schule im australischen Outback den absolut großartigen Slogan: *Audio, Video, Disco!*[18]

Natürlich sind es nicht nur die Schüler in Walgett, die durch Hören, Sehen und Tun lernen. Jeder Mensch empfängt und verarbeitet Informationen auf diese drei Arten; und zwar, vor allem in jungen Jahren, mit einer klaren Tendenz zu einem der drei Typen: Wir lernen am effektivsten entweder durch Sehen (visuelle Verarbeitung), durch Hören (auditive Verarbeitung) oder durch Tun (taktile oder kinästhetische Verarbeitung). Und diese Präferenzen beeinflussen uns ständig, ohne dass es uns bewusst ist.

Ich saß einmal zusammen mit drei anderen Leuten im Restaurant und wir überlegten gerade, was wir bestellen sollten. Einer aus unserer Runde sagte: «Das Steak sieht lecker aus», und zeigte auf einen Teller am Tisch nebenan. Der nächste meinte: «Ja, ich habe gehört, dass das Steak hier super sein soll.» Und die dritte Person (meine Frau) fragte: «Kann ich dann mal bei dir probieren?» Es war offensichtlich, dass ich mich mit Video, Audio und Disco zum Essen verabredet hatte!

Viele Menschen haben Probleme damit, Gottes Stimme zu hören, weil ihnen beigebracht wurde, dies auf eine Weise zu tun, die für sie schwierig oder gar unmöglich zu verarbeiten ist. Studien in den USA belegen eine Korrelation zwischen gewissen psychologischen Merkmalen und der Art und Weise, wie Menschen spirituelle Phänomene erleben. Bestimmte Persönlichkeitstypen scheinen es einfach schwerer zu haben als andere, Gottes Stimme wahrzunehmen.[19]

Was die Sache nicht einfacher macht, ist, dass ein überproportionaler Teil der Materialien zum Thema «Gottes Stimme hören» von Introvertierten geschrieben wurde (die etwa 35 Prozent der

Bevölkerung ausmachen). Verständlicherweise plädieren die betreffenden Autoren für Ansätze, die zu ihrer eigenen Vorliebe für Stille, Ruhe und Einsamkeit passen. Viele Extrovertierte haben jedoch Schwierigkeiten, mit Gott auf solch introvertierte Weise in Kontakt zu treten, und kommen deshalb zu dem Schluss, dass sie einfach von Natur aus schlecht im Beten sind.

Diese Menschen müssen dringend erfahren, dass es ebenso möglich und nicht weniger geistlich ist, Gottes Stimme in der Öffentlichkeit zu empfangen, zusammen mit anderen Menschen und durch äußere Prozesse und Interaktionen. Ja, die Bibel sagt: «Seid stille und erkennet, dass ich Gott bin!» (Psalm 46,11; LUT). Aber sie sagt auch: «Kommt, lasst uns dem HERRN zujubeln! Wir wollen ihn preisen, den Fels, bei dem wir Rettung finden!» (Psalm 95,1).

Toilettenputz-Blues

Ich war also ohne eine natürliche, gesprächsbasierte Beziehung zu Jesus aufgewachsen, aber in dem Jahr, in dem ich die Schule abschloss, sollte sich alles auf ziemlich überraschende Weise ändern. Mir stand ein unerbetener Crashkurs bevor in Sachen «Gottes Stimme hören».

Meine Prüfungsnoten waren miserabel gewesen und ich fühlte mich wie ein Versager. Meine Freundin hatte mit mir Schluss gemacht, was das Ganze nicht besser machte. Meine Freunde waren alle zum Studieren weggezogen und ich fühlte mich einsam. Erschwerend kam hinzu, dass ich als Toilettenreinigungskraft in einem örtlichen Krankenhaus arbeitete. Langsam, aber sicher wurde die Welt immer grauer. Ich wünschte mir sehnlichst, Gott würde etwas dazu sagen, aber meine Gebete schienen einfach an der Decke abzuprallen. Ich ging pflichtbewusst in die Kirche, aber alles kam mir so geheuchelt vor – alle schienen irgendwie unecht zu sein.

Verzweifelt fuhr ich für ein paar Tage allein weg. Während

meiner Auszeit las ich das gesamte Buch Jeremia, aber nichts davon ergab einen Sinn. Ich suchte Gott mit einer Mischung aus Entschlossenheit, Verzweiflung und Verlangen, aber entweder war er nicht da oder es war ihm egal. Irgendwann ging mir die Kraft aus und ich hörte auf zu beten. Es schien alles ein großer Schwindel zu sein.

Bekanntermaßen sagte C. S. Lewis einmal: «Gott flüstert zu uns in unseren Freuden, spricht in unserem Gewissen, aber er schreit in unserem Leid. Es ist sein Megafon, um eine taube Welt wachzurütteln.»[20] Rückblickend erkenne ich, wie sehr das auf mein eigenes Leben zutraf und immer noch zutrifft: Gott gebrauchte definitiv die existenziellen Ängste meines achtzehnjährigen Ichs, um mich aus meiner Taubheit zu wecken. Genauso hatte er im Iran Asrins tiefe Verzweiflung benutzt, um ihre Aufmerksamkeit zu bekommen. Und auf dem Weg nach Emmaus hatte er die Enttäuschung der beiden Jünger zum Ausgangspunkt genommen, um zu ihren Herzen durchzudringen.

Einige Wochen, nachdem ich meinen Glauben aufgegeben hatte, ging ich zu einem Konzert, wo etwas Seltsames passierte: Ein Fremder kam verlegen auf mich zu, stellte sich als Christ vor und behauptete, eine Botschaft von Gott für mich zu haben. Ich hielt den Atem an, weil ich ja eigentlich gerade versuchte, aufzuhören, an Gott zu glauben. Andererseits sehnte ich mich immer noch verzweifelt danach, seine Stimme zu hören. Der Mann sagte, dass er während des Konzertes die meiste Zeit auf meinen Hinterkopf gestarrt hätte und immer wieder ein inneres Bild von einer flackernden Kerze gesehen hätte, die plötzlich verlosch und den ganzen Raum in Dunkelheit tauchte. «Kannst du damit etwas anfangen?», fragte er, und ich nickte zögerlich.

«Nun, die Flamme ging einfach wieder an», fuhr er fort. «Sie brannte heller als zuvor und erleuchtete den ganzen Raum.» Mit diesen Worten ließ er mich stehen und ging weiter.

Ich wusste, dass Gott endlich zu mir gesprochen hatte. Er war da, und ich war ihm nicht egal! Das Licht in meinem Leben würde zurückkehren. Aber wie und wann? Mehrere Monate lang stellte ich Gott diese Frage immer wieder, und er sagte kein einziges Wort. Äußerlich änderte sich nichts. Innerlich fühlte ich mich immer noch deprimiert. Und dann, eines Tages, als ich ein paar Weihnachtskarten durchschaute, las ich auf einer davon einen Bibelvers, der mir den Atem verschlug: «Wenn du den Hungrigen dein Herz finden lässt ... dann wird dein Licht in der Finsternis aufgehen» (Jesaja 58,10; LUT).

Hier war endlich die sonnenklare Antwort auf meine Frage: Mein Licht würde wieder leuchten, wenn ich anfing, mich um die Armen zu kümmern.

Und so warf ich gleich nach Weihnachten – im wahrsten Sinne des Wortes – das Handtuch, kündigte meinen Job als Toilettenreiniger und begann für eine Wohltätigkeitsorganisation zu arbeiten, die sich um Obdachlose kümmerte.

Zudem schüttete ich einer älteren, weiseren Christin namens Nicole mein Herz aus. Ich fragte sie, was ich ihrer Meinung nach tun sollte. Wann und wie würde diese Flamme in meinem Leben wieder entzündet werden? Sie hörte geduldig zu, als ich ihr von meiner Abwendung vom Glauben erzählte, von der flackernden Kerze und von dem Vers auf der Weihnachtskarte. Als ich Jesaja 58 erwähnte, erhellte sich ihr Gesicht.

Sie sprang auf, rannte aus dem Raum und kehrte dann mit einem Brief in ihrer Hand zurück. Das Schreiben stammte von Jackie Pullinger, der berühmten Missionarin in Hongkong, und im Briefkopf war Jesaja 58 (und zwar das ganze Kapitel) abgedruckt. Nicole sagte mir, dies sei ein Zeichen von Gott, und starrte mich eindringlich an. Sie meinte, ich solle den nächsten Flug nach Asien nehmen.

Und so wurde das Feuer des Glaubens in meinem Leben schließlich wieder entfacht. Langsam, über mehrere Monate hinweg, wurde ich in Hongkong geheilt, verändert und beauftragt, all die Dinge zu tun, die ich seitdem tue. Und der Schlüssel dazu?

Ich begann zu lernen, die Stimme Gottes auf natürliche und übernatürliche Weise selber zu hören.

Gott hatte auf mindestens vier Arten zu mir gesprochen: durch eine Vision, einen Bibelvers, den weisen Rat einer Christin und durch die simple Bereitschaft meinerseits, ihm zu gehorchen. Das ist keine schlechte Checkliste für die verschiedenen Arten von Gottes Reden, und es spiegelt viel von dem wider, was wir sowohl in der Emmausgeschichte als auch im Zeugnis von Asrin gesehen haben.

Aber es ist auch wichtig, sich vor Augen zu halten, dass diese unterschiedlichen Momente der Offenbarung, die hier irreführenderweise auf ein paar wenige Absätze reduziert wurden, sich tatsächlich über fast ein ganzes Jahr verteilten. Es lagen Wochen oder sogar Monate zwischen den einzelnen Begebenheiten, bei denen Gott auf die eine oder andere Weise zu mir sprach. Damals fühlte sich das wie eine Ewigkeit an.

Langsam zuhören

Gott hat es selten eilig, zu reden. Oft werden Zeugnisse von seinem Eingreifen, wenig hilfreich, zu einer Art «Best of» verkürzt, sodass wir ganz genau zwischen den Zeilen lesen müssen, um die zermürbenden Monate oder sogar Jahre des Fragens und Wartens wahrzunehmen, die zwischen den einzelnen dramatischen Momenten der Gottesbegegnung liegen. Es ist auffällig, wie lange es dauert, bis Jesus sich den beiden Jüngern auf der Straße nach Emmaus und später bei ihnen zu Hause offenbart. Hier ist er: aus dem Grab auferstanden, physisch anwesend, ausschließlich mit diesen zwei beneidenswerten Menschen beschäftigt, und dennoch weigert er sich, in markigen Sprüchen zu reden oder besonders dramatisch aufzutreten.

Und so war es auch bei Asrin: Sie hatte Gott sieben Nächte Zeit gegeben, und die ersten sechs sagte er gar nichts. Und selbst, nachdem er sich ihr im Traum so mächtig offenbart hatte, war da eine Lücke von mehreren Monaten, bevor sie endlich eine Bibel bekam, herausfand, was das alles bedeutete, und richtig darauf reagieren konnte. «Im geistlichen Leben stellt Gott unsere Geduld vor allem durch seine Langsamkeit auf die Probe», schrieb Frederick Faber vor fast zweihundert Jahren.

> Er ist langsam: Wir sind schnell und voreilig. Das liegt daran, dass wir nur eine Zeitlang sind, und Er schon seit Ewigkeiten ist. So wirkt die Gnade, zum größten Teil, langsam. Er arbeitet Stück um Stück.[21]

Madeleine L'Engle zitiert in ihrem Buch *Walking on Water* Mutter Alice Kaholusana, eine hawaiianische Christin:

> Bevor die Missionare kamen, saßen die Angehörigen meines Volkes lange vor ihren Tempeln, um zu meditieren und sich innerlich vorzubereiten, ehe sie in das Heiligtum eintraten. Danach krochen sie praktisch zum Altar, um ihre Bitten vorzubringen, und harrten anschließend noch einmal lange draußen aus, diesmal, um ihren Gebeten «Leben einzuhauchen». Dann kamen die Christen. Die standen einfach auf, sprachen ein paar Sätze, sagten AMEN und waren fertig. Aus diesem Grund nannte mein Volk sie auch «Haole», das heißt «ohne Atem» – also diejenigen, die es versäumten, ihren Gebeten Leben einzuhauchen.[22]

Ich gestehe, dass ich in meinem Umgang mit Gott oft atemlos übereilt bin. Ich erwarte, dass er für mich jederzeit über eine Art himmlische Kurzwahltaste erreichbar ist. Ich platze in seine Gegenwart hinein und stelle meine Forderungen ohne die gebührende Ehrfurcht. Ich bin furchtbar schlecht darin, im Anschluss an meine Bitten noch etwas zu verweilen und der Glut, die ich vor dem Altar des Herrn ausgebreitet habe, bedächtig Leben einzuhauchen.

Aber Gott hat es nicht eilig, und – wie wir an diesen Geschichten erkennen können – er neigt dazu, vor allem zu denen zu sprechen, die sich wirklich hungrig zeigen. Wir sehen Spuren davon auch bei den Emmausjüngern. Die beiden plauderten nicht nur über Belanglosigkeiten, als Jesus an ihrer Seite erschien. Vielmehr sprachen sie ernsthaft «miteinander über [all] die Ereignisse der vergangenen Tage». In ähnlicher Weise hatte Asrin sieben Tage lang mit kühner Entschlossenheit Gott gesucht und dem Allmächtigen sogar ein Ultimatum gestellt, bevor ihr Durchbruch kam.[23] Was mich betrifft: Ich will meine jugendliche Verzweiflung nicht mit der Leidenschaft von Asrin oder derjenigen der Emmausjünger vergleichen, aber ich war definitiv dabei, Gott ernster als je zuvor zu suchen, als er sich schließlich bemerkbar machte.

Wenn du dieses Buch einfach in der Erwartung liest, ein paar grundsätzliche Dinge darüber zu lernen, wie man Gott hört, so hoffe ich aufrichtig, dass es dir dabei hilft. Aber es kann auch sein, dass du mehr willst als das: Vielleicht bist du durstig nach einer neuen Begegnung mit Jesus und sehnst dich danach, vertrauter mit seiner Stimme zu werden. Möglicherweise wünschst du dir auch nur, mehr von ihm zu erwarten. Wenn dies der Fall ist, dann möchte ich dich ermutigen, innezuhalten und zu beten, wann immer beim Lesen etwas deine Seele bewegt.

Widerstehe der Versuchung, zu hetzen! Probiere, das Lesen dieses Buches zu einem Prozess der persönlichen Interaktion mit Gott werden zu lassen. Mach dich auf in eine Zeit, in der du bewusst Gottes Angesicht suchst. Beginne, deine eigenen Abmachungen mit ihm zu treffen, so wie Asrin es gewagt hat. Arbeite ernsthaft mit anderen Menschen an deinen Fragen, wie ich es mit Nicole getan habe, bevor ich nach Hongkong ging, und wie es die beiden Jünger auf dem Weg nach Emmaus taten.

Ich glaube, wenn du diesen Rat beherzigst, wird Gott auf deine Bitten großzügig und im Verhältnis zu deinem Verlangen antworten. «Wenn ihr mich sucht, werdet ihr mich finden», sagt er. «Ja, wenn ihr von ganzem Herzen nach mir fragt, will ich mich von euch finden lassen» (Jeremia 29,13–14). Gott sagt nicht: «Ihr werdet mich auf der Stelle und sofort finden, wenn ihr mich sucht.» Vielmehr verspricht er, sich finden zu lassen, «wenn ihr mich von ganzem Herzen suchen werdet» (LUT).

Etwas an unserer Haltung beim Beten, an der «Ganzherzigkeit» unseres Suchens – der Entschlossenheit, der Verzweiflung und dem Verlangen –, bewegt Gottes Herz und zieht seine Aufmerksamkeit auf sich. Zur gegebenen Zeit.

Wer Ohren hat zu hören, der höre!

Jesus hatte eine Lieblingsredewendung, die er beinahe häufiger verwendete als sonst irgendeinen Ausdruck in der Bibel. Diese Redewendung macht deutlich, wie schwer es uns oft fällt, seine Stimme zu hören. Und zwar drängte er sein Publikum bei fünfzehn verschiedenen Gelegenheiten, «Ohren [zu] haben, die hören».[24] Vermutlich deshalb, weil es durchaus möglich war, in der Menge zu stehen, Jesus Christus persönlich anzusehen und seinen Worten zu lauschen, ohne auch nur ansatzweise ihre Bedeutung zu begreifen.

Ich bemerke diese Tendenz an mir selbst: Ich habe es ständig nötig, dass Gott auftaucht und spricht, ohne dass ich mir im Gegenzug dann auch die Mühe mache, in seiner Gegenwart aufzutauchen und zuzuhören.

Die Menschen zur Zeit Jesu waren ähnlich abgelenkt. Viele schlossen sich der bewundernden Menge an, aber nur wenige wurden wirklich seine Jünger und Freunde. Und auch wenn sich heute über zwei Milliarden Menschen als Christen bezeichnen: Würde sich die Welt nicht drastisch verändern, wenn auch nur ein Bruchteil von uns wirklich Ohren hätte, um zu hören, was Gott sagt?

Mein Ziel im Rest dieses Buches ist es daher, dir zu helfen, deine eigenen Ohren zu finden! Mein Anliegen ist nicht in erster Linie, Wahrheiten über Gottes Wort zu lehren. (Ironischerweise könnte das sogar deine Fähigkeit beeinträchtigen, ihn reden zu hören. Wie Jesus zu den Pharisäern sagt: «Ihr durchforscht die Heilige Schrift, weil ihr meint, in ihr das ewige Leben zu finden. Und tatsächlich weist gerade sie auf mich hin. Dennoch wollt ihr nicht zu mir kommen, um dieses Leben zu haben» (Johannes 5,39–40).) – Stattdessen möchte ich dir helfen, dich mit der Stimme Jesu vertraut zu machen, damit du empfänglicher wirst als je zuvor für die «großen und unfassbaren Dinge»[25], die er zu dir – und durch dich hindurch – sagen möchte.

Vielleicht sollten wir einfach beten:

Herr, ich bin jetzt von ganzem Herzen hier vor dir. Sprich, während ich nun dein Angesicht suche. Gib mir Ohren, um zu hören, was du sagst, und eine größere Bereitschaft, zu warten.

Da, wo ich noch halbherzig vor dir stehe, nähre das Feuer meines Verlangens. Tu, was auch immer nötig ist, um in mir eine alles verzehrende Leidenschaft für deinen Namen zu entfachen.

Herr Jesus, öffne mir die Augen, damit ich dich wahrnehme. Heiliger Geist, erweiche mein Herz, damit ich dich empfange. Gott Vater, schenk mir den Glauben, dass du mich hörst, wenn ich so bete, und dass du dich mir mit Worten unendlicher Liebe näherst. Amen.

Lebendiges Wort
Sojourner Truth (1797–1883)
Eine Begegnung mit Jesus

In meinem Traum ging und ging ich einfach vor mich hin.
Jesus liebte mich! Ich wusste es, ich spürte es.[26]

Die berühmte Abolitionistin (d. h., sie setzte sich für die Abschaffung der Sklaverei ein) und Frauenrechtlerin Sojourner Truth konnte die Bibel nicht selbst lesen, und doch begegnete sie Christus und hörte seine Stimme auf eine Weise, die nicht nur ihr eigenes Leben, sondern auch das unzähliger anderer Menschen veränderte, vom 19. Jahrhundert an bis heute.

Inzwischen wurden unter anderem eine Bibliothek, ein NASA-Mars-Rover, ein US-Marine-Schiff und ein Asteroid nach ihr benannt. Sie war auf amerikanischen Briefmarken und einem Google Doodle zu sehen, ihr wurden ein Broadway-Musical und eine Skulptur im US-Kapitol in Washington, D. C., gewidmet. Sie wird im Heiligenkalender der amerikanischen Episkopalkirche und in der «Liste der 100 bedeutendsten Amerikaner aller Zeiten» der Smithsonian Institution geehrt. Es gibt Pläne, sie als erste *Woman of Color* seit Pocahontas in den 1860er-Jahren auf einer US-Banknote zu verewigen.

Nicht schlecht für eine Analphabetin, die 1797 als eines von zehn (vielleicht auch zwölf) Kindern im Südosten des Staates New York in die Sklaverei hineingeboren wurde!

Als Kind wurde Isabella (wie sie ursprünglich hieß) mehrmals verkauft. Im Alter von dreizehn Jahren wurde sie das «Eigentum» eines grausamen Vergewaltigers namens John Dumont. Nach siebzehn Jahren entkam sie und fand Zuflucht bei einem gottesfürchtigen Quäker-Ehepaar, das sie freikaufte.

Isabella konnte weder lesen noch schreiben, also war die Bibel für sie ein Buch mit sieben Siegeln, es sei denn, jemand las laut daraus vor. Aber eines Tages empfing sie eine Vision: «Gott offenbarte sich ihr mit der Plötzlichkeit eines Blitzes.»[27] Erschrocken begann sie, Buße für ihre Sünden zu tun, bis ihr «ein Freund erschien … glänzend von der Schönheit seiner Heiligkeit und strahlend vor Liebe». Als sie sich an diese Offenbarung erinnerte, während sie ihre Autobiografie diktierte, lächelte Sojourner: «In meinem Traum ging und ging ich einfach vor mich hin. Jesus liebte mich! Ich wusste es, ich spürte es.»[28]

Dies war ihre Emmaus-Begegnung und es sollte der entscheidendste Moment ihres Lebens werden. Es gab ein paar Fehlstarts in ihrem jungen Glauben, die vermutlich nicht zuletzt darin begründet lagen, dass sie die Bibel nicht selbst lesen konnte. Aber sie bat Gott um einen neuen Namen, der ihr neues Leben widerspiegelte. Und er antwortete, als er ihr noch einmal erschien: Sie sollte Sojourner (auf Deutsch: Fremdling, Gast, Reisende) heißen, weil sie «auf und ab durch das Land reisen und den Menschen ihre Sünden aufzeigen und ein Zeichen für sie sein sollte». Und den Namen Truth (auf Deutsch: Wahrheit) erhielt sie, weil sie «den Menschen die Wahrheit verkünden sollte».[29]

Und so begann Sojourner Truth herumzureisen, an Gebetstreffen teilzunehmen, sich gegen die Sklaverei einzusetzen und (noch kontroverser) für die Emanzipation der Frauen einzutreten. Sie wurde oft bedroht, manchmal angegriffen und einmal sogar so brutal zusammengeschlagen, sodass sie für den Rest ihres Lebens mit einem Stock gehen musste. Aber sie wich nie zurück. «Der Herr hat mich zu einem Zeichen für diese Nation gemacht», sagte sie, «und ich ziehe umher und zeige ihnen die Sünden, die sie gegen mein Volk begangen haben.»[30]

Ihre berühmteste Rede – «Ain't I a Woman?» (Bin ich etwa keine Frau?) – hielt sie 1851 auf einer Frauenrechtskonferenz in Akron, Ohio:

> Sehen Sie mich an! Sehen Sie sich meinen Arm an! Ich habe gepflügt, gepflanzt und in Scheunen gesammelt. Und kein Mann

> konnte mir dabei etwas vormachen! Und bin ich etwa keine Frau? Ich konnte so viel arbeiten und so viel essen wie ein Mann – wenn ich etwas bekam –, und die Peitsche konnte ich genauso gut ertragen! Und bin ich etwa keine Frau? Ich habe dreizehn Kinder geboren und erlebt, wie die meisten von ihnen in die Sklaverei verkauft wurden, und wenn ich um sie weinte, hörte mich keiner außer Jesus! Und bin ich etwa keine Frau?[31]

Zu Recht applaudiert die Welt heute Sojourners trotzigem und entschlossenem Eintreten für die Freiheit, aber manche würden es vorziehen, zu vergessen, was sie dazu antrieb: Die entscheidenden Momente in ihrem bahnbrechenden Leben waren Begegnungen mit dem Herrn Jesus Christus. Zuerst sprach er, um ihr seine Liebe zuzusichern – und dadurch fand sie zu einem unerschütterlichen Selbstvertrauen. Als Nächstes sprach er, um ihr einen neuen Namen zu geben – und dadurch fand sie ihre Berufung. Und zuletzt sprach er nicht nur zu ihr, sondern auch durch sie als «ein Zeichen für diese Nation … um ihnen ihre Sünden zu zeigen».[32]

Hörübung:
Gottes Wort in Jesus hören

Jesus wirklich zu begegnen bedeutet, von den Socken gehauen zu werden, erstaunt zu sein, überwältigt. Wenn du nur ein leichtes Interesse an ihm hast, bedeutet das, dass du ihm noch nicht begegnet bist.[33]

Simon Ponsonby

In diesem Kapitel haben wir gesehen, dass Gottes Stimme zu hören mehr mit einer Beziehung und weniger mit einer Technik zu tun hat. Im Zentrum der Emmausgeschichte steht die Begegnung mit Jesus Christus: «Da nahte sich Jesus selbst und ging mit ihnen» (Lukas 24,15; LUT). An anderer Stelle sagt er: «Meine Schafe hören auf meine Stimme; ich kenne sie, und sie folgen mir» (Johannes 10,27). Nehmen wir uns nun also Zeit, um genau das zu tun: auf seine Stimme zu hören und ihm zu erlauben, sich uns zu nähern, und zwar durch eine oder mehrere der unten beschriebenen Übungen.

Anbetungsübungen

Wir wollen den Blick auf Jesus richten.

Hebräer 12,2 (GNB)

Wir lernen die Stimme Jesu kennen, indem wir Zeit in seiner Gegenwart verbringen, und das tun wir hauptsächlich durch Anbetung. Es gibt keinen besseren Weg, um sich dafür bereitzumachen, Gottes Stimme zu hören, als regelmäßig zu ihm zu kommen und ihm liebevoll ungeteilte Aufmerksamkeit zu schenken. Es ist überraschend, wie viele treue Kirchgänger in ihrem Alltag keinerlei Raum für Anbetung schaffen. Warum nicht eine Reihe von Lobpreis-Playlists zusammenstellen, die auf verschiedene Gefühlslagen und Anlässe abgestimmt sind? Ich persönlich finde es erfrischend, in privaten Anbetungszeiten ein breites Spektrum musikalischer Genres auszuprobieren. Es muss nicht immer Gitarrenmusik sein! Es gibt so viele verblüffend schöne Lieder für Jesus, die jedem von uns frei zugänglich sind und von vielen der größten Musiker aller Zeiten geschrieben wurden – von Händels Messias und Bachs *Matthäus-Passion* über Aretha Franklins Interpretation von *Amazing Grace* bis hin zu Chance the Rappers Version von *How Great (is our God).*

Während sich auditive Verarbeitungstypen unabhängig von der Umgebung leicht in Anbetungsmusik verlieren können, möchten diejenigen, die das Leben eher durch visuelle oder kinästhetische Reize wahrnehmen, ihr Hören vielleicht mit einer interaktiven Erfahrung oder einem speziellen Ort verbinden: Du könntest dir zum Beispiel besondere Momente schaffen, indem du bei einer Fahrt allein im Auto die Anbetungsmusik laut aufdrehst, einen ruhigen Spaziergang in der Natur unternimmst und dabei deine liebste Worshipband per Kopfhörer anhörst oder auch eine regelmäßige Sporteinheit mit Lobpreissongs untermalst.

Natürlich ist Anbetung mehr als Musik. Heute Morgen saß ich eine Weile einfach nur schweigend da und genoss die schöne Aussicht, während ich mir langsam der Gegenwart Gottes bewusst wurde. Es gibt bestimmte Gedichte und Bilder, die mich ebenso sehr zum Staunen bringen. Darüber hinaus sind die Psalmen eine zeitlose Schatzkammer des Lobpreises, auf die Jesus selbst zurückgriff. Und wahrscheinlich kennst du auch irgendeinen Menschen, der dich dazu bringt, dich immer wieder neu in Jesus zu verlieben. Triff dich doch mit dieser Person und stelle ihr Suggestivfragen wie: «Na, was hat Gott dir in letzter Zeit so gezeigt?», oder: «Wie hört sich die Stimme von Jesus für dich eigentlich an?»

Fragen für die persönliche Reflexion und für Gruppengespräche

- Gab es eine Zeit in meinem Leben, in der sich mir «Jesus selbst nahte»? Wie sprach er? Was hat er gesagt? Verraten die besonderen Umstände dieser Begegnung etwas über meine eigene Veranlagung, wenn es darum geht, Gott zu hören?
- Im November 2017 wurde ein Ölbildnis von Jesus mit dem Titel *Salvator Mundi* (Retter der Welt) für über 400 Millionen Dollar versteigert. Das Werk, das Leonardo da Vinci zugeschrieben wird, avancierte somit zum teuersten jemals verkauften Gemälde. Es kann eine gute Anregung sein, sich das Bild mal im Internet anzusehen und zu fragen: «Was daran kommt mir bekannt vor? Gibt es etwas, das ich in Jesu Gesichtszügen ‹wiedererkenne›? Inwiefern nehme ich Jesus anders wahr und erfahre ihn anders, als Leonardo da Vinci ihn dargestellt hat?»
- (Für Gruppen) Nehmt euch Zeit, einander Zeugnis davon zu geben, wie ihr zu Nachfolgern Jesu geworden seid. (Dies ist ausnahmslos eine wunderbare, Glauben stärkende Sache und es spielt überhaupt keine Rolle, ob du deine Geschichte in der Vergangenheit schon einmal geteilt hast oder nicht.) Immer, wenn eine Person ihre Erzählung beendet hat, macht eine Runde, in der jeder Teilnehmer den folgenden Satz ergänzt: «Diese Geschichte zeigt mir über Jesus, dass …»

Zur Vertiefung

Simon Ponsonby: *Amazed by Jesus.* Muddy Pearl: Edinburgh, 2020.

Philip Yancey: *Der unbekannte Jesus.* SCM R. Brockhaus: Wuppertal, 2007[3].

Dane C. Ortlund: *Gütig und sanft. Wie Sünder und Leidtragende das Herz Christi erfahren.* 3L Verlag: Waldems, 2021.

Teil I

Gottes äußerliches Wort: Vox Externa

... von den Büchern Mose angefangen bis zu den Propheten.
Lukas 24,27

Wenn es darum geht, Gott zu hören, ist die Bibel Gottes Herzenssprache. Nichts, was er auf irgendeine andere Weise in einem anderen Kontext sagt, wird jemals dem widersprechen, was er in der Heiligen Schrift gesagt hat, es untergraben oder außer Kraft setzen. Deshalb taucht Jesus nicht einfach auf der Straße nach Emmaus auf und sagt: «Hallo Leute, ich bin's!» Vielmehr nimmt er sich viel Zeit für eine ausführliche Bibelauslegung, in der er Gottes Wort im Licht seines eigenen Lebens, Todes und seiner Auferstehung radikal neu interpretiert. Dieser Ansatz, eine *christologische Hermeneutik* (von griechisch *hermēneutikḗ* = Kunst der Deutung), kann dir bei der schwierigen Aufgabe helfen, Gottes Stimme durch die Bibel zu hören und ihre Bedeutung für dein Leben zu verstehen.

2
Gottes Wort in der Bibel hören

Und er fing an bei Mose und allen Propheten und legte ihnen aus, was in allen Schriften von ihm gesagt war.
Lukas 24,27 (LUT)

Christen lesen die Bibel nicht als ein historisches Dokument, sondern als eine Welt, in die sie eintreten, auf dass Gott ihnen dort begegnen möge.[34]
Rowan Williams

Unser altes Navi bot eine Auswahl an Stimmen, darunter die eines Mannes, der die Befehle bellte wie ein Soldat, und die einer Frau, deren Stimme so hauchig klang, dass meine Frau Sammy fand, man könne ihr unmöglich vertrauen. Aber es gab auch die Möglichkeit, seine eigene Stimme aufzunehmen. Da Sammy ihr Veto gegen die laszive Frauenstimme eingelegt hatte und wir beide gehörige Angst vor dem Feldwebel hatten, fragte ich, ob nicht *sie* die Stimme sein wollte, die mich zuverlässig durch die verworrenen Straßen Englands führte. Wegbeschreibungen sind nicht gerade Sammys Stärke (sie hat immer noch Schwierigkeiten, rechts und links auseinanderzuhalten), und man könnte durchaus sagen, dass dies im Laufe der Jahre zu ein paar angespannten Situationen im Auto geführt hat. Also fügte ich noch hinzu, dass es ja vielleicht ganz heilsam für unsere Beziehung sein könnte.

Sammy runzelte die Stirn und kam umgehend auf eine viel bessere Idee. Und so saß ich an diesem Abend auf dem Sofa zwischen unseren beiden kleinen Söhnen, die abwechselnd die sechzig oder siebzig vorgegebenen Sätze einsprachen – von «Bitte links abbiegen» bis hin zu «Sie nähern sich einer Fähre». In den folgenden Jahren schmolz oft mein Herz, wenn diese beiden quietschenden Stimmen mich durch den berüchtigten britischen Straßenverkehr lotsten. In den seltenen Fällen, in denen ich mich tatsächlich einer Fähre näherte, brachen die Stimmen auf meinem GPS singend in Rod Stewarts Welthit *I Am Sailing* aus. Und jedes Mal, wenn ich spät in der Nacht vor unserem Haus ankam und alle Lichter schon erloschen waren, war ich aufs Neue ergriffen, wenn ich eine kleine Stimme sagen hörte (deren Besitzer drinnen eigentlich schon tief und fest schlief): «Willkommen zu Hause, Daddy. Du hast dein Ziel erreicht.»

Unsere Jungs sind inzwischen zu jungen Männern mit tiefen, rauen Stimmen und einem ordentlichen Orientierungssinn herangewachsen, aber ich kann mich nicht dazu durchringen, dieses alte Navi wegzuwerfen. Die Technologie mag hoffnungslos veraltet sein, aber die Stimmen werden von Jahr zu Jahr kostbarer, weil ich so schöne Erinnerungen mit ihnen verbinde.

In einem Jahr fuhren wir beispielsweise als ganze Familie im Auto durch die Altstadt von Edinburgh, der Hauptstadt Schottlands, auf der Suche nach dem Weg zum Bahnhof. Die Straßen waren voll und die Einbahnstraßen verwirrend, aber irgendwie führten uns die kleinen Stimmen auf unserem GPS erfolgreich zu unserem Ziel. An der letzten Abbiegung vor dem Bahnhof piepste aus dem Navi zum perfekten Zeitpunkt Dannys Stimme: «Hier rechts abbiegen!»

Mit gespieltem Erstaunen schaute ich ihn durch den Rückspiegel an. «Wow! Woher weißt du, wo der Bahnhof ist?»

Danny starrte mich mit aufgerissenen Augen und offenem Mund an, sichtlich beeindruckt von seinen eigenen Navigationsfähigkeiten, und sagte dann etwas, das als geflügeltes Wort in unsere Familiengeschichte eingegangen ist: «Ich weiß nicht, woher ich es weiß; ich weiß es einfach!»

Woher wir wissen, was wir wissen

In dieser Aussage hat Danny treffend eines der größten philosophischen Rätsel aller Zeiten zusammengefasst: Woher wissen wir, was wir wissen? Genau damit, mit dem Wesen des Wissens, befasst sich ein Teilbereich der Philosophie, der als Erkenntnistheorie oder Epistemologie bekannt ist. Wenn du jemals online mit einem Verschwörungstheoretiker diskutiert hast, dann wurdest du mit Sicherheit in eine epistemologische Debatte verwickelt. Egal ob das Thema flache Erde, Impfungen, die Bilderberg-Konferenzen oder was auch immer lautet – bald wird deutlich, dass es in der Sache nicht um die Sache an sich geht. Die eigentliche Diskussion dreht sich um das Wesen des Wissens: Wem vertrauen wir? Woher wissen wir, was wir wissen?

Viele Leute würden sagen, dass sie aufgrund wissenschaftlicher Erkenntnisse und aufgrund ihres gesunden Menschenverstands wissen, was sie wissen. Aber niemand ist rein rational, und die empirische Methode bringt ihre eigenen Begrenzungen und Verzerrungen mit sich.

Oder vielleicht weiß ich, was ich weiß, aufgrund dessen, was sich in einer bestimmten Situation richtig anfühlt? Aber wenn es eine Sache gibt, die ich als von Liebeskummer geplagter Teenager gelernt habe, dann, dass meine Emotionen keine zuverlässige Grundlage für irgendetwas sind. Meine Gefühle ändern sich ständig. Sie sind dem Wetter, Espresso und der Musik von Nina Simone praktisch schutzlos ausgeliefert.

Manche Leute sagen, sie wüssten, was sie wissen, weil sie das, was sie wüssten, schon immer gewusst hätten. Sie akzeptieren einfach die jeweilige Weltanschauung, die ihnen durch ihre eigene Kultur oder Tradition vermittelt wurde. Das mag durchaus funktionieren, wenn man ein mittelalterlicher Korbflechter ist, der aus einer langen Reihe von Korbflechtern stammt, die seit Jahrhunderten im selben Dorf leben. Aber es funktioniert weniger gut in unserem «globalen Dorf», wo man auf Knopfdruck oder zum Preis eines Billigflugtickets mit einer völlig anderen Sichtweise der Realität konfrontiert wird. Wessen Wahrheit ist dann die wahre Wahrheit?

Für alle Christen, die jemals gelebt haben, ist letzten Endes die Bibel das, woher sie wissen, was sie wissen. Unsere Erkenntnisgewinnung fußt auf diesen umfangreichen antiken Aufzeichnungen von Gottes Offenbarung über das Wesen und den Sinn der Realität. Wie das antiquierte GPS-Gerät, das mich durch die chaotischen Straßen von Edinburgh führte, ist die Bibel eine ständige Quelle der Orientierung, Weisheit und Wegweisung in den Irrungen und Wirrungen des Lebens. «Und wenn ihr zur Rechten oder zur Linken gehen wollt», sagt der Prophet Jesaja, «werden deine Ohren hinter dir das Wort hören: Dies ist der Weg; den geht!» (Jesaja 30,21; LUT). Und genau wie bei meinem alten Navi wird die Stimme der Bibel, die auf den ersten Eindruck sicherlich etwas steif wirken kann, bald zu einer vertrauten Stimme wie die eines lieben Menschen. Sie spricht uns direkt ins Herz, und irgendwie wird sie mit jedem Jahr wertvoller. «Willkommen zu Hause», sagt die Stimme immer wieder. «Du hast dein Ziel erreicht.»

Wenn es darum geht, Gott zu hören, ist die Bibel Gottes absolute Herzenssprache. Nichts, was er auf irgendeine andere Weise in einem anderen Kontext sagt, wird jemals dem widersprechen, was er bereits in der Heiligen Schrift gesagt hat, es untergraben oder außer Kraft setzen. Und vermutlich taucht Jesus auch deshalb nicht einfach auf der Straße nach Emmaus auf und sagt: «Hallo Leute, ich bin's!» Man könnte meinen, das wäre genug. Aber stattdessen nimmt er sich viel Zeit für eine ausführliche Bibelauslegung, in der er sein eigenes Leben, Sterben und seine Auferstehung in den Zusammenhang der verbindlichen Glaubenslehre der Heiligen Schrift einordnet.

Was für eine unglaubliche Bibelstunde das wohl war! Es muss atemberaubend gewesen sein, zu hören, wie Jesus höchstpersönlich erklärte, «was durch die ganze Schrift hindurch über ihn gesagt wird». Kein Wunder, dass die beiden Jünger wenig später zueinander sagten: «Brannte nicht unser Herz in uns, da er … uns die Schrift öffnete?»

Dass Christus auf dem Weg nach Emmaus solch großen Wert auf Bibelauslegung legt, offenbart drei wichtige Wahrheiten, die wir in den nächsten beiden Kapiteln genauer betrachten werden.

Erstens zeigt es, dass der auferstandene Jesus seine Autorität weiterhin mit der Bibel begründet. Durch seinen Tod und seine Auferstehung mag eine neue Zeitrechnung, ja, eine völlig neue Welt begonnen haben, aber die Bibel ist für Jesus immer noch seine epistemologische Grundlage.[35]

Vielleicht erscheint uns das heute seltsam. Jegliche Vorstellung von absoluter Wahrheit und letztgültiger Autorität steht unter Beschuss, und der Bibel wird in westlichen Gesellschaften längst kein bedingungsloser Respekt mehr entgegengebracht. Selbst innerhalb der Kirche wird mancherorts die Autorität der Bibel untergraben. Kein Wunder, dass so viele Menschen ihr Vertrauen in die Heilige Schrift verlieren! Deshalb werden wir uns auf den nächsten Seiten etwas Zeit nehmen, um uns einfach die beispiellose Autorität der Bibel als das inspirierte Wort Gottes zu vergegenwärtigen: als die erkenntnistheoretische Grundlage für unser Leben und als das primäre Mittel, durch das wir Gott heute reden hören können.

Zweitens interpretiert Jesus auf dem Weg nach Emmaus die Schrift auf radikal neue Weise und erklärt, «was durch die ganze Schrift hindurch über ihn gesagt wird» (Lukas 24,27; Hervorhebung des Autors). Mit anderen Worten, er nahm sein eigenes Leben, seinen Tod und seine Auferstehung und betrachtete die gesamte Bibel aus dieser einzigartigen Perspektive neu. Dieser auf Jesus bezogene Ansatz, die Bibel zu verstehen, ist ein entscheidender Schlüssel, um seine Stimme zu hören. Ich halte ihn für so wichtig, dass wir uns in der zweiten Hälfte dieses Kapitels darauf konzentrieren werden.

Drittens sehen wir anhand dieser Geschichte, dass die Bibel, wenn sie auf diese Weise interpretiert wird – nämlich im Licht Jesu und inspiriert vom Heiligen Geist – eine bemerkenswerte Kraft hat, um direkt und persönlich in unser Leben zu sprechen. Wie die Jünger auf dem Weg nach Emmaus werden wir manchmal feststellen, dass «unser Herz in uns brennt», wenn Gott sich uns durch die Bibel offenbart. Und so werden wir uns im nachfolgenden Kapitel auf eines der effektivsten Werkzeuge konzentrieren, die ich kenne, um Gott in seinem Wort sprechen zu hören (und zwar direkt zu unserem Herzen): die *Lectio divina.*

Ich bin begeistert, dass dieses und das nächste Kapitel so sehr auf die Bibel fokussiert sind, weil ich glaube, dass Jesus für dich genau das tun will, was er für die Emmausjünger getan hat. Sein Wesen hat sich nicht geändert. Bitte ihn, und er wird sich dir nähern, so wie er sich ihnen auf ihrem Weg näherte. Er möchte dir die Schrift öffnen, so wie er es für sie getan hat, bis dein Herz zu brennen beginnt wie bei ihnen. «Rufe zu mir, dann will ich dir antworten», sagt er, «und dir große und geheimnisvolle Dinge zeigen, von denen du nichts weißt» (Jeremia 33,3). Wunderbare, überraschende neue Entdeckungen erwarten dich, wenn du den Herrn anrufst und lernst, auf seine Stimme in der Bibel zu hören!

Die ultimative Autorität der Bibel

Als ich in Hongkong lebte, waren Bibeln auf dem chinesischen Festland praktisch illegal. Also nutzte ich die Gelegenheit, so viele wie möglich davon in ein paar Koffern unter schmutziger Wäsche vergraben über die Grenze zu schmuggeln. Nachdem ich es durch den Zoll geschafft hatte, deponierte ich die kostbare Schmuggelware (ohne die Unterwäsche) in mehreren Schließfächern in einem Hotel in Guangzhou und schickte die Schließfachschlüssel an eine Adresse in Nordchina. Geheimhaltung war hier von größter Bedeutung, wurde mir gesagt, da der Empfänger dieser Schlüssel möglicherweise sein Leben und definitiv seine Freiheit riskierte, wenn er vom anderen Ende des Landes anreiste, um die illegale Fracht abzuholen.

Warum um alles in der Welt war er bereit, solche Risiken für ein Buch einzugehen, das im Westen von vielen als langweilig und irrelevant angesehen wird? – Weil die schnell wachsende christliche Kirche in China hungrig war und ist nach Nahrung aus dem Wort Gottes. Infolge dieses Hungers hat sich die Lage drastisch verändert. Heute befindet sich die größte Bibeldruckerei der Welt – mit einer Fläche von zwölf Fußballfeldern und der Kapazität, über zwanzig Millionen Bibeln pro Jahr zu drucken – in China. Diese werden über achtzig Verteilzentren an ein Netzwerk von 60.000 Kirchengemeinden versendet; und selbst dieses riesige Unternehmen kann kaum mit der Nachfrage Schritt halten.[36]

Weltweit ist die Bibel unbestreitbar das erfolgreichste literarische Werk aller Zeiten. Kein anderes Buch kommt ihr auch nur annähernd gleich. Jedes Jahr werden mehr als 100 Millionen Exemplare verkauft oder verschenkt. Die *New York Times* berücksichtigt die Bibel nicht in ihrer Bestsellerliste, weil sie fast immer an der Spitze stehen würde.[37] Das kommt nicht nur daher, weil sie alt ist und Tiefgang hat – Kriterien, die auch Platons *Politeia* erfüllt –, sondern weil die Bibel auf Jesus hinweist, eine tiefe Relevanz für jede Kultur der Welt hat und: weil sie Leben verändert.

In meinem eigenen Leben ist diese kostbare Sammlung von sechsundsechzig Büchern, die von mindestens vierzig Autoren in drei Sprachen über einen Zeitraum von 1400 Jahren verfasst wurden, nach wie vor eine unvergleichliche Quelle des Trostes, der Moral und der Orientierung. Immer wieder hat Gott mir durch die Worte der Bibel Wahrheit und Weisheit zugesprochen.

Ich sehe mich noch als verängstigtes Kind in einem brutalen Internat: in einem Schlafsaal mit dreißig anderen Jungen, versteckt unter meiner Decke, nachdem das Licht schon ausgeschaltet ist. Ich lese meine Taschenausgabe des Neuen Testaments im

Schein einer winzigen Taschenlampe und flüstere: «Ich vermag alles durch den, der mich mächtig macht» (Philipper 4,13; LUT).

Oder ich erinnere mich an den Moment, als ich gerade in Hongkong ein McDonald's-Softeis mit heißer Schokosoße genieße und mein Handy klingelt. Meine Mutter ist am Telefon: «Es geht um Papa», sagt sie mit schwacher Stimme, «Herzinfarkt.» Die Worte durchdringen mich wie ein Messer. «Sie haben versucht ihn wiederzubeleben; er war im Meer schwimmen. Aber dein lieber Vater ist jetzt bei Jesus. Es tut mir so leid.» Ich taumle zurück in mein Zimmer und fühle mich völlig allein und sehr weit weg von zu Hause. In dieser winzigen Blechhütte, die von einem Wald aus Neon-Wolkenkratzern überschattet wird, knie ich an meinem Bett, schlage einen der Lieblingspsalmen meines Vaters auf, und die Tränen beginnen zu fließen: «Und ob ich schon wanderte im finstern Tal, fürchte ich kein Unglück; denn du bist bei mir» (Psalm 23,4; LUT).

Oder wiederum einige Jahre später: Ich bin beunruhigt wegen eines Graffiti-Schriftzugs an der Wand unseres ersten 24-7-Gebetsraums: «LASST. GOTT. KEINE. RUHE.» Ist das nicht ein bisschen respektlos? Vielleicht sollte ich das Graffito entfernen? Aber dann entdecke ich peinlicherweise, dass dieser «ketzerische» Spruch tatsächlich ein direktes Zitat aus Jesaja 62 ist, das bald zu einem Schlachtruf für die gesamte 24-7-Prayer-Bewegung werden sollte:

O Jerusalem,
ich habe Wächter auf deine Mauern gestellt,
die den ganzen Tag und die ganze Nacht
nicht einen Augenblick schweigen sollen.
Die ihr den HERRN erinnern sollt,
gönnt euch keine Ruhe!
Und lasst ihm keine Ruhe,
bis er Jerusalem [wieder] aufrichtet,
und bis er es zum Ruhm auf Erden setzt!

Jesaja 62,6–7; SLT

Ein anderes Mal bin ich mit unserem 24-7-Team auf Ibiza. Wir versuchen, auf dieser Insel im Mittelmeer ein klein wenig Licht in Europas größte Partyszene zu bringen. Die Insel leidet unter einer starken Dürre und die kleine christliche Gemeinschaft auf der Insel hat uns gebeten, für Regen zu beten. Das scheint wahrhaftig ein sehr großes Gebetsanliegen zu sein und ich habe nicht besonders viel Glauben. Doch in dem Moment, als ich nach unserer Gebetszeit in mein Auto steige, kommen zwei bemerkenswerte Dinge zusammen: Erstens beginnen ein paar Regentropfen auf meine Windschutzscheibe zu fallen und kurz darauf prasselt das heftigste Gewitter, das Ibiza seit 1976 erlebt hat, auf uns ein.[38] Und zweitens, während ich noch daran zweifle, ob unsere Gebete etwas mit dem Regen zu tun haben, erhalte ich eine unerwartete Textnachricht: Ein Typ namens Wanja sitzt Tausende von Kilometern entfernt in einem Gebetsraum im russischen St. Petersburg und weiß nichts von unserem Gebetsanliegen auf Ibiza. Aber er spürt, dass der Heilige Geist ihm eine bestimmte Bibelstelle für uns aufs Herz legt: 1. Könige 18. Ich schlage in meiner Bibel nach und schnappe überrascht nach Luft. Das ganze Kapitel dreht sich um das Beten für Regen und endet mit einem mächtigen Wolkenbruch, der eine jahrelange Dürre beendet: «Da kam auch schon ein starker Wind auf, und schwarze Wolken verfinsterten den Himmel. Es dauerte nicht mehr lange, und ein heftiger Regen prasselte nieder» (18,45).

Noch eine andere Szene kommt mir vor Augen: Da sind wir, am nasskalten Ende eines langen Winters, und meine Frau Sammy ist chronisch krank. Sie leidet an unkontrollierbarer Epilepsie und einem riesigen Hirntumor. Wir haben mehr Angst als je zuvor, aber die Bibel spricht uns auf eine Weise Hoffnung und Frieden zu, wie es nichts und niemand sonst kann. Bei ihrem ersten MRT muss Sammy sich in der teuren Maschine heftig übergeben. Für die zweite Untersuchung lernt sie Psalm 91 auswendig und meditiert über jede einzelne Zeile. Und so erlebt sie auf unerklärliche Weise in dieser trostlosen Röhre etwas von der Gegenwart Gottes: «Wer unter dem Schirm des Höchsten sitzt und unter dem Schatten des Allmächtigen bleibt, der spricht zu dem HERRN: Meine Zuversicht und meine Burg, mein Gott, auf den ich hoffe» (Psalm 91,1–2; LUT).

Ich könnte noch weitermachen, aber ich bin sicher, du hast deine eigenen Geschichten davon zu erzählen, wie Gott durch die Bibel in dein Leben gesprochen hat. Was für ein unbezahlbares Geschenk er uns doch gemacht hat! Wie oft nehmen wir den Reichtum der Bibel als selbstverständlich hin. Wie oft lassen wir sie ungelesen oder übersehen ihre Schätze, weil unwichtigere Dinge für uns im Vordergrund stehen.

«Oh, gebt mir dieses Buch!», rief einst John Wesley. «Um jeden Preis, gebt mir Gottes Buch! ... Ich will *homo unius libri* [Mensch eines einzigen Buches] sein.»[39] Und bekanntermaßen wurde sein Gebet auf eindrucksvolle Weise erhört:

John Wesley legte mit seiner Bibel rund 400.000 Kilometer zurück, hielt dabei, basierend auf ihrem Text, 40.000 Predigten und entfesselte so ihre Kraft, ganze Nationen zu verändern. Der Moment, in dem das Feuer zum ersten Mal in Wesleys Herzen entfacht wurde, hatte eine bemerkenswerte Ähnlichkeit mit dem Erlebnis der beiden Emmausjünger: Am 24. Mai 1738 spürte John Wesley bei einer Bibelstunde der Londoner Herrnhuter in Aldersgate, wie sein Herz während einer Lesung aus Martin Luthers Vorwort zum Römerbrief «seltsam erwärmt» wurde. Dies war der Funke, der den Flächenbrand der großen methodistischen Erweckungsbewegung entzündete.

Begegnungskultur

Wir sprechen heute viel über die «Begegnung» mit Gott. Es ist ein oft benutzter Begriff in Büchern, auf Konferenzen und als Schlagwort von christlichen Vereinen. Wir richten Gottesdienste, Lobpreis- und Gebetszeiten explizit darauf aus, Raum für Begegnungen mit Gott zu schaffen. Möglicherweise ist die

Emmauserzählung das ultimative Beispiel für genau die Art von lebensverändernder Begegnung, nach der wir streben. Und doch zeichnet sich diese Geschichte weniger durch die Gefühle und Phänomene aus, die wir mit solchen Momenten verbinden, sondern stellt vielmehr eine eingehende Bibelarbeit in den Fokus. Noch einmal: Diese urbildliche Begegnung mit dem auferstandenen Christus wird weder von einem dramatischen Erlebnis noch von überwältigenden Emotionen bestimmt, sondern «nur» von einer ausführlichen Auslegung der Bibel.

Wir leben in einer Zeit, in der die Menschen die Wahrheit zunehmend anhand ihrer eigenen Erfahrungen messen. Wo es während der kulturellen Revolution der 1960er hieß: «Wenn es sich gut anfühlt, dann tu es», heißt es heute: «Wenn es sich wahr anfühlt, dann glaub es.» Die subjektive Ethik von damals hat heute ihren unausweichlichen Endpunkt in Form eines subjektiven erkenntnistheoretischen Ansatzes erreicht.

Und dieser Wandel hat tiefgreifende Auswirkungen auf unser Verständnis von Gottes Wahrheit! In den Nachkriegsjahren erklang beispielsweise überall auf der Welt Billy Grahams Stimme mit den immer selben und einfachen Worten: «Die Bibel sagt ...» – und das war genug für Millionen hungriger Seelen. «Wenn es in der Bibel steht», sagten sie sich, «dann muss es stimmen.»

Im weiteren Verlauf des 20. Jahrhunderts mussten sich die Christen immer mehr anstrengen, um ihre Überzeugungen zu rechtfertigen. Und so erlebten wir den Aufstieg populärer Apologeten wie C. S. Lewis, Francis Schaeffer und Josh McDowell, von dessen Klassiker *Die Bibel im Test* über eine Million Exemplare verkauft wurden.

Mit dem allmählichen Zerfall vieler althergebrachter Sicherheiten und dem Aufstieg des subjektivistischen Erfahrungsdenkens begannen auch die Christen zu erwarten, dass lehrmäßige Wahrheiten mit starken Gefühlen gewürzt sein sollten – und die charismatische Bewegung erfüllte diese Erwartung. Die jungen Prediger für das neue Jahrtausend lernten, zu inspirieren und zu bewegen, während die alte Garde ihre Zuhörer trocken informierte und ausrüstete.

Etwa zur gleichen Zeit entwickelte sich Anbetungsmusik zu einem lukrativen Geschäftsfeld, sodass wir heute, wenn jemand von «einer guten Lobpreiszeit» spricht, genau wissen, dass damit eine emotional aufgeladene Zeit des Singens gemeint ist. Und natürlich gehört es schon fast dazu, dass man nach einer Predigt noch ein persönliches Gebet für sich in Anspruch nimmt. Und zwar – seien wir ehrlich – in der Hoffnung auf ein Erlebnis: sei es ein prophetisches Wort oder eine körperliche Erfahrung wie Tränen, Kribbeln oder Umkippen. Irgendetwas, das uns bestätigt, dass während der Gebetszeit tatsächlich etwas geschehen ist ...

Ich habe gar nichts gegen all das. Ich finde es sogar wunderbar, dass Kopf und Herz heute wieder mehr verbunden sind. Erfahrungen sind wichtig. Emotionen sind bedeutsam, im Glauben wie im Leben ganz allgemein. Vor zweitausend Jahren erfuhren die zwei Jünger auf dem Weg nach Emmaus die Kraft der Worte Christi durch das subjektive Gefühl, das sie als «Feuer in ihrem Herzen» bezeichneten. Nichts davon ist also neu oder an sich ungesund.

Aber so wunderbar eine Erfahrung auch sein mag (und keine Erfahrung könnte jemals wunderbarer sein, als dem auferstandenen Herrn persönlich zu begegnen), die Bibel bleibt für Christen die oberste Instanz in Sachen Wahrheit – ob wir es fühlen oder nicht. Und sie ist nach wie vor die wichtigste Art, auf die wir Gott sprechen hören. Dies muss einer der Gründe sein, warum Jesus auf dem Weg nach Emmaus so zurückhaltend ist. Er weiß, dass außergewöhnliche Erfahrungen und persönliche Begegnungen unzureichend sind, wenn sie nicht von einer biblischen Erklärung begleitet werden.

Mir macht es Spaß, in diesem Buch aufregende Geschichten davon zu erzählen, wie Gott auf übernatürliche Weise zu Menschen geredet hat. Ich habe auch nicht vor, mich für den Versuch zu entschuldigen, dich dazu zu inspirieren, dass du auch in deinem eigenen Leben mit solchen Begegnungen rechnest.

Aber die bei Weitem wichtigste und beständigste Weise, auf die Gott spricht, ist vielleicht die unspektakulärste: Ihn durch die Bibel zu hören, mag weitaus weniger dramatisch erscheinen, als Träume, Visionen und Besuche von Engeln zu bekommen. Aber genau wie Jesus sich die Zeit nahm, auf dem Weg nach Emmaus die Bibel auszulegen, und wie John Wesleys Leben durch einen Bibelkommentar verändert wurde, so will Gott dein Herz mit einer neuen Leidenschaft für die Heilige Schrift in Brand setzen.

Um den längsten Psalm zu zitieren, der übrigens selbst eine Ode an die Herrlichkeit von Gottes Gesetz ist: «Dein Wort ist meine Lieblingsspeise, es ist süßer als der beste Honig» (Psalm 119,103).

Innehalten & Beten

Langweilig? Verwirrend? Enttäuschend? Habe ich Gefühle über die Bibel, die ich zu verbergen versuche? Ich versuche nun, möglichst ehrlich mit Gott über meine Beziehung zu seinem geschriebenen Wort zu reden. Ich bitte ihn, durch die Bibel zu mir zu sprechen, mir die Augen zu öffnen, damit ich sie in einem neuen Licht sehe. Ich bitte ihn, dass durch die Bibel ein Feuer in meinem Herzen entfacht wird.

Den Löwen aus dem Käfig lassen

Öffne die Tür und lass den Löwen frei; er wird für sich selbst sorgen. Kaum zieht er aus in seiner Kraft, fliehen seine Angreifer. Der beste Weg, dem Unglauben zu begegnen, ist, die Bibel zu verbreiten. Die Antwort auf jeden Einwand gegen die Bibel ist die Bibel selbst.[40]

Charles Spurgeon

Von den Katakomben Roms bis zu den ausgebreiteten Armen der Christusstatue über Rio de Janeiro, von Michelangelos *Erschaffung Adams* zu Aretha Franklins *Oh Happy Day,* von den keltischen Klöstern, die nach dem Niedergang des Römischen Reiches die europäische Zivilisation retteten, bis hin zur amerikanischen *Bill of Rights* wurde und wird die westliche Kultur von der Bibel geformt, getragen und gestaltet.

In seinem Bestseller *Herrschaft: Die Entstehung des Westens* argumentiert der Historiker Tom Holland, dass die moderne Wissenschaft nur aus einem biblischen Verständnis der Welt als einer geschaffenen Einheit, die universellen Gesetzen unterliegt, entstehen konnte (und nicht aus der im Osten vorherrschenden Auffassung von der Welt als kosmischer Illusion).

Der Mittelalterforscher Brian Tierney (1922–2019) führt die Idee der universellen Menschenrechte auf die Vorstellung zurück, dass die Menschheit nach Gottes Bild geschaffen wurde, wie es im ersten Buch Mose beschrieben und von Kirchenrechtlern im 12. Jahrhundert erläutert wurde.[41]

Inzwischen hat der Altertumswissenschaftler Kyle Harper gezeigt, dass die Idee, dass Sex einvernehmlich sein sollte, in der Antike ein komplett neues Konzept war, das erst durch das Christentum in die Welt kam.[42]

Wie es der zeitgenössische Rabbi Ari Lamm ausdrückt, ist die Bibel «die einzige gemeinsame Sprache, die wir je gekannt haben, um uns an unsere Vergangenheit zu erinnern und unsere Zukunft zu verbessern. Sie ist», so sagt er weiter mit Bezug auf die USA, «unser grundlegendes moralisches Dokument, in gleichem Maße, wie die Verfassung unser politisches Gründungsdokument ist.»[43]

An einem Tag im Jahr 1381 hielt ein Prediger namens John Ball eine derart aufrührerische Predigt vor einer großen Volksmenge, die sich unter freiem Himmel auf dem Londoner Stadtteil Blackheath Common versammelt hatte, dass sie einen breiten Aufstand gegen die Ungerechtigkeiten der englischen

Gesellschaft entzündete. Mit lauter Stimme berief er sich auf die biblische Schöpfungsgeschichte, um das Fundament seiner Nation zu dieser Zeit infrage zu stellen. Und er tat es in Form einer gereimten Frage:

> Als Adam pflügte und Eva spann,
> wer war da der Edelmann?[44]

Das war eine gute Frage – und eine aufmüpfige. Wo in Gottes ursprünglichem Plan, wollte Ball wissen, waren denn die Fronherren? Waren Adam und Eva nicht gewöhnliche arbeitende Menschen, die Äcker gepflügt und Garn gesponnen hatten – genau wie die einfachen Menschen, die sich an diesem Tag auf dem Blackheath Common versammelt hatten? Dies war revolutionäres Gedankengut in einer feudalistischen Gesellschaft, deren wirtschaftliche Grundlage der Frondienst war und deren extreme Ungleichheit in Sachen Reichtum und Macht als gottgewollt gerechtfertigt wurde – gerade zu einer Zeit, als die Kirche den Zugang zur Bibel sorgfältig kontrollierte und sie ausschließlich den in Latein geschulten Priestern vorbehielt.

«Darum ermahne ich euch zu bedenken», rief der Prediger an jenem Tag, «dass jetzt die Zeit gekommen ist, die uns von Gott bestimmt wurde, in der ihr (so ihr willens seid) das Joch der Knechtschaft abwerfen und die Freiheit wiedererlangen könnt.»[45] Diese Worte markierten den Anfang des englischen Bauernaufstands.

John Ball bezahlte mit seinem Leben dafür, dass er den Löwen der biblischen Wahrheit im mittelalterlichen England losgelassen hatte: Am 15. Juli 1381 wurde er in Anwesenheit von König Richard II. gehängt, ausgeweidet und gevierteilt. Sein aufgespießter Kopf wurde dann auf der London Bridge als Warnung für andere Abweichler zur Schau gestellt.

In der Zwischenzeit verfolgte in Oxford Balls angesehener Zeitgenosse John Wyclif (auch Wycliffe geschrieben) sein Lebenswerk, nämlich die Bibel ins Englische zu übersetzen, um sie dem

Volk zugänglich zu machen. Wyclif plädierte mit Nachdruck für die übergeordnete Autorität der Bibel und für das Priestertum aller Gläubigen – und das etwa 133 Jahre vor Martin Luthers von der Bibel angetriebenen Reformation in Deutschland.

Dafür wurde Wyclif nach seinem Tod als Ketzer exkommuniziert, seine Gebeine wurden ausgegraben und verbrannt und die Asche wurde in den Fluss Swift gestreut.

John Wyclif und John Ball verloren so manchen Kampf, aber sie gewannen den Krieg. Wenn man heute durch die *Central Lobby* der Londoner *Houses of Parliament* geht, findet man im Herzen der britischen Politik als Bodeninschrift einen Bibelvers zur ständigen Erinnerung an die richtigen Prioritäten: «Wenn der HERR nicht das Haus baut, so arbeiten umsonst, die daran bauen» (Psalm 127,1; LUT).

Nebenan in der Westminster Abbey bekam Elizabeth II. 1953 bei ihrer Krönung zur Königin des Vereinigten Königreichs, Kanadas, Australiens, Neuseelands, Südafrikas, Pakistans und Ceylons (heute Sri Lanka) eine Bibel überreicht, begleitet von den folgenden bemerkenswerten Worten, die durch die Kirche hallten: «Wir schenken Ihnen mit diesem Buch das Wertvollste, was diese Welt zu bieten hat. Hierin liegt die Weisheit. Dies ist das königliche Gesetz. Das sind die lebendigen Worte Gottes.»

Der am wenigsten gelesene Bestseller

Aber wenn die Bibel wirklich «das Wertvollste, was diese Welt zu bieten hat» ist, die Grundlage der westlichen Kultur und das primäre Mittel, durch das Gott heute spricht, warum wird sie dann von den Gesellschaften, die sie aufgebaut hat, in der Öffentlichkeit zunehmend missachtet und sogar privat von Christen vernachlässigt? Zu keiner Zeit war die Bibel so leicht zugänglich und wurde doch so wenig gelesen wie heute. Sechs Jahrhunderte, nachdem John Wyclif alles getan hatte, um die Heilige Schrift in die Hände gewöhnlicher Menschen zu legen, bietet allein die

YouVersion-Bibel-App 2062 Versionen der Bibel in 1372 verschiedenen Sprachen an – alles völlig kostenlos. Gleichzeitig haben Studien ergeben, dass 78 Prozent der Amerikaner eine gedruckte Bibelausgabe besitzen, aber nur 9 Prozent von ihnen sie tatsächlich regelmäßig lesen.[46]

Zu Beginn der COVID-19-Pandemie im Jahr 2020 gab es Anzeichen dafür, dass sich dieser traurige Zustand ändern könnte, da die Bibelverkäufe in den meisten westlichen Ländern in die Höhe schossen und viele Menschen plötzlich mehr Zeit zum Lesen hatten. Aber zwischen Januar und Juni desselben Jahres ging die Beschäftigung mit der Bibel tatsächlich um 6 Prozent bei Männern und um 7 Prozent bei Frauen zurück.[47] «Wir achten die Bibel, doch wir lesen sie nicht», bemerkte der berühmte Meinungsforscher George Gallup Jr. trocken. «Sie ist das meistverkaufte, am wenigsten gelesene Buch in Amerika.»[48]

Warum besteht eine solche Kluft zwischen dem, was wir über die Bibel glauben, und dem, was wir in der Praxis tun? Eines der Probleme scheint zu sein, dass uns niemand beibringt, sie sowohl mit dem Kopf als auch mit dem Herzen zu lesen. Wir tun so, als sei die Bibel einfach, klar und unkompliziert, obwohl sie das in großen Teilen nicht ist. Einige Leute sagen gerne fromme Sätze wie: «Wenn es in der Bibel steht, dann ist es gut genug für mich», und verkennen dabei, wie komplex die Bibel sein kann. In der rabbinischen Tradition heißt es, dass jedes Wort der Schrift siebzig Gesichter und 600.000 Bedeutungen hat![49]

Tatsache ist: Die Bibel ist sehr dick (im Schnitt etwa 1.200 Seiten), sehr alt (vor zwei- bis dreitausend Jahren geschrieben) und ihr kultureller Entstehungskontext unterscheidet sich stark von unserem heutigen westlichen. Daher ist es nicht immer einfach, ihre Bedeutung zu verstehen und ihre Botschaft auf die Komplexität des Lebens im 21. Jahrhundert anzuwenden.

Und so gibt es zwei Fähigkeiten, die jeder einzelne Christ entwickeln muss, um Gott in der Bibel und durch die Bibel zu hören: Zuerst müssen wir lernen, die Bibel mit unserem *Kopf* zu lesen, um zu verstehen, was dort tatsächlich, objektiv gesagt wird. Und zweitens müssen wir lernen, sie mit unserem *Herzen* zu lesen, um Gottes Stimme in ihren Seiten zu vernehmen. Durch sorgfältiges Studium der Bibel verstehen wir, was ihre Verfasser ursprünglich gemeint haben. Und indem wir sie betend entdecken, lernen wir zu erkennen, was der Heilige Geist uns heute durch sie sagen möchte. Es ist wichtig, beides zu tun. Wenn ich verstehe, was die Worte der Bibel bedeuten, aber nie höre, was sie mir persönlich sagt, habe ich Informationen ohne Offenbarung. Aber wenn ich umgekehrt ihren ursprünglichen Zusammenhang außer Acht lasse und die Teile ignoriere, die ich nicht mag oder nicht verstehe, laufe ich Gefahr, Gottes Wort mit meinen eigenen Gefühlen, Vorlieben und Vorurteilen zu verwechseln und es somit zu missbrauchen.

Die Bibel verstehen

Gottes größtes Geschenk wird oft entweder direkt abgelehnt oder so behandelt, als wäre es nur von geringem Wert. Aber wenn wir anfangen würden, die Bibel wirklich zu studieren, wären wir beeindruckt vom wahren Wert dieses Geschenks. Es erscheint mir aberwitzig, dass wir die Leute dazu ermahnen müssen, die Bibel zu lesen.[50]
William Wilberforce

Es gibt zwei griechische Begriffe, die uns beim Versuch, die Bibel zu verstehen, helfen können (aber keine Sorge, du musst sie dir nicht unbedingt merken). Der erste ist *Exegese* (abgeleitet vom griechischen Wort *exegeisthai,* was so viel wie «den Weg zeigen» oder «hinausführen» bedeutet).

Exegese ist die Kunst, die Heilige Schrift zu erklären, zu deuten und anzuwenden. Es ist das, was ein Prediger oder eine Predigerin tut, wenn er oder sie die Bedeutung einer bestimmten Bibelstelle auslegt. Die Exegese fragt, was der Autor des jeweiligen Buches beabsichtigte, als er es schrieb, und eben auch, was Gott beabsichtigte, als er den Verfasser dazu inspirierte. Die Exegese ist sich dabei bewusst, dass verschiedene Teile der Bibel je nach literarischer Gattung unterschiedlich verstanden werden müssen.

Zum Beispiel ist das Hohelied ein großartiges Gedicht über die erotische Liebe und eine tiefgründige Metapher für die Beziehung zwischen Gott und den Menschen, aber wir sollten nicht erwarten, dass es eine hilfreiche Anweisung für die Leitung einer Gemeinde ist. Das ist nicht der Zweck, für den das Buch geschrieben wurde.

In ähnlicher Weise lehrt uns das 1. Buch Mose eine tiefgründige und zeitlose Theologie, aber es wurde eindeutig nicht von einem (oder mehreren) Menschen mit einer modernen wissenschaftlichen Denkweise verfasst. Das bedeutet, dass wir Genesis falsch lesen und seine Botschaft möglicherweise sogar ganz verkennen, wenn wir es als wissenschaftliches Lehrbuch missverstehen. Jedenfalls interpretierte keiner der frühen Kirchenväter die sechs Schöpfungstage als absolut wörtlich.[51]

Den Kontext verschiedener Teile der Bibel zu kennen, kann uns helfen, viele (wenn auch nicht alle) der Bibelabschnitte zu begreifen, die wir heute oft als schwierig empfinden.

Zum Beispiel wird der Apostel Paulus oft als Sexist abgetan – von Menschen, die den kulturellen Hintergrund nicht verstehen, vor dem er schrieb. Als Angehörige freiheitlicher westlicher Gesellschaften zucken wir zusammen, wenn wir zum Beispiel seine Worte darüber lesen, dass Frauen im Gottesdienst eine Kopfbedeckung tragen sollen. Aber im Nahen Osten sieht die Situation völlig anders aus: Ich erinnere mich, wie ich während eines Aufenthaltes in den Vereinigten Arabischen Emiraten 1. Korinther 11 studierte, umgeben von Frauen, die alle in unterschiedlichem Maße verschleiert waren. Sie trugen entweder einen Hijab (der Haar und Hals bedeckt, aber das Gesicht frei lässt) oder den Nikab (der alles außer den Augen bedeckt) oder sogar die Burka (die das Gesicht vollständig verhüllt).

In diesem Zusammenhang, stellte ich überrascht fest, wirkte der Rat des Paulus an die Frauen von Korinth sowohl einfühlsam als auch ziemlich fortschrittlich und sicherlich nicht unterdrückerisch. Er scheint die Mitglieder der jungen Gemeinde in Korinth gedrängt zu haben, unnötigen kulturellen Anstoß zu vermeiden. Nicht etwa, weil die christlichen Gemeinden schrecklich unterdrückerische patriarchale Umgebungen gewesen wären, sondern weil sich diese neu bekehrten Frauen durch das Evangelium so befreit fühlten, dass sie selbst die grundlegendsten Anstandsregeln ihrer Kultur hinter sich gelassen hatten. Anstatt also ein Beispiel für Chauvinismus zu sein, ist es gut möglich, dass diese Anweisung einen Hinweis auf die außergewöhnliche Emanzipation der damaligen Frauen in Christus beinhaltete.[52]

Ein weiterer Abschnitt, der häufig als Beweis für das patriarchalische Denken des Paulus angeführt wird, ist seine «christliche Haustafel» in Epheser 5 und 6 («Frauen, ordnet euch euren Männern unter ...»). Was die Kritiker jedoch meist missverstehen, ist, dass im griechisch-römischen Familienmodell des ersten Jahrhunderts von Ehemännern und Ehefrauen keinerlei Freundschaft erwartet wurde. Die Herren hatten unbegrenzte Macht, ihre Sklaven auszunutzen und zu missbrauchen, und auch Kinder wurden nicht mit derselben Feinfühligkeit behandelt, die wir ihnen heute entgegenbringen.

An eine solch strenge häusliche Hierarchie gerichtet, sind die Anweisungen von Paulus nicht repressiv, sondern revolutionär. Wenn er zum Beispiel alle Ehemänner auffordert, ihre Frau so zu lieben, «wie Christus seine Gemeinde liebt» (5,25) – ja, sogar «wie ihren eigenen Körper» (5,28) und «wie sich selbst» (5,33) –, dann plädiert Paulus für ein Maß an Zärtlichkeit und Selbstaufopferung, das in der damaligen Kultur praktisch unbekannt war und, offen gesagt, auch heute noch eine Seltenheit ist. Auch hier ist Paulus also nicht unterdrückend, sondern befreiend.[53]

Wir sehen: Der Kontext verändert alles. Vielleicht kennst du die Geschichte von dem Mann, der beschloss, seine Bibel zufällig aufzuschlagen und dann die ersten Worte, die er lesen würde, als Gottes Anweisung zu verstehen. Er schloss die Augen und ließ seinen Finger auf einer Seite landen. Dort stand: «[Judas] lief fort und erhängte sich» (Matthäus 27,5). Glücklicherweise war dies nicht die Art von Ratschlag, nach dem der Mann gesucht hatte, also startete er einen neuen Anlauf, um mehr Klarheit zu gewinnen. Diesmal traf sein Finger auf Lukas 10,37: «Geh und folge seinem Beispiel.»

Das Problem an diesem Ansatz ist erstens, dass Gott kein Glückskeks ist, und zweitens, dass «Gottes Wort in der Bibel» nicht nur einzelne Wörter sind, die wir willkürlich aus ihrem Textzusammenhang herauspicken, sondern «Gottes Wort in der Bibel» *ist* die Bibel selbst. Die ganze Geschichte von Judas, der sich erhängte, ist eine von Schuld, Scham und Verrat – eine außerordentliche menschliche Tragödie. Sie hätte durchaus zum Herzen des Mannes im obigen Beispiel sprechen können, wenn er sich die Zeit genommen hätte, über diesen Zusammenhang nachzudenken. In ähnlicher Weise steht die Anweisung «Geh und folge seinem Beispiel» am Ende des Gleichnisses vom barmherzigen Samariter, das davon handelt, andere aufopferungsvoll zu lieben. Auch dies hätte dem Mann in seiner Situation weiterhelfen können, wenn er sich dem Text sorgfältig und betend genähert hätte.

Aber natürlich hat Gott das Recht, die Regeln der gesunden Exegese und Hermeneutik zu brechen. Und tatsächlich bekehrte sich eine der größten christlichen Führungsfiguren aller Zeiten durch diese fragwürdige Zufallsmethode zum Glauben (siehe den Abschnitt «Lebendiges Wort» am Ende dieses Kapitels). Aber offensichtlich wäre es trotzdem weder gesund noch sinnvoll, diese Technik zum normalen Mittel zu machen, wie wir uns von Gott leiten lassen!

Manche Christen betrachten die Exegese mit Argwohn und befürchten, dass sie uns daran hindert, die Bibel wortwörtlich zu nehmen (was auch der Fall ist), und dass sie somit die Autorität der Schrift untergräbt (was nicht der Fall ist) und unsere Fähigkeit beeinträchtigt, uns hingebungsvoll mit der Bibel auseinanderzusetzen (wobei das Gegenteil der Fall ist). Wenn wir die Bibel mit dem Kopf lesen, also so, dass wir sie intellektuell verstehen, stärkt das tatsächlich bloß unsere Fähigkeit, die Bibel auch mit unserem Herzen als Gottes Wort zu empfangen. Dazu will ich im Folgenden ein Beispiel geben.

Eine Geschichte von zwei Rembrandts

Rembrandt malte zwei verschiedene Gemälde von der biblischen Geschichte, in welcher der alte Simeon das Jesuskind im Tempel segnet; eines der Bilder malte er im Alter von 25 Jahren, zu Beginn seiner Karriere, und ein weiteres mit 63, im Jahr, in dem er starb.

Das erste Gemälde trägt den Titel «Simeons Lobgesang» und hängt im Mauritshuis-Museum im niederländischen Den Haag. Das Gemälde ist imposant, brillant und voll bürgerlicher Pracht. Es zeigt Simeon als große, priesterliche Figur in den Hallen des Tempels und Jesus als ein Baby, das eindeutig geboren wurde, um König zu werden. Das Ganze hat etwas sehr Theatralisches – die Art und Weise, wie die Architektur des Tempels aufragt wie ein Bühnenbild, während die Hauptdarsteller im Rampenlicht stehen, opulent kostümiert und dramatisch in Szene gesetzt. Dies ist das Werk eines ehrgeizigen Künstlers, der entschlossen ist, der Welt seine grenzenlosen Fähigkeiten zu beweisen.

Die zweite Darstellung derselben Begebenheit, die Rembrandt 38 Jahre später malte, sieht völlig anders aus: Unter dem schlichten Titel «Simeon im Tempel» hängt es heute im Stockholmer Nationalmuseum. Der Prunk seines Frühwerks ist nun auf ein intimes Studium des Gesichts eines alten Mannes reduziert. Verschwunden sind die Pracht, die Kostümierung und die bewundernde Menge. Das Scheinwerferlicht wurde durch warmen Kerzenschein ersetzt. Die klaren Linien, gezogen von der ruhigen

Hand eines jungen Künstlers in seiner Blütezeit, sind nun wackelig, fleckig und weich geworden. Das Baby sieht niedlich, verletzlich und echt aus. Simeon wirkt gebrechlich, sanft und müde. Es könnte ein Selbstporträt sein. Hier sehen wir einen alten Mann, der genug von der Theatralik der königlichen Höfe hat. Sein Blick geht am Gesicht des Babys vorbei, sein Mund ist leicht geöffnet, als würde er seufzen. Vielleicht setzt er gerade dazu an, die berühmten Anfangsworte seines Lobgesangs zu beten: «Nunc dimittis» («Nun lässt du [Herr, deinen Knecht]»). Es ist eine Szene, in der sich die Vergänglichkeit und die Transzendenz des Lebens miteinander verbinden.

Unbestritten sind beide Gemälde großartige Kunstwerke, aber es ist für den Betrachter nicht sofort klar, dass sie von demselben Künstler gemalt wurden, geschweige denn, dass sie dieselbe Szene darstellen. Unsere Fähigkeit, die Ausdruckskraft solcher Gemälde wahrzunehmen und ihre Botschaften zu erfassen, wird durch das Verständnis der jeweiligen historischen und biografischen Zusammenhänge erst möglich gemacht bzw. noch verstärkt.

Ähnlich ist es beim Lesen der Bibel: Es kann passieren, dass wir die Gedankengänge der biblischen Autoren und deren innere Entwicklung nicht begreifen, wenn wir uns der Bibel losgelöst von ihrem Kontext nähern. Womöglich übersehen wir dann, auf welche Weise das Geschriebene zusammenhängt, und spüren nichts von der außergewöhnlichen Kraft, die ihre Botschaft heute noch in unseren Herzen entfalten will.

Du musst kein Theologie-Experte werden oder die drei biblischen Originalsprachen lernen, um von ein wenig persönlicher Recherche zu profitieren. Wenn du es ernst damit meinst, Gott zu hören, dann möchte ich dich ermutigen, in eine Studienbibel, einige Kommentare[54] und eine Einführung in die Hermeneutik zu investieren, zum Beispiel den Klassiker *Effektives Bibelstudium* von Gordon Fee und Douglas Stuart[55].

Das bringt uns zum zweiten Begriff, der dir dabei helfen könnte, die Bibel besser zu verstehen: Hermeneutik (vom griechischen Wort *hermēneuō,* was so viel wie «übersetzen» oder «interpretieren» bedeutet). Hermeneutik ist der Schlüssel, den wir verwenden, um die Bedeutung eines Textes aufzuschließen. Ich vergleiche es auch gern mit einer Brille, die man aufsetzt, um die Bibel zu lesen. Es gibt eine Reihe verschiedener hermeneutischer Ansätze, die du verwenden kannst, um auf diese Weise Zugang zur Bedeutung und Kraft der Heiligen Schrift zu bekommen. Hierzu gehören:

- Eine *bundestheologische Hermeneutik* (auch Föderal-Theologie genannt), welche die verschiedenen Bündnisse, die Gott mit seinem Volk schließt, als Wegweiser für den Rest der Bibel verwendet.
- Eine *dispensationalistische Hermeneutik,* welche die Bibel in verschiedene heilsgeschichtliche Epochen (oder «Dispensationen», also «Haushaltungen Gottes») unterteilt. Dieser Ansatz geht davon aus, dass Gott im Lauf der Geschichte zu verschiedenen Zeiten auf verschiedene Weise mit der Menschheit gehandelt hat und handelt.
- Eine *feministische Hermeneutik,* welche den Momenten und Botschaften der Emanzipation oder Unterdrückung von Frauen besondere Aufmerksamkeit schenkt.
- Eine *befreiungstheologische Hermeneutik,* welche die Bibel in erster Linie als Botschaft von Gerechtigkeit und Freiheit für die Gefangenen interpretiert. In diesem Paradigma wird die Geschichte des Exodus aus der ägyptischen Sklaverei, die durch Jesus neu verkörpert wird, zu der Linse, durch die alles andere betrachtet wird.

Eine christologische Hermeneutik

Auf dem Weg nach Emmaus stellt Jesus selbst ein brandneues hermeneutisches Modell vor, das ein Feuer in den Herzen seiner

Zuhörer entfacht: Wir erfahren, dass er ihnen erklärte, «was durch die ganze Schrift hindurch *über ihn* gesagt wurde» (Hervorhebung des Autors). Und schon früher sagte er über die Heilige Schrift: «Und tatsächlich weist gerade sie auf mich hin» (Johannes 5,39). Jesus stellte das Alte Testament (die Bibel seiner Zeit) in ein neues Licht – das Licht seines eigenen Lebens, seines Todes und seiner Auferstehung. Das war ein atemberaubendes Wagnis! Denn entweder war es ein Akt von solch unverhohlenem Narzissmus, dass man ihn heute wahrscheinlich als psychiatrische Wahnvorstellung diagnostizieren würde, oder ein Moment der göttlichen Offenbarung mit Folgen für alle Ewigkeit. Für die beiden Jünger, die ihn so reden hörten, und für Milliarden seiner Anhänger seither war es eindeutig das Letztere: ein Moment der Wahrheit. Ich muss an das berühmte Trilemma von C. S. Lewis denken: Ein Mensch, der eine solche Behauptung aufstellt wie Jesus, muss entweder ein Lügner, ein Irrer oder tatsächlich der Herr sein.

Aber Jesus lehrt hier nicht nur aus der Bibel über sich selber; er vermittelt auch Wissen über die Bibel selbst und er lebt uns die Art und Weise vor, wie wir sie im Licht seiner Existenz und durch die Linse der Evangelien lesen sollen. Dieser Ansatz, der als *christologische Hermeneutik* bekannt ist, ist einer der radikalsten und aufregendsten Schlüssel zum Verständnis der Bibel, die ich je kennengelernt habe.

Radikal, weil er an der Wurzel des christlichen Glaubens ansetzt. Wenn wir wirklich glauben, dass das Leben, der Tod und die Auferstehung Jesu alles verändern, muss das doch auch in besonderem Maße für die Art und Weise gelten, wie wir die Bibel lesen, oder? Und *aufregend,* weil eine christologische Hermeneutik es uns ermöglicht, auf jeder Seite der Bibel einen Blick auf unseren Herrn zu erhaschen und ein Flüstern von ihm zu hören.

Eine christologische Hermeneutik zu haben bedeutet, dass wir das Alte Testament im Licht des Neuen Testaments und die späteren neutestamentlichen Briefe im Licht der Evangelien lesen.[56] So erhält zum Beispiel die scheinbare Brutalität von Gottes Anweisung an Abraham, seinen einzigen Sohn Isaak zu opfern, Jahrhunderte später, in dem Moment, in dem Gott selbst seinen einzigen Sohn am Kreuz aufopfert, eine völlig neue Bedeutung. Andernorts müssen die schwierigen alttestamentlichen Passagen, in denen Gott anscheinend Völkermord befiehlt oder gutheißt, im Licht Jesu eindeutig neu bewertet werden, der ein für alle Mal offenbart, dass das Herz des Vaters weder nationalistisch noch aggressiv ist, sondern voller Liebe zu allen Menschen und Nationen.[57]

Die christologische Hermeneutik kann auch zutiefst herausfordernd sein. Zum Beispiel ist es relativ einfach, eine Rechtfertigung für Gewalt und Krieg aus Teilen des Alten Testaments abzuleiten. Aber das wird viel schwieriger, wenn diese Passagen durch die Linse des Lebens und der Lehre Jesu Christi gesehen werden: Er befiehlt uns, unsere Feinde zu lieben, und weigert sich, zu Waffen zu greifen. Er tadelt Petrus' Gewalt gegen einen der Männer, die gekommen sind, um ihn zu verhaften, und macht die geschehene Gewalt sogar rückgängig.

Eine christologische Lesart der Bibel kann hierarchische Modelle der Kirchenführung nach dem Vorbild des alttestamentlichen Tempels und seines levitischen Priestertums infrage stellen. Sie wird die Argumente entkräften, die einige Leute verwenden, um Nationalismus und Rassismus zu rechtfertigen, die ausschließlich auf der alttestamentlichen Darstellung Israels basieren.[58] Sie wird auch Haltungen anfechten, die Frauen auf eine Weise unterdrücken, die Jesus selbst klar und konsequent abgelehnt hat.

Vielleicht mache ich jetzt einige Leute nervös. Aber überzeugt euch selbst! Auf dem Weg nach Emmaus deutet Jesus die Bibel im Licht seiner selbst neu, und die Schreiber des Neuen Testaments folgen seinem Beispiel. Es wäre doch seltsam, wenn eine so radikale Neubewertung des biblischen Textes unsere eigenen Annahmen nicht gründlich infrage stellen würde, oder?

Die ultimative Herausforderung einer Jesus-zentrierten Hermeneutik besteht darin, dass sie die Liebe zu der Linse macht, durch die wir fortan die ganze Schrift lesen, interpretieren und anwenden müssen. «Die ganze Bibel tut nichts anderes, als von der Liebe Gottes zu erzählen», sagt Augustinus von Hippo.[59] Und wie es Raniero Cantalamessa, Prediger des päpstlichen Haushalts, so schön formuliert:

> Wenn das geschriebene Wort der Bibel in ein gesprochenes Wort verwandelt und zu einer einzigen Stimme werden könnte, würde diese Stimme rufen, mächtiger als das Tosen des Meeres: «Der Vater liebt euch!» (Johannes 16,27). Alles, was Gott in der Bibel tut und sagt, ist Liebe, selbst Gottes Zorn ist nichts als Liebe. Gott ist Liebe![60]

Kein Wunder, dass die Herzen der Emmausjünger in ihnen brannten! Jesus macht die Bibel zu Gottes Liebesbrief an unsere Seelen.

Ich denke, es ist klar geworden, wie wichtig es ist, die Bibel – mithilfe guter Hermeneutik – mit dem Kopf zu verstehen. Darum ist es nun an der Zeit, darüber nachzudenken, wie wir Gottes Wort für uns persönlich mit dem Herzen empfangen und aus den Zeilen der Bibel heraushören können.

Lebendiges Wort
Augustinus von Hippo (354–430 n. Chr.)
Gott in der Bibel hören

Augustinus von Hippo war einer der größten Theologen und Bibellehrer aller Zeiten, aber der entscheidende Moment in seinem Leben ereignete sich, als Gott persönlich und kraftvoll durch das einfache Lied eines Kindes zu ihm sprach. Die gesungenen Worte forderten ihn auf, die Bibel in die Hand zu nehmen und zu lesen.

> Und siehe, da hörte ich eine Stimme aus einem benachbarten Hause in singendem Tone sagen, ein Knabe oder ein Mädchen war es: «Nimm und lies! Nimm und lies!»[61]

Augustinus wurde in der alten nordafrikanischen Stadt Tagaste im heutigen Algerien geboren. Dort lebte er bis zu seinem siebzehnten Lebensjahr, als er nach Karthago ging, um Rhetorik zu studieren. In dieser großen Metropole tauchte er begeistert «hinein in den Sündenpfuhl».[62] Wie T. S. Eliot es in seinem Gedicht *The Waste Land* ausdrückte: «Nach Karthago kam ich dann, brennend, brennend, brennend, brennend.»[63]

Augustinus schloss sein Studium ab und zeugte einen Sohn, bevor er nach Mailand zog, wo er als Professor arbeitete und Ambrosius, dem berühmten Bischof dieser Stadt, begegnete. Nachdem Augustinus, ständig auf der Suche nach Wahrheit, mit verschiedenen Philosophien und Kulten experimentiert hatte, fühlte er sich zutiefst vom Evangelium angezogen, wie es Ambrosius predigte. Konfrontiert mit dem Ruf Christi sprach er sein berühmtes Gebet: «Gib mir Keuschheit und Enthaltsamkeit, doch nicht sogleich!»[64]

Schließlich, an einem Sommertag im Jahr 386, wurde Augustinus' innerer Kampf unerträglich: Er saß in großer Not in einem

Garten in Mailand, schlug sich buchstäblich an den Kopf und raufte sich die Haare, doch plötzlich «brach ein gewaltiger Gewittersturm, den Tränen in Strömen begleiteten, in mir los».[65] Und genau in diesem Moment drang der Singsang eines Kindes in den Garten: «Nimm und lies! Nimm und lies!»[66]

Augustinus verstand dies als eine Botschaft Gottes. Er öffnete seine Bibel und las die ersten Worte, auf die sein Blick fiel: «... ohne Fressgelage und Saufereien, ohne sexuelle Zügellosigkeit und Ausschweifungen, ohne Streit und Eifersucht. Legt all das ab und zieht Jesus Christus wie ein neues Gewand an: Er soll der Herr eures Lebens sein. Darum passt auf, dass sich nicht alles um eure selbstsüchtigen Wünsche und Begierden dreht!» (Römer 13,13–14).[67]

Durch diese Sätze sprach Gott so kraftvoll in sein Herz, dass Augustinus sich nun endlich von seinen Sünden bekehrte. Später erinnerte er sich: «Am Ende dieser Worte kam das Licht des Friedens über mein Herz und die Nacht des Zweifels entfloh.»[68]

Augustinus (ein geborener Leiter) überredete sofort mehrere Freunde, sich mit ihm für sechs Monate in eine Villa am Fuße der italienischen Alpen zurückzuziehen, damit sie ohne Ablenkung gemeinsam die Bibel gründlich studieren konnten. Und dann, am Ostersonntag des Jahres 387, im Alter von 32 Jahren, wurde Augustinus getauft.

Augustinus wandte sich von den vielen Versuchungen Mailands ab und kehrte in seine Heimatstadt zurück. Dort gründete er eine Gemeinschaft, die sich auf Gebet und Bibelstudium konzentrierte. Eines Tages hörte er von einem Mann in der Stadt Hippo, etwa hundert Kilometer nördlich von Tagaste, der für das Evangelium offen war. Also reiste er dienstbeflissen dort hin in der Hoffnung, ihn zu Christus zu führen. Doch indem Augustinus diesem einen verlorenen Schaf nachging, sollte er zum Hirten für unzählige weitere werden: Mitglieder der Gemeinde in Hippo waren von Augustinus' Glaubenseifer so beeindruckt, dass sie ihn vor den Bischof zerrten und verlangten, dass er auf der Stelle ordiniert werden sollte. Der Rest ist Geschichte, wie man so schön sagt.

Augustinus' Ausbildung in Rhetorik, seine breite Bildung und seine neu entdeckte Leidenschaft für die Frohe Botschaft machten ihn zu einem unbezwingbaren Evangelisten: «Predige, wo immer du kannst», sagte er, «wem du kannst und so wie du kannst.»[69] Nachdem er durch Gottes geschriebenes Wort bekehrt worden war und es als neu Bekehrter mit solchem Hunger studiert hatte, begann er nun, die Schätze der Bibel in unzähligen Predigten weiterzugeben, die das christliche Denken – ja, die westliche Zivilisation – bis zum heutigen Tag prägen. Er benutzte Gottes Wahrheit auch, um den Glauben gegen verschiedene Irrlehren zu verteidigen. Aber letztendlich war es nicht sein Intellekt, sondern sein Herz, das am lautesten und deutlichsten predigte. In einem seiner berühmtesten Gebete kommt diese Leidenschaft vorzüglich zum Ausdruck:

> Spät habe ich dich geliebt, du Schönheit, so alt und doch so neu, spät habe ich dich geliebt!
>
> Und siehe, du warest im Innern, und ich war draußen und suchte dich dort; und ich, missgestaltet, verlor mich leidenschaftlich in die schönen Gestalten, welche du geschaffen. Mit mir warst du und ich war nicht mit dir.
>
> Die Außenwelt hielt mich lange von dir fern, und [doch,]
> wenn diese nicht in dir gewesen wäre, so wäre sie
> überhaupt nicht gewesen.
> Du riefest und schriest und brachst meine Taubheit.
> Du schillertest, glänztest und schlugst meine Blindheit in die Flucht.
> Du [um]wehtest [mich mit deinem Duft]
> und ich schöpfte Atem und atme zu dir auf.
> Ich kostete dich und hungre und dürste.
> Du berührtest mich und ich entbrannte in deinem Frieden.[70]

Hörübung: Gottes Wort in der Bibel hören

Durch das Lesen der Schrift werde ich so erneuert, dass es scheint, als wäre die ganze Natur um mich herum mit mir erneuert worden ... Die ganze Welt ist aufgeladen mit der Herrlichkeit Gottes und ich spüre Feuer und Musik unter meinen Füßen.[71]
Thomas Merton

In diesem Kapitel haben wir gesehen, dass die Bibel Gottes Herzenssprache ist. Nichts, was er auf irgendeine andere Weise in einem anderen Kontext sagt, wird jemals dem widersprechen, was er in der Heiligen Schrift gesagt hat, es untergraben oder außer Kraft setzen. Wenn wir oft genug zulassen, dass Gottes Wort unsere Gedanken lenkt und unsere Seele nährt, wird unser Leben vollkommen verändert.

Eine Umfrage unter 40.000 Menschen im Alter zwischen acht und achtzig Jahren ergab, dass das Lesen der Bibel einen tiefgreifenden Einfluss auf unsere psychische Gesundheit und unser geistliches Wachstum hat, aber nur, wenn es mindestens viermal pro Woche passiert. Ein- bis zweimal pro Woche bringt kaum einen messbaren Nutzen, dreimal bewirkt nur eine leichte Verbesserung. Aber unter denen, die mindestens viermal pro Woche die Bibel studieren, gibt es einen dramatischen Wendepunkt. Bei ihnen zeigt sich ein starker Anstieg des psychischen und spirituellen Wohlbefindens. Genau genommen fühlen sich diese regelmäßigen Bibelleser 30 Prozent weniger einsam, sind 32 Prozent weniger anfällig für Wutausbrüche, klagen 60 Prozent weniger über Gefühle des geistlichen Stillstands und teilen mit 228 Prozent höherer Wahrscheinlichkeit ihren Glauben aktiv mit anderen.[72]

Die Evangelien lesen

Dies ist die rettende Botschaft von Jesus Christus, dem Sohn Gottes.
Markus 1,1

Wenn wir lernen wollen, die Stimme Jesu zu erkennen, damit seine Worte unserer Seele immer vertrauter werden, müssen wir wissen, wie er tatsächlich ist. Und natürlich können wir dies am effektivsten tun, indem wir die vier facettenreichen Berichte über sein Leben und seine Lehre aufnehmen, die uns die Evangelien so wunderschön präsentieren.

Ja, «die ganze Heilige Schrift [ist] von Gott eingegeben. Sie soll uns unterweisen; sie hilft uns, unsere Schuld einzusehen, wieder auf den richtigen Weg zu kommen und so zu leben, wie es Gott gefällt» (2. Timotheus 3,16).

Doch es sind die Evangelien, die den Mittelpunkt bilden, den Schwerpunkt für den gesamten Rest der Bibel, und mit ihnen sollten wir uns sicherlich am meisten beschäftigen. Falls du dich fragst, wo du mit deinem persönlichen Bibelstudium anfangen solltest, würde ich immer eines der Evangelien empfehlen.

Wenn wir die Kluft überbrücken wollen zwischen dem, was wir angeblich über die Bibel glauben, und dem, was wir in unserem Umgang mit der Bibel tatsächlich praktizieren, müssen wir sowohl über die Psychologie als auch über die Theologie nachdenken. Im Folgenden mache ich ein paar einfache, praktische Vorschläge, wie Menschen sinnvoll und gewinnbringend an die Heilige Schrift herangehen können, je nachdem, zu welchem der drei psychologischen Verarbeitungstypen sie gehören.

Auditive Typen

Anstatt einfach nur die Wörter auf der Seite zu lesen, kann es hilfreich sein, die Bibel zu hören – entweder indem du sie selbst laut vorliest oder mithilfe einer der vielen ausgezeichneten Audio-Versionen, die es auf dem Markt gibt. Für mich war das in den letzten Jahren eine wunderbare Entdeckung. Ich liebe es, der Bibel zuzuhören und manchmal die Worte einfach auf mich wirken zu lassen. Denke daran, dass ursprünglich die meisten Menschen die Bibel auf diese Weise erlebt haben! Noch im 17. Jahrhundert ging Bischof Franz von Sales eindeutig davon aus, dass dies die Norm war, als er seine Gemeinde aufforderte, «dem Wort Gottes treu zu sein: Egal ob ihr es in vertrauten Gesprächen mit euren Freunden oder bei Predigten hört, hört es immer mit Aufmerksamkeit und Ehrfurcht.»[73]

Visuelle Typen

Vielleicht hilft es dir, deine Bibel zu «verunstalten»! Mach dir Randnotizen. Markiere den Text in unterschiedlichen Farben. Lass jede Seite zu einem Augenschmaus werden! Oder probiere es mal aus, kritzelnd zu meditieren, indem du einen Vers (zum Beispiel in dein Tagebuch) abschreibst und dann Bilder dazu zeichnest oder einzelne Wörter unterstreichst bzw. einrahmst.

Lass deiner Kreativität freien Lauf!

Du kannst auch einen Ausflug ins Museum unternehmen, um dir ein Gemälde von einer bestimmten Szene aus der Bibel anzuschauen. Setz dich still vor das Bild und halte ein Notizbuch bereit, um deine Gedanken aufzuzeichnen.

Natürlich gibt es auch großartige visuelle Darstellungen der Heiligen Schrift in Filmen – von Mel Gibsons *Die Passion Christi* über DreamWorks' *Der Prinz von Ägypten* bis hin zu Dallas Jenkins' Serie *The Chosen.*

Aktive Typen

Vielleicht erlebst du die Bibel besonders stark, indem du ihre Worte praktisch in die Tat umsetzt. Dies sollte sowieso für alle Christen selbstverständlich sein, und es gibt hierfür unzählige Möglichkeiten. Die offensichtlichste Art und Weise ist, einer klaren Anweisung der Bibel konkret zu gehorchen. Wenn du zum Beispiel die Worte Jesu in Lukas 3,11 gelesen hast – «Wer zwei

Hemden hat, soll dem eins geben, der keins besitzt. Und wer etwas zu essen hat, soll seine Mahlzeit mit den Hungrigen teilen» –, widerstehe der Versuchung, das zu vergeistlichen oder einfach nur zu denken: «Ich sollte wirklich nicht so viele Klamotten anhäufen.»

Stattdessen stehst du vielleicht auf, gehst zu deinem Vorratsschrank und füllst eine Kiste mit Spenden für die Tafel. Dann gehst du zu deinem Kleiderschrank, füllst einen Sack und spendest die Kleidung (einschließlich mindestens eines Lieblingsstücks!) an einen gemeinnützigen Secondhand-Laden oder eine Kleiderkammer. Du wirst eine große Freude – das Lächeln Jesu – erleben. Und es wird die beste Bibelarbeit sein, die du zu diesem Vers machen kannst!

Weitere praktische Ideen, wie man Gott durch die Bibel hören kann, findest du auch am Ende des nächsten Kapitels.

Fragen für die persönliche Reflexion und für Gruppengespräche (bezogen auf eine bestimmte Bibelstelle)

- Was ist der kulturelle Kontext und die ursprüngliche Absicht des Verfassers? (Eine Studienbibel ist dabei hilfreich.)
- Was bedeutet es, diesen Abschnitt im Licht Jesu zu verstehen?
- Welche Frage werfen diese Verse auf, die ich Gott stellen möchte?
- Welche Relevanz haben diese Verse für mein Leben heute?
- Was sagt Gott mir durch diese Verse?

Zur Vertiefung

Nicky Gumbel: *The Bible in One Year* (Ein Kommentar zur gesamten Bibel von Nicky und Pippa Gumbel, Pioniere des Alpha-Kurses. Erhältlich als Buch und als App mit Audio, auch auf Deutsch: bibleinoneyear.org/de/).

Frag die Buchhändlerin oder den Buchhändler deines Vertrauens nach einer passenden Studienbibel oder einer guten Kommentarreihe, die zu deinen Ansprüchen passt! Ich selbst empfehle gerne den Bibelkommentar *The Bible Speaks Today* von InterVarsity Press, den es aber leider nur auf Englisch gibt.

Kenneth E. Bailey: *Jesus war kein Europäer. Die Kultur des Nahen Ostens und die Lebenswelt der Evangelien*, SCM R. Brockhaus: Witten, 2018.

In diesem Kapitel gehen wir vom Bibel*lesen* zum Bibel*beten* über, indem wir eine uralte Methode des geistlichen Hörens anwenden, die als *Lectio divina* bekannt ist. Indem sie die Kraft der Vorstellungskraft und der Meditation nutzt, kann die *Lectio divina* «unsere Herzen in uns brennen lassen». Dann flackern in Texten, die uns vertraut sind, neue Offenbarungen auf. Die vier traditionellen Schritte der *Lectio divina* habe ich zu dem englischen Akronym P. R. A. Y. vereinfacht: **P**ause (zur Ruhe kommen), **R**ead & Reflect (Lesen & Reflektieren), **A**sk (Bitten) und **Y**ield (sich Gott hingeben).

3
Gottes Wort im Gebet hören: *Lectio divina*

Brannte nicht unser Herz in uns, da er ... uns die Schrift öffnete?
Lukas 24,32 (LUT)

Die Schrift ist in einem Sinne die Musik Gottes, die wir hören; in einem anderen Sinne ist sie das Instrument Gottes, das wir spielen.
Origenes von Alexandria

Ich bereute es zutiefst, meinen Freund Rob in die Kirche eingeladen zu haben. Die Tatsache, dass er es überhaupt an einem Sonntag vor dem Mittagessen aus dem Bett geschafft hatte, war ehrlich gesagt schon eine große Sache. Rob litt an einer Abhängigkeit von verschiedenen Drogen, aber hauptsächlich Skunk, einer starken Art von Cannabis, die ihn ängstlich machte und enorme Stimmungsschwankungen auslöste. Ich hatte die ganze Woche gebetet, dass Gott auf mächtige Weise in sein zerbrochenes Leben eingreifen würde. Daher sah ich auch den ganzen Gottesdienst durch seine Augen. Und was ich sah, war alles andere als toll: Die Person, die moderierte, versuchte krampfhaft, lustig zu sein. Der Veranstaltungsraum war unangenehm kalt und der Lobpreisleiter forderte Männer und Frauen auf, verschiedene Teile im Wechsel zu singen, was Rob urkomisch fand. Aus voller Kehle stimmte er mit seiner höchsten, Mrs.-Doubtfire-mäßigsten Fistelstimme in den Gesang der Frauen ein. Ich begann mich zu fragen, ob er breit war.

Aber eigentlich war alles in Ordnung, denn die Sache, auf die ich hoffte, die Sache, auf die ich mich in meinen Gebeten konzentriert hatte, war die Predigt. Wenn Gott eingreifen und zu Rob sprechen würde, dann sicherlich durch die Predigt. «Bitte, Herr», betete ich in meinen Gedanken, als sich ein Mann mit einem strengen Seitenscheitel und einem auffälligen Adamsapfel dem Rednerpult näherte, «lass es gut werden.»

Nachdem er nervös einen Schluck Wasser genommen hatte (wobei sein Adamsapfel auf und ab hüpfte), kündigte der Prediger sein Thema an. Mir wurde ganz anders. Ich hatte gehofft und gebetet, dass er so etwas sagen würde wie: «Heute sprechen wir darüber, wie wir von unseren Süchten frei werden können.» Oder wenigstens: «Heute werde ich das Evangelium erklären und dir eine Gelegenheit geben, dein Leben Jesus Christus zu übergeben.» Etwas, irgendetwas, das Rob dazu bringen würde, die klassischen Worte aus fast jedem Bekehrungszeugnis, das ich je gehört habe, zu murmeln: «Wow. Es fühlte sich an, als würde er nur zu mir sprechen.»

Stattdessen kündigte der Prediger an, er habe eine Botschaft zu 1. Mose 4 vorbereitet, über die Geschichte von Kain und Abel, die Söhne von Adam und Eva. Innerlich stöhnte ich. «Was um alles in der Welt», fragte ich mich, «hat das mit dem langhaarigen vegetarischen McDonald's-Mitarbeiter zu tun, der hier neben mir sitzt? Ein Mann, der gerade seinen Kleinbus gegen etwas Gras getauscht hat und nicht an Jesus glaubt, geschweige denn an die historische Existenz von Adam und Eva?»

Der Prediger beschrieb, wie Kain, der Ackerbauer, dem Herrn etwas von seinem Gemüse opferte, während Abel, der Kuhhirte, ein paar Steaks auf den Altar packte. Gott bevorzugte Abels Grillfleisch, was Kain in einen so wütenden Eifersuchtsanfall versetzte, dass er seinen jüngeren Bruder tötete. Wenn man diese Geschichte durch die Ohren eines Nichtchristen hört, klingt sie ganz schön sonderbar. Ich meine, warum stehen wir an einem Sonntagmorgen freiwillig auf, um über solche Sachen nachzudenken?

Meine Zehen krampften sich zusammen, mein Gesäß war angespannt, als wäre ich Münchhausen beim Ritt auf der Kanonenkugel. «Vergiss nicht zu atmen», sagte ich mir. Der Prediger erklärte, wie Gott Kain in das «Land Nod» (Anm. d. Übers.: *to nod* = englisch für *nicken, Nickerchen*) verbannte, wo er eine Stadt baute und viele Kinder zeugte (was zwangsläufig die Frage aufwirft: «Mit wem?»).

Es war ein, sagen wir mal, besonderer Morgen gewesen. Innerhalb einer Stunde hatten wir Brudermord, den Zorn eines Gottes, der auf Fleisch stand, und mutmaßlichen Inzest im Land der Nickerchen abgedeckt. Und das noch vor dem Mittagessen. Im Stillen machte ich mich auf ein unangenehmes Gespräch mit Rob gefasst und fand mich schon mal mit dem Gedanken ab, dass er wohl nie mehr einen Fuß in eine Kirche setzen würde.

«Und, ähm, wie fandest du's?», fragte ich ihn am Ende des Gottesdienstes nervös.

«Es war der Hammer, Mann!»

«Echt?», entgegnete ich und versuchte, meine Überraschung zu verbergen. «Was genau denn?»

«Der Vortrag», sagte er.

«Das ist der Hammer», antwortete ich.

«Hammer», sagte er noch einmal und schüttelte langsam den Kopf wie jemand, der versucht, die kosmische Bedeutung des Gehörten zu verarbeiten. «Pete, es war, als würde der Kerl mit dem großen Adamsapfel nur zu mir sprechen.»

«Echt?», sagte ich noch einmal – diesmal gänzlich unfähig, mein Erstaunen zu verheimlichen.

«Hast du nicht zugehört, Pete?»

«Ähm, doch. Glaub mir, das habe ich.»

«Dann verstehst du's ja. Es war nur für mich!»

«Absolut», sagte ich. «Ich meine, es war alles ganz erstaunlich. Aber nur aus Interesse: Was war es denn genau, das dich so stark getroffen hat?»

«Alter, der Kerl hat es einfach immer wieder gesagt: ‹*caned*› und ‹*able*›![*] Immer und immer wieder. Für mich hat das bedeutet: Entweder bist du bekifft *(caned),* oder du bist zu was fähig *(able).* Stimmt doch, oder? Und schau mal, Kain ist der Bösewicht. Abel ist der Gute. Und ja, ich kiffe. Ich bin ganz schön oft bekifft. Ich schätze, das macht mich zum Bösewicht. Ich bin der große haarige Kerl, der verschlafen im Land Nod herumirrt und Sex hat. Also, ja, ich muss aufhören zu kiffen, Mann. Und ich muss stattdessen fähig werden. Ehrlich», schüttelte er immer wieder erstaunt den Kopf, «es macht alles total viel Sinn. Es ist genau, wie der Typ mit dem Adamsapfel gesagt hat.»

«Wow», antwortete ich. «Also echt jetzt, wow! Das ist wirklich, wirklich bemerkenswert.» Und das war es wahrhaftig.

Rob hatte an diesem Morgen mit dem Kopf vielleicht nicht ganz so genau zugehört, aber er hörte definitiv mit einem wunderbar offenen Herzen zu. Deshalb hörte er an diesem Tag vermutlich stärker von Gott als alle anderen im Raum. Und wie sich herausstellte, veränderte das sein Leben: Nach und nach hörte Rob auf zu kiffen und fing an, *fähig* zu werden. Und schließlich wurde er auch zu einem Nachfolger Jesu.

Robs Geschichte erinnert mich daran, dass die Art und Weise, *wie* wir zuhören, manchmal (vielleicht sogar immer) wichtiger ist als das, was gesagt wird. Vielleicht fragte Jesus deshalb die Menschen ständig, ob sie Ohren hatten, um zu hören, was er sagte. Und vermutlich ist dies auch der Grund, warum das allererste Wort der Regel des heiligen Benedikt, die seit 1500 Jahren die Grundlage unzähliger Klostergemeinschaften bildet, dieses eine kleine Wort ist: «Höre». Fünfzehn Jahrhunderte gelingender Gemeinschaft, gegründet auf die Kraft des bloßen Zuhörens!

Im vorigen Kapitel habe ich betont, wie wichtig es ist, die Bibel richtig zu verstehen; aber wir alle wissen, dass sich Kopfwissen

[*] Anm. d. Übers.: *Caned* ist britischer Slang für *bekifft,* und englisch *able* bedeutet auf Deutsch *fähig.* Die Begriffe klingen aneinandergereiht also wie die englische Aussprache von *Cain and Abel,* also: Kain und Abel.

nicht unbedingt auf das Herz überträgt. Das galt für die Schriftgelehrten und Pharisäer zur Zeit Jesu, deren enzyklopädisches Wissen über Gottes Wort in der Schrift sie blind machte für sein ultimatives lebendiges Wort in Jesus, der direkt vor ihrer Nase stand. «Wir alle haben ‹Erkenntnis›», bemerkte der Apostel Paulus, der selbst ein brillanter Denker und ehemaliger Pharisäer war. «Aber Erkenntnis allein macht überheblich. Nur Liebe baut die Gemeinde auf. Wer meint, etwas ‹erkannt› zu haben, hat noch lange nicht erkannt, worauf es bei der Erkenntnis ankommt. Wer aber Gott liebt, ist von ihm erkannt, und so hat er die richtige Erkenntnis» (1. Korinther 8,1–3; GNB). Das Herz ist wichtiger als der Verstand.

Am Ende meines Studiums der Theologie und der Soziologie hatte ich einen Kopf voller Wissen über die Bibel, aber meine Fähigkeit, Gott durch die Bibel sprechen zu hören, war verkümmert. Das Bibelstudium war im wahrsten Sinne des Wortes eine Zeit des trockenen, pflichtbewussten Studierens gewesen. Dadurch, dass ich mehr über Gottes Wort im Allgemeinen gelernt hatte, schien ich meine Fähigkeit verloren zu haben, sein Wort persönlich für mich zu hören. Der mittelalterliche Philosoph und Franziskaner Bonaventura sagte, dass wir alle dreierlei Augen hätten: die Augen des Körpers, durch die wir sehen; die Augen des Verstandes, mit denen wir denken; und die Augen des Herzens, durch die wir spirituelle Einsicht erlangen. Ich wusste, dass ich die Kunst, die Bibel mit den Augen meines Herzens und nicht nur mit den Augen der Vernunft zu lesen, wiederentdecken musste, damit Gott zu mir sprechen konnte, wie er es für richtig hielt – selbst wenn es durch die schlechteste Exegese der Geschichte von Kain und Abel war, die je ein Mensch gewagt hatte!

Innehalten & Beten

Ich lege die Hand auf mein Herz und wiederhole dreimal Psalm 119,18: «Öffne mir die Augen, damit ich sehe die Wunder in deinem Gesetz!» (SLT)

Bilder und Fenster

Im Judentum gibt es zwei Herangehensweisen an die Thora: Die erste ist analytisch und bemüht, die *eine* objektive, wahre Bedeutung des Textes zu entdecken. Das ist das Lesen mit dem Kopf. Die zweite ist subjektiver und sucht nach einer tieferen und persönlicheren spirituellen Bedeutung. Das ist Lesen mit dem Herzen.[74] Die Autorin Evelyn Underhill (1875–1941) sagt, dass wir uns der Bibel entweder als *Bild* oder als *Fenster* nähern können.[75] Manchmal ist Gottes Wort einfach da, um mit Bewunderung und Faszination studiert zu werden, wie ein großes Kunstwerk. Aber wenn wir immer nur das tun, begehen wir Götzendienst – wir beten die Bibel selbst an. Gott hat uns die Bibel gegeben, um uns Dinge außerhalb der Bibel zu zeigen. Deshalb ist es so wichtig (und ich kann das nicht stark genug betonen), dass wir lernen, die Bibel sowohl als Bilderrahmen als auch als Fensterrahmen zu verstehen – nicht nur *in sie hinein* zu schauen, sondern auch *durch sie hindurch* auf die Welt und das Wort außerhalb ihrer selbst.

Aber wie geht das eigentlich praktisch? Wie kommen wir vom objektiven Studium der Schrift und dem Hören ihrer Botschaft im Allgemeinen dazu, Gottes Wort persönlich in unserem eigenen Leben zu empfangen? Also, das effektivste Werkzeug, das ich je entdeckt habe, ist die alte Tradition der *Lectio divina:* das langsame, betende Lesen der Heiligen Schrift. Diese Methode hat meine eigene Beziehung zur Bibel revolutioniert, und auf ihr fußen auch die täglichen Andachten, die ich zusammen mit anderen regelmäßig schreibe und veröffentliche.

Lectio divina

Diese Praxis wird der Kirche – davon bin ich überzeugt – einen neuen geistlichen Frühling bescheren ... die Lectio divina sollte daher zunehmend gefördert werden.
Papst Benedikt XVI.

Ich erinnere mich noch gut an eine Klausurtagung mit unserem Gemeindeleitungsteam, auf der wir explizit hofften, dass Gott in unsere Situation hineinsprechen würde. Aus diesem Grund schlug ich vor, dass wir unsere gemeinsame Zeit damit beginnen sollten, uns einen Abschnitt aus der Bibel vorzunehmen und auf alles zu hören, was der Heilige Geist uns dazu sagen wolle – und zwar mithilfe der *Lectio divina*.

Als ich einige ratlose Blicke bemerkte, erklärte ich, dies bedeute wörtlich einfach «heilige Lesung» beziehungsweise «göttliche Lesung» – und dass es eine uralte Art sei, die Bibel (und andere geistliche Literatur) zu meditieren.

«Es geht darum, den Bibeltext langsam und betend zu lesen und dabei mehr mit dem Herzen als mit dem Kopf zuzuhören. Wir lesen dazu jetzt einfach reihum jeweils ein paar Verse aus einem einzelnen Kapitel vor. Danach halten wir inne und teilen ein Wort oder eine Aussage mit den anderen – etwas, das uns besonders aufgefallen ist. Und dann, anstatt gleich weiterzuhetzen, verharren wir in dem Moment und wiederholen im Anschluss die ganze Übung. Versucht, den Teil eures Gehirns auszuschalten, der alles verstehen will», sagte ich. «Versucht, intuitiv zuzuhören. Nutzt eure Vorstellungskraft.»

Diejenigen, die mit dieser Art zu beten vertraut waren, nickten eifrig und wussten, dass dies, obwohl es sehr simpel klingt, eine effektive Art sein kann, auf Gott zu hören.

An besagtem Morgen, bevor ich zu unserer Klausur aufgebrochen war, hatte ich einen Teil von Offenbarung 15 gelesen, der, wie ich fand, ein ziemlich guter Einstieg für die Tagung war:

> Groß und wunderbar sind deine Taten,
> Herr, du allmächtiger Gott!
> Gerecht und zuverlässig sind deine Wege,
> du König aller Völker!
> Wer sollte dir, Herr, nicht in Ehrfurcht begegnen …?
>
> *Offenbarung 15,3–4*

Und so erklärte ich, ich hätte als heutige Lektüre ermutigende Verse für uns herausgesucht. Es sei, so fügte ich hinzu, ein Abschnitt, durch den Jesus an diesem Morgen persönlich zu mir gesprochen habe.

Ich übertrieb vielleicht ein bisschen, aber alle sahen ziemlich interessiert aus. Sie stellten ihre Kaffeetassen ab und griffen nach ihren Bibeln. Ich gab die Bibelstelle an, ab Vers 2, und alle blätterten zur besagten Stelle.

Pech war nur ... dass ich die falsche Kapitelangabe machte: Anstatt «Offenbarung 15» sagte ich «Offenbarung 16».

Und so räusperte sich die erste Person und begann mit andächtiger Stimme zu lesen: «Da ging der erste Engel und goss seine Schale auf die Erde. Sofort bildeten sich bösartige und schmerzhafte Geschwüre bei allen Menschen, die das Zeichen des Tieres trugen und seine Statue anbeteten» (Offenbarung 16,2).

Als ich meinen Fehler erkannte, hätte ich aufhören und im richtigen Kapitel neu anfangen sollen. Aber stattdessen dachte ich: «Na ja, es wird schon noch besser werden.» Und so lasen wir von der zweiten, dritten und vierten Plage, jede schlimmer als die vorige, während die Mitglieder der Gruppe tapfer versuchten, die ihnen zugewiesenen Verse mit irgendetwas anderem als blanker Verzweiflung vorzutragen. Meine Frau Sammy starrte mich fragend an. Glaubte ich wirklich, dass die sieben Zornschalen der Apokalypse geradewegs auf unsere kleine, feine Gemeinschaft zukamen? Aber ich war fest entschlossen. Schließlich war doch «*alle* Schrift ... nütze zur Lehre, zur Zurechtweisung, zur Besserung und zur Erziehung in der Gerechtigkeit» (2. Timotheus 3,16; LUT), oder nicht?

Aber gerade, als ich dachte, dass es nicht schlimmer werden könne, fuhr die nächste Vorleserin mit todernster Stimme fort: «Der fünfte Engel schüttete seine Schale über dem Thron des Tieres aus. Da versank das Reich des Tieres in tiefste Finsternis. Die Menschen zerbissen sich vor Schmerzen die Zunge ...»

Sie hielt inne und blickte auf. Ich lächelte sie an und nickte, so begeistert ich konnte.

«Ähm, okay. ‹Die Menschen zerbissen sich vor Schmerzen die Zunge›», wiederholte sie, «‹aber auch jetzt bereuten sie nichts und kehrten nicht um, sondern verfluchten den Gott des Himmels, weil sie solche Schmerzen und qualvollen Geschwüre ertragen mussten›» (Offenbarung 16,10–11).

An diesem Punkt schnaubte mein Freund Scot, einer der Gemeindeältesten, laut vernehmlich auf, und ich registrierte, dass seine Frau Misty ihn unter dem Tisch ans Schienbein trat. Eine weitere Person im Raum fragte sich eindeutig, warum ich dachte, dies sei Gottes Wort für unser junges Gemeindegründungsprojekt. Aber wir lasen tapfer weiter, einer nach dem anderen, und warteten darauf, dass sich die Dinge zum Besseren wenden würden. Sicherlich, dachte ich, *musste* das Kapitel doch noch etwas heiterer enden. Und dann, beim Happy End, könnten wir uns einfach darauf konzentrieren und so tun, als wäre der Rest nicht passiert. Aber, wie sich herausstellte, lautet der letzte Vers von Offenbarung 16 wie folgt: «Riesige zentnerschwere Hagelbrocken fielen vom Himmel auf die Menschen. Sie verfluchten Gott wegen dieser furchtbaren Katastrophe» (16,21).

Ja, das Kapitel endet tatsächlich mit riesigen Eisbrocken, mit Menschen, die Gott verfluchen, und wortwörtlich mit einer «furchtbaren Katastrophe».

Apokalyptische Schriften dieser Art waren den Menschen in der Antike vertrauter als uns heute.[76] Die Symbole, die uns so verwirrend erscheinen, waren für ihre ursprünglichen Leser viel leichter zu entziffern.

Sie hätten zum Beispiel gewusst, dass mit dem in Kapitel 17 beschriebenen Tier aus dem Meer kein despotischer Antichrist im 21. Jahrhundert gemeint war, sondern der grausame Kaiser Domitian. Dieser hatte kurz zuvor in Ephesus einen Götzenkult eingeführt, der von den Bürgern der Stadt verlangte, Mitglieder seiner Familie anzubeten. Das Buch der Offenbarung wurde zum Teil geschrieben, um den bedrängten Christen des ersten Jahrhunderts zu versichern, dass letztendlich Gerechtigkeit geschehen würde und dass ihr mächtiger Feind schließlich besiegt werden würde.

Es wurde nicht geschrieben, um ein winziges Team von Gemeindegründern im 21. Jahrhundert während ihrer morgendlichen Gebetsandacht in Angst und Schrecken zu versetzen!

Trotz der damaligen qualvollen Erfahrung mit der *Lectio divina* bin ich weiterhin überzeugt von der lebensverändernden Kraft, die Bibel langsam, aufmerksam und mit dem Einsatz der eigenen Vorstellungskraft zu lesen – ob allein oder gemeinsam mit anderen. Es ist unendlich wertvoll, das Gespräch mit Gott durch den Text zu suchen (nicht nur Informationen *über* Gott), sich der Heiligen Schrift also nicht nur als einem Bild zu nähern, das es eingehend zu studieren gilt, sondern als einem weit geöffneten Fenster zur Welt.

Antike Wurzeln

Die klösterliche Praxis der *Lectio divina* wurde erstmals im 6. Jahrhundert von Benedikt von Nursia, dem großen Begründer des westlichen Mönchtums, in eine feste Form gebracht. Allerdings sind ihre Ursprünge noch viel älter und in der Bibel selbst verwurzelt, wie wir sehen werden.[77] Die Regel des heiligen Benedikt verlangte von den Mitgliedern seiner Ordensgemeinschaft, jeden Tag bis zu drei Stunden damit zu verbringen, betend heilige Texte zu lesen oder deren Lesung anzuhören. Damit betrieben sie einen zur damaligen Zeit fast schon schockierenden Aufwand, der im krassen Gegensatz stand zur herrschenden Kultur, in der Bücher – und somit auch die Fähigkeit, sie zu lesen – zunehmend seltener wurden (nicht zuletzt durch den katastrophalen Niedergang des Römischen Reiches zu dieser Zeit).

Die Tatsache, dass Benediktinermönche so viel Zeit ihres Tages mit der *Lectio divina* verbrachten, zeigt zuallererst ein radikales Engagement für das Lernen – da ist kein Hauch von Anti-Intellektualismus. Zweitens spiegelt es Benedikts Überzeugung wider, dass göttlich inspirierte Literatur die Kraft hat, wirksam in das Leben der Lesenden zu sprechen. Und drittens zeigt es, wie sehr er diese Methode insbesondere als Werkzeug zur Verwandlung der Gesinnung, des Herzens und des Lebens derer schätzte, die sich ihr widmeten.

Benedikt wusste: Wenn die Gesellschaft wieder aufgebaut werden sollte, dann mussten christliche Gemeinschaften zu Zentren der intellektuellen und spirituellen Bildung werden. Und er war überzeugt, dass die *Lectio divina* dazu beitragen würde.

Die *Lectio divina* wurde schließlich im 12. Jahrhundert durch einen Kartäusermönch namens Guigo II. in vier Elemente untergliedert, welche jeweils mit einem lateinischen Wort bezeichnet werden:

1. *Lectio* – den Text «lesen»
2. *Meditatio* – den Text «meditieren»
3. *Oratio* – den Text «beten»
4. *Contemplatio* – den Herrn «betrachten»

Bevor ich darauf eingehe, was die einzelnen Schritte bedeuten, möchte ich darauf hinweisen, dass es sechshundert Jahre gedauert hat, bis die *Lectio divina* auf diese Weise formalisiert wurde. Du solltest dich also nicht gezwungen fühlen, immer starr Guigos Schema zu folgen. Ich persönlich finde seine vier Schritte sehr hilfreich, um das Beten zu lernen, aber nicht unbedingt als feste Vorgabe für mein eigenes Gebet. Zum Beispiel beginne ich oft mit dem Beten (Schritt 3: *oratio*), bevor ich damit fertig bin, die Bibelstelle zu meditieren (Schritt 2: *meditatio*). Wenn mir ein Gedanke in den Kopf kommt, den ich mit Gott teilen möchte, tue ich das, egal was Guigos Ablauf sagt! Schritt 4 (*contemplatio*) mache ich nicht jedes Mal. Dies liegt entweder daran, dass ich einfach gedanklich zu sehr abgelenkt bin für kontemplatives Gebet, oder daran, dass ich mich so im Gespräch mit dem Herrn verliere, dass wir nie über die Worte hinauskommen und in die Stille einer betrachtenden Interaktion einträten (dazu später mehr). Die *Lectio divina* soll ein freudiges Beziehungsgeschehen sein, niemals ein starres religiöses Korsett.

In meinem Buch *Kraftvoll beten* empfehle ich ein einfaches Muster für das Gebet anhand des Akronyms P. R. A. Y. Eine der schönen Überraschungen, die wir seit Erscheinen des Buchs, und insbesondere seit dem Start der Andachtsreihe[78] *Lectio 365* erlebt haben, ist, wie gut dieses Muster mit der *Lectio divina* zusammenpasst (quasi Guigos vier Schritte ohne all das Latein!). Das Muster sieht folgendermaßen aus:

P. R. A. Y.	Guigo II.	Aktion
Pause (Zur Ruhe kommen, innehalten)	–	Ich werde still und mache mein Herz bereit.
Read & Reflect (Lesen & Reflektieren)	lectio & meditatio	Ich lese langsam, erfreue mich am Gelesenen, reflektiere und lese noch einmal.
Ask (Bitten)	oratio	Ich lasse meine Gedanken zu Gebeten werden.
Yield (Sich Gott hingeben)	contemplatio	Ich genieße bewusst die Gegenwart Gottes.

Im Folgenden gehen wir diese vier Schritte nacheinander durch und schauen uns etwas genauer an, was jeweils dahintersteckt.

Schritt 1: Zur Ruhe kommen

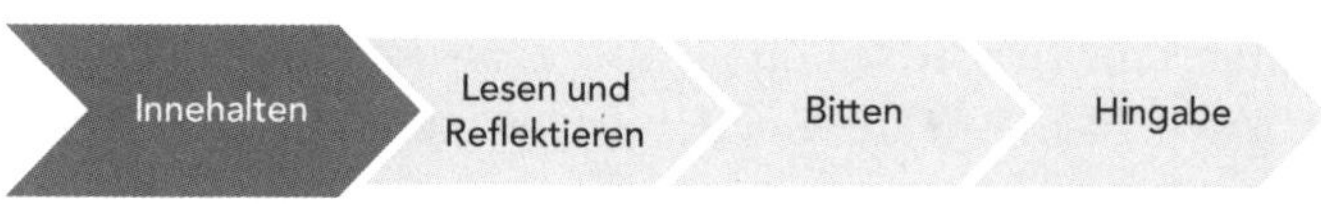

Jesus selbst [kam] hinzu und ging mit ihnen.
Lukas 24,15

Naht euch zu Gott, so naht er sich zu euch.
Jakobus 4,8 (LUT)

Auf der Straße nach Emmaus näherte sich Jesus den beiden Jüngern zuerst (24,15), dann begann er ein Gespräch (24,17) und erst darauf erklärte er, «was durch die ganze Schrift hindurch über ihn gesagt wird» (24,27). – Mit anderen Worten: Er hat sich Zeit gelassen, bevor er in die Bibel eintauchte, und das sollten wir auch tun.

Da das Ziel der *Lectio divina* in der Meditation, Kommunikation und Kontemplation besteht, ist es eine gute Idee, erst einmal einen Stopp einzulegen, bevor es losgeht. Halte für einen Moment inne und lasse dein Herz ruhig werden, bevor du den Bibeltext liest.

Mach bewusst langsam.

Nähere dich Gott in dem Wissen, dass er sich dir nähert.

Vor mehr als 1500 Jahren sagte Rabbi Shmuel ben Nachmani im babylonischen Talmud: «Wir sehen die Dinge nicht so, wie sie sind. Wir sehen die Dinge so, wie *wir* sind.»[79] Er hat recht.

Wenn wir in das Heilige hetzen, ohne unsere Herzen vorzubereiten, werden wir die Dinge nicht so sehen, wie sie sind, sondern, wie wir sind. Wir werden hektisch und mechanisch zur Heiligen Schrift kommen, unsere eigenen unbewussten Annahmen auf den Text projizieren und das emotionale und psychologische Gepäck mitbringen, das sich an diesem Tag angesammelt hat.

Natürlich ist es unmöglich, das Rauschen unserer Gedanken vollständig verstummen zu lassen.

Niemand kann mit völliger Objektivität an die Bibel herantreten. Dies ist nur einer der Gründe, warum wir alle die mäßigende

Gemeinschaft anderer Christen brauchen, wenn wir Gottes Stimme hören wollen (siehe Kapitel 4). Aber wenn wir schon unsere Vorurteile nicht vollständig loswerden können, ist es vielleicht möglich, unsere Ablenkungen, Auslassungen und Verzerrungen erheblich zu reduzieren, indem wir zur Ruhe kommen, bevor wir Gottes Wort aufschlagen.

Wie heißt es in Psalm 46,11? «Seid still und erkennt, dass ich Gott bin!» (SLT). Dies ist ein Psalm, der mit großen «Nöten» beginnt (46,2), mit «Bergen, die ins Meer sinken» (46,3) weitergeht und mit «Völkern, die toben» (46,7) seinen Höhepunkt erreicht. Es ist eine Einladung, *trotz* unserer Umstände still zu sein.

«Begegnet mir inmitten des Sturms», sagt Gott. Besonders in einer so hektischen Kultur wie der unseren ist Stille nicht weniger als ein kontraintuitiver Akt des trotzigen Vertrauens in die Souveränität Gottes. Der scheinbar so einfache Akt des Innehaltens, und wenn es nur für ein paar Minuten am Tag ist, kann ein Weg sein, mit unserer eigenen abgekämpften Seele Frieden zu schließen. Die wenigen Menschen, die gelernt haben, dies zu tun – die eine spürbare Ruhe mit sich durch das Leben tragen – sind anziehend und Respekt einflößend, weil sie etwas von Gottes angstbefreiter Gegenwart in dieser Welt abbilden, ob sie es wissen oder nicht.

Aber wie geht das eigentlich? Wie können wir ganz praktisch unsere Seele ruhig werden lassen? Eine gute Möglichkeit ist es, zunächst einmal ruhig zu sitzen (oder langsam zu gehen) und einfach ein paarmal tief durchzuatmen. Achte dabei auf jegliche Spannung, die du in deinem Körper wahrnimmst, und entspanne diese Bereiche bewusst. Vielleicht hilft es dir auch, ein kurzes Gebet mehrmals zu wiederholen, etwa das franziskanische «Mein Gott und mein Alles» oder das orthodoxe Jesusgebet: «Herr Jesus Christus, du Sohn Gottes, erbarme dich meiner.» Ich persönlich spreche oft leise «Danke, Jesus» im Rhythmus meines Ein- und Ausatmens.

Manche Menschen beten in Sprachen, um ihren Geist darauf vorzubereiten, vom Heiligen Geist erbaut zu werden (1. Korinther 14,4). Andere wiederum finden es hilfreich, ein festes Vorbereitungsgebet auswendig zu lernen, zum Beispiel Psalm 119,18: «Öffne mir die Augen, damit ich sehe die Wunder in deinem Gesetz!» (SLT). Das Gebet, mit dem wir jeden Tag bei *Lectio 365* beginnen, lautet:

> Zu Beginn meines Betens lasse ich es ruhig werden in mir. Ich atme langsam und bewusst und sammle meine zerstreuten Gedanken: Du, Herr, bist hier.[80]

Indem wir innehalten, um uns auf die Gegenwart Gottes zu besinnen, schaffen wir Raum dafür, dass der Heilige Geist unser Leben neu füllt. Denn der Heilige Geist ist es nach den Worten von Jesus, der «euch alles erklären und euch an das erinnern [wird], was ich gesagt habe» (Johannes 14,26). Er wird «bezeugen, wer ich bin» (Johannes 15,26), er wird «euch helfen ... die Wahrheit vollständig zu erfassen» und sogar «was in der Zukunft geschieht, wird er euch verkünden» (Johannes 16,13). *Lectio divina* ohne die Hilfe des Heiligen Geistes zu betreiben, hat wenig Sinn!

Innehalten, tief durchatmen, sich körperlich entspannen und den Heiligen Geist einladen: Lass dich nicht von der Einfachheit dieser Dinge täuschen. Dies sind äußerst effektive, altbewährte und gottgegebene Methoden, die uns helfen, unser Denken zu verlagern von einem «subsidiären Bewusstsein» zu einem «fokalen Bewusstsein», wie es der Wissenschaftsphilosoph Michael Polanyi ausdrückte:

> Wenn ein Pianist seine Aufmerksamkeit verlagert von dem Stück, das er spielt (fokales Bewusstsein), auf die Beobachtung dessen, was er mit seinen Fingern tut, während er spielt (subsidiäres Bewusstsein), kommt er durcheinander und muss gegebenenfalls sogar aufhören zu spielen.[81]

Mit anderen Worten: Subsidiäres und fokales Bewusstsein schließen sich gegenseitig aus. Wenn ich lauter Ablenkungen mit mir herumtrage, ist es zwecklos zu erwarten, dass der bloße Akt des Bibellesens das Rauschen meiner Gedanken wegzaubern wird. Stattdessen kann ich mein Herz darauf vorbereiten, konzentrierter und mit weniger Ablenkung auf Gott zu hören, indem ich auf die oben beschriebene Weise innehalte, bevor ich meine Bibel aufschlage.

DEN TEXT RESPEKTIEREN

Vor dem Lesen der Bibel zur Ruhe zu kommen bietet nicht nur die Möglichkeit, sich darauf vorzubereiten, etwas von Gott zu empfangen; es ist auch eine Frage des allgemeinen Anstands. Das Thema Ehrfurcht kann befremdlich wirken für Menschen, die in einem säkularisierten und zynischen Zeitalter leben, in dem es selbstverständlicher ist, kritische Bewertungen zu schreiben, als beim Betreten eines heiligen Ortes seine Schuhe auszuziehen. Aber diese Haltung ist untrennbar mit der *Lectio divina* verbunden, die ja per Definition die Kunst ist, heilige Texte betend zu lesen.

Wenn Muslime sich dem Koran nähern, wird erwartet, dass sie sich angemessen kleiden, sich gründlich waschen (*wudu*) und ein Gebet sprechen.

Sie dürfen ihr heiliges Buch niemals auf den Boden oder unter ein anderes Buch legen. Wenn Muslime beobachten, wie gleichgültig Christen die Bibel behandeln, haben sie guten Grund zur Annahme, dass wir sie nicht wirklich als Gottes Wort respektieren oder ehren. Vielleicht haben sie damit zum Teil recht.

Aber sich der Bibel mit der angebrachten Ehrfurcht zu nähern, muss nicht kompliziert sein. Ich bin kein Verfechter ritueller Waschungen oder besonderer Kleidungsvorschriften als Vorbereitung aufs Bibellesen! Der Hebräerbrief lässt keinen Zweifel daran, dass wir heute «durch das Blut, das Jesus Christus am Kreuz für uns vergossen hat, frei und ungehindert ins Allerheiligste eintreten» können (10,19).

Schritt 2: Lesen & Reflektieren (Lectio & Meditatio)

Wenn du [die Bibel] schnell liest, wird es dir wenig nützen. Du wirst wie eine Biene sein, die nur die Oberfläche einer Blüte streift. Stürze dich tief hinein, um ihren tiefsten Nektar zu ernten.[82]
Madame Guyon

Nachdem du innegehalten hast, um dein Herz vorzubereiten, ist der Moment gekommen, um mit dem Lesen der Bibel (*lectio*) zu beginnen.

Falls du dich fragst, an welcher Stelle du damit anfangen sollst, würde ich empfehlen, systematisch eines der Evangelien durchzuarbeiten – vielleicht Johannes – und dich auf einen relativ kurzen Abschnitt von maximal zwanzig Versen zu beschränken. Das wird es dir erleichtern, langsam und gründlich vorzugehen – in dem Bewusstsein, dass du den Abschnitt noch mindestens ein zweites Mal lesen wirst.

Bei solch einem Vorgehen geht es mehr um die Qualität als um die Quantität. Es geht darum, Schritt für Schritt zu lernen, «das Wort des Christus reichlich in euch wohnen» zu lassen (Kolosser 3,16; SLT). Oder, wie es in der *Amplified*-Übertragung heißt: «Lasst das Wort Christi in euch wohnen (sodass es in eurem Herzen und Geist zuhause ist und jeden Aspekt eures Wesens durchdringt).»[83]

ERSTE LESUNG: *LECTIO*

Das Ziel des ersten Durchlesens besteht darin, dir einen Überblick über den Abschnitt zu verschaffen, bevor du zum Anfang zurückkehrst, um tiefer zu graben. Dabei kannst du einige der im vorigen Kapitel beschriebenen Werkzeuge verwenden, um den grundlegenden Kontext und die Bedeutung des Textes besser zu verstehen. An diesem Punkt ist es in Ordnung, mehr mit dem Kopf als mit dem Herzen zu lesen – aber widerstehe der Versuchung, zu viel nachzudenken oder weiter zu bestimmten Gedanken zu recherchieren, die dein Interesse geweckt haben. Die Bibel zu studieren ist gut und richtig, aber jetzt gerade nicht dran! Wenn dir bestimmte Wörter oder Sätze auffallen, mache dir eine mentale Notiz, um beim nächsten Durchgang darauf zu achten. Betrachte dieses erste Durchlesen als das Eindecken des Tisches, bevor du dich zum Essen hinsetzt.

Eines Abends erledigte Sammy nach dem Essen den Abwasch, als ihr der Verlobungsring vom Finger in das Spülwasser fiel. Sie stieß einen kurzen Schrei aus und begann hektisch, im Spülbecken herumzufuchteln. Als sie den verlorenen Ring nicht finden konnte, trat ein Ausdruck vollkommener Konzentration auf ihr Gesicht. Diesmal begann sie, das Becken systematisch zu durchsuchen, fuhr vorsichtig mit den Fingern unter jeden Teller und tastete langsam einen Gegenstand nach dem anderen ab, bis sie schließlich triumphierend das schaumbedeckte Objekt aus dem Wasser hob.

Wie merkwürdig wäre es gewesen, wenn Sammy nicht so reagiert hätte! Wenn sie nur beiläufig eine Hand ins Wasser getaucht, sie ohne den Ring wieder herausgezogen und achselzuckend gesagt hätte: «Na ja, dann halt nicht.» Oder, noch seltsamer, wenn sie auf gut Glück das Wasser abgelassen hätte, um ihr Schmuckstück vielleicht gerade noch zu erwischen, bevor es im Abfluss verschwindet. Man hätte aus einem solchen Verhalten nur zwei Schlussfolgerungen ziehen können: Entweder, dass Sammy nicht daran glaubte, dass der Ring überhaupt im Spülwasser war, oder dass der Ring keinen echten Wert für sie darstellte.

Jesus erzählt drei Gleichnisse über ähnliche Situationen: Eine Frau durchkämmt ihr Haus, bis sie ihre verlorene Münze findet (Lukas 15), ein Mann stolpert über einen Schatz, der auf einem

Feld vergraben ist (Matthäus 13,44), und ein Kaufmann verkauft alles, was er hat, um an eine besonders wertvolle Perle zu kommen (Matthäus 13,45). Durch diese Geschichten lehrt Jesus uns, von ganzem Herzen nach den Reichtümern des Königreichs Gottes zu suchen, so wie Sammy in der Spüle nach ihrem Ring suchte. Gib alles andere auf, sagt er, um diese eine Sache von ultimativem Wert zu gewinnen.

Ich schäme mich zuzugeben, wie oft ich in meinem Leben nur flüchtig in die Bibel eingetaucht bin. Allzu häufig fehlt es mir an echter Bereitschaft, genau hinzusehen, dranzubleiben und nach der kostbaren Perle zu forschen, die sich im Text verbirgt. Und der Grund dafür ist vermutlich (kann ich das überhaupt zugeben?): Ich rechne nicht immer damit, dort etwas Wertvolles zu finden.

Was würde wohl passieren, frage ich mich, wenn ich mich der Heiligen Schrift so konzentriert widmen würde, wie Sammy ihre Hände damals in dieses Becken tauchte – entschlossen, nicht aufzugeben, bis sie gefunden hätte, was ihr gehörte? Welche vergrabenen Schätze warten wohl darauf, von mir entdeckt zu werden, wenn ich meine Bibel öfter in der Überzeugung aufschlüge, dass darin etwas unendlich Kostbares für mich liegt? Und mit welchen Funden würde ich belohnt, wenn ich nur lange und sorgfältig genug suchte?

«Wenn du meditierst», sagte der katholische Erzbischof François Fénelon, «stell dir vor, dass Jesus Christus persönlich im Begriff ist, mit dir über das Wichtigste auf der Welt zu sprechen. Schenke ihm deine volle Aufmerksamkeit.»[84]

Benedikt und die Mönche, für die er seine Regel schrieb, waren sich der Bedeutung ihres Tuns jedes Mal bewusst, wenn sie einen heiligen Text öffneten, um die *Lectio divina* zu praktizieren. Denn zu dieser Zeit waren Bücher (und vor allem die Bibel) ein rares Gut und deshalb wertvoll; sie wurden als verbindlich und ehrwürdig angesehen.

Erst im 16. Jahrhundert, fast tausend Jahre nach Benedikt,

begann Aldus Manutius mit dem Druck der ersten günstigen, massenproduzierten, kleinformatigen Bücher. Vor der Erfindung der Druckerpresse durch Johannes Gutenberg im Jahr 1450 brauchte man Monate oder sogar Jahre, um einen einzigen Text auf Pergament abzuschreiben. Von der Ehrfurcht, mit der die Transkription von Büchern damals erfolgte – vor allem, was die Bibel anbelangt –, zeugen beispielsweise das *Evangeliar von Lindisfarne* mit seinen exquisiten Buchmalereien, die etwa hundert Jahre nach Benedikt von einem Mönch namens Eadfrith angefertigt wurden, und das ebenso kunstvolle *Book of Kells,* das 2011 zum Weltdokumentenerbe erklärt wurde.

Bücher zu machen war nicht nur zeitaufwendig – Tinte und Pergament waren kostbare Rohstoffe. Klöster betrachteten es daher als Segen, wenn sie Bücher besaßen. Sowohl die Anschaffung als auch die Herstellung und die Lektüre eines Buches galten als Privileg.

Wenn man sich die Menge an Informationen, die einem Benediktinermönch im 6. Jahrhundert zur Verfügung stand, als eine Wissenseinheit vorstellt, so wurde mir gesagt, hat es etwa tausend Jahre gedauert, bis sich diese verfügbare Wissensbasis verdoppelte. Man schätzt, dass sich nach der Erfindung des Buchdrucks die Menge an Informationen, auf die gewöhnliche Menschen zugreifen konnten, erst alle hundert Jahre und dann alle fünfzig Jahre verdoppelte. Am Ende des 20. Jahrhunderts verdoppelte sich das Wissen alle sieben Monate – und das war, bevor das Internet wirklich Fahrt aufnahm.[85]

Heute kann ich Tausende von Büchern auf einem einzigen Kindle-Gerät unterbringen, und es gibt zig Millionen Titel, die mir derzeit bei Amazon zur Verfügung stehen – die meisten davon zum Preis von weniger als einer Stunde Arbeit bei Mindestlohn. Der Anblick eines Buches lässt heute selten unsere Herzen vor Aufregung und Vorfreude höherschlagen, geschweige denn vor Ehrfurcht und Staunen. Wir verschlingen Groschenliteratur und Billigbücher. Manche Leute sind stolz darauf, dass sie Dutzende von Titeln pro Jahr lesen; andere machen sich kaum die Mühe, überhaupt zu lesen. Erschöpft und abgestumpft, versunken in einem ständigen Datenstrom, haben wir die Kunst verlernt, weise und gut zu lesen. Wir wissen nicht mehr, wie wir respektvoll, demütig und bedächtig mit einem lohnenden Text umgehen sollen – selbst bei der Bibel geht es uns so.

Nachdem wir den Bibeltext nun also einmal gelesen haben, lesen wir ihn noch ein zweites Mal, und beschließen – wie Sammy auf der Suche nach ihrem Verlobungsring – weiterzusuchen, bis wir den Schatz finden, der in seinen Tiefen verborgen ist.

ZWEITE LESUNG: *MEDITATIO*

Man soll nicht nur in seinem Herzen meditieren, sondern auch äußerlich ... lesen und nochmals lesen ... mit sorgfältiger Aufmerksamkeit und Nachsinnen, damit man sehe, was der Heilige Geist damit meinet.[86]

Martin Luther

Nachdem wir mit der ersten Lesung sozusagen den Tisch gedeckt haben, ist es nun endlich an der Zeit, es sich schmecken zu lassen! Für die zweite Lesung nehmen wir uns etwas mehr Zeit, um tiefer zu gehen und uns dem Text mit «sorgfältiger Aufmerksamkeit und Nachsinnen» zu widmen. «Man soll meditieren», sagt Martin Luther, «damit man sieht, was der Heilige Geist meint.»

Manche Menschen machen sich jedes Mal unnötig Sorgen, wenn das Wort *Meditation* fällt, weil sie das Wort ausschließlich mit nichtchristlichen Religionen und esoterischen New-Age-Methoden verbinden. Aber Luther spricht hier von einer tief in der jüdisch-christlichen Tradition verwurzelten Form biblischer Meditation. Bei dieser Form geht es nicht darum, seinen Geist zu entleeren, sondern ihn mit Gottes Wort zu füllen und die Gedanken intensiv auf seine Wahrheit auszurichten. Dies ist eine durch und durch biblische Herangehensweise an die Bibel!

Der allererste Satz des allerersten Psalms verheißt Segen für denjenigen, der «Freude hat am Gesetz des HERRN und darüber *nachdenkt* – Tag und Nacht» (Hervorhebung des Autors). Und dann wäre da noch Psalm 19, der beinahe wie eine Beschreibung der *Lectio divina* klingt: «Lass die Worte meines Mundes (*oratio*) und das Sinnen meines Herzens (*meditatio*) wohlgefällig sein vor dir, HERR, mein Fels und mein Erlöser!» (19,15; SLT).

Anderswo ruft der Psalmist einfach: «HERR, wie sehr liebe ich dein Gesetz; den ganzen Tag denke ich darüber nach!» (Psalm 119,97).

Als die Israeliten im Begriff waren, in das verheißene Land einzuziehen, gab der Herr Josua die Anweisung, er solle über Gottes Gesetz «Tag und Nacht ... *nachdenken*» (Josua 1,8; Hervorhebung des Autors). Nicht nur, um es zu studieren oder anderen beizubringen, sondern um persönlich und gründlich über seine Bedeutung zu meditieren.

Der hebräische Wortstamm, der in all diesen Texten vorkommt – und im Englischen meist mit «meditieren» übersetzt wird –, ist *hagah* (הָגָה), was wörtlich «stöhnen, knurren, murmeln, nachsinnen, bedenken oder aussprechen» bedeutet. Gott gebot Josua sozusagen, die Schrift zu «murmeln», Tag und Nacht über ihre Bedeutung «nachzusinnen», darüber zu grübeln gleich einer Kuh, die ihre Nahrung wiederkäut. Josua sollte die Schrift tief in seinem Herzen «bedenken». So wie Maria, die Mutter Jesu: «Maria aber behielt alle diese Worte und *bewegte sie* in ihrem Herzen» (Lukas 2,19; LUT; Hervorhebung des Autors). Jesus selbst spielte darauf an, als er dem Satan in der Wüste mit einem Mose-Zitat antwortete: «Der Mensch lebt nicht vom Brot allein, sondern von einem jeden Wort, das aus dem Mund Gottes geht» (Matthäus 4,4; LUT). Wir sollen Gottes Wort nicht nur lesen; wir sollen uns auch davon *ernähren* und es als unser «tägliches Brot» empfangen (vgl. Lukas 11,3).

«Schlucke sie nicht in einem großen Klumpen», sagte Bernhard von Clairvaux im 12. Jahrhundert über die Bibel.[87] Kaue jedes Wort gut durch. Genieße den Geschmack und koste es ganz aus.

Der Psalmbeter benutzt noch einen anderen Essensvergleich: «Dein Wort ist meine Lieblingsspeise, es ist süßer als der beste Honig» (Psalm 119,103). – Als würde sich hier jemand Gottes Wort wie ein Stück Schokolade langsam im Munde zergehen lassen, seine Konsistenz auf der Zunge spüren und sich an seiner Süße erfreuen. Das ist Meditation!

Zu oft bin ich mit der Bibel wie ein Kind umgegangen, das im Zuckerrausch den Genuss einer Süßigkeit nicht zu schätzen weiß. Anstatt die Süße langsam zu genießen, habe ich den Bibeltext nur schnell überflogen, auf der Suche nach einer schnellen Erleuchtung, einem knackigen Zitat für Social Media oder – Gott möge mir vergeben –, einfach um eine weitere Aufgabe von meiner täglichen To-Do-Liste abhaken zu können.

DREI SCHLÜSSEL FÜR DIE MEDITATION

Es gibt drei besondere Schlüssel, die mir dabei helfen, zu entschleunigen, die Süße der Bibel auszukosten, über ihre Bedeutung nachzusinnen und Gottes Stimme durch den Text zu hören: 1. Offen sein für Unterbrechungen, 2. Meine Intuitionen wahrnehmen und 3. Meine Vorstellungskraft benutzen.

1. MEDITATION BEDEUTET, OFFEN ZU SEIN FÜR UNTERBRECHUNGEN

Nicht zuletzt durch unser Bildungssystem haben wir den tief verwurzelten Impuls, Informationen streng strukturiert zu verarbeiten. Wenn es zum Beispiel um das Lesen von Büchern geht, haben wir gelernt, ganz methodisch am Anfang zu beginnen und so schnell und effizient wie möglich bis zum Ende zu gelangen.

Meditation funktioniert aber nicht so linear wie eine methodische Buchlektüre, sondern sie funktioniert zyklisch. Meditation ist sozusagen ein Labyrinth in einer Welt voller Leitern – es geht mehr um die Entdeckungen, die wir machen, als um die Länge der Strecke, die wir zurücklegen. Das ist auch einer der Gründe, warum wir einen Abschnitt mehrmals lesen und mit jeder Wiederholung etwas tiefer graben.

Einer der großen Befürworter dieser Art des Bibellesens war Bernhard von Clairvaux, der große Reformer des mittelalterlichen Mönchtums und Pionier des Zisterzienserordens. Bernhard hielt nicht weniger als 43 Predigten allein über das *Hohelied* Salomos. Das Hohelied ist ein biblisches Buch, das mit einer ziemlich deutlichen Ansage beginnt: «Er küsse mich mit den Küssen seines Mundes!» (Hohelied 1,2; SLT). Andere Prediger wären wohl versucht gewesen, diesen Vers zu übergehen – jedoch nicht Bernhard! Er hielt eine ganze Predigt über diesen Eingangsvers. Und dann noch eine. Und noch eine. Tatsächlich hielt er nicht weniger als acht Predigten über diese acht Wörter! Offenbar verstand er es, sich von einem Text unterbrechen zu lassen, während er seine Bedeutung immer weiter umkreiste und fortlaufend in größere Tiefen der Intimität und Erkenntnis vordrang.

Wenn es um biblische Meditation geht, können Unterbrechungen Einladungen des Heiligen Geistes sein. Dabei spreche ich nicht von äußerlichen Unterbrechungen wie einem Telefon, das klingelt, während du gerade versuchst zu beten. (Natürlich solltest du für die *lectio* dein Telefon ausschalten und versuchen, einen ruhigen Raum ohne Ablenkungen zu finden.) Was ich mit Unterbrechungen meine, ist die Art von Abschweifung, die beim Lesen des Textes in dir selbst entsteht: Achte auf unerwartete Gedankengänge, die ausgelöst werden durch das, was du liest. Wenn du solche Gedankengänge bemerkst, solltest du ihnen vielleicht ein wenig weiter nachgehen und schauen, wohin sie führen, anstatt sie automatisch abzuschalten und pflichtbewusst zum Text zurückzukehren. Manche Gedanken führen dich vielleicht in eine dunkle Sackgasse, aber andere führen hinaus ins Licht.

Im Hebräerbrief steht, dass es Menschen gibt, die «ohne es zu wissen, [durch spontane Gastfreundschaft] Engel bei sich aufgenommen» haben (Hebräer 13,2). Ich bin mir ziemlich sicher, dass ich gelegentlich wahre Gottesboten in mein Leben gelassen habe – einfach, indem ich beim Lesen der Bibel die Tür für die Unterbrechung durch einen unerwarteten Gedanken geöffnet habe.

Manchmal kann eine Unterbrechung etwas so Einfaches sein wie der plötzliche Impuls, innezuhalten und für eine bestimmte Person zu beten – und später erweist es sich auf eine Weise als prophetisch, wie ich es selbst unmöglich hätte wissen können. Zu anderen Zeiten ist es ein vom Text ausgelöster abschweifender Gedanke, der mir eine völlig neue Perspektive in meinem Leben eröffnet.

Jesus, das lebendige Wort, mischt sich manchmal in das geschriebene Wort ein – wie bei den beiden Jüngern auf dem Weg nach Emmaus, deren Gespräch über Gott von einem Fremden unterbrochen und in eine neue Richtung gelenkt wurde.

2. MEDITATION BEDEUTET, INTUITIONEN WAHRZUNEHMEN

Deine Fluten rauschen daher,
und eine Tiefe ruft die andere.
Psalm 42,8 (LUT)

Meditation ist zum Teil ein instinktiver Prozess, der unsere natürliche Tendenz zum deduktiven Denken umgeht. Für manche Menschen ist intuitives Lesen leicht, für andere überhaupt nicht. Eine der einfachsten Möglichkeiten, beim Lesen eines Textes meine Intuitionen wahrzunehmen, besteht darin, auf Wörter oder Sätze zu achten, die mir auffallen, auch wenn ich zunächst nicht weiß, warum. Das geht ganz leicht. Es kommt kaum vor, dass ich *kein* solches Wort oder einen solchen Satz finde, wenn ich danach suche, und ich bin mir ziemlich sicher, dass du dieselbe Erfahrung machen wirst.[88]

Versuche nicht, deine Reaktion zu verstehen oder zu analysieren, wieso dich diese Wörter ansprechen. Nimm es einfach wahr und bitte Gott, dir zu zeigen, warum sie deine Aufmerksamkeit erregt haben. Du bist aktuell nicht auf der Suche nach einer exegetischen Erklärung – die ursprüngliche Bedeutung oder der Kontext des Satzes ist gerade zweitrangig. Du versuchst, den äußerst subjektiven Sinn zu verstehen, den dieser Satz für dich ganz persönlich haben könnte. Wie bei meinem Freund Rob mit Kain und Abel kann der Heilige Geist durch den Text sogar auf eine Weise zu dir sprechen, die über seine ursprüngliche Bedeutung hinausgeht.

Während ich diese Worte schreibe, kann ich mir schon vorstellen, wie in Tausenden von wohlmeinenden Köpfen der Häresie-Alarm aufheult wie eine laute Sirene. Aber eine Erkenntnis, die über die Grenzen einer soliden Bibelauslegung hinausgeht, muss nicht zur Irrlehre führen, vorausgesetzt, sie spiegelt das Wort, den Charakter und das Beispiel Jesu wider. Robs Missverständnis von Kain und Abel ist ein gutes Beispiel dafür, wie selbst eine – von außen betrachtet – abwegige Deutung der Bibel zu einer zutiefst christlichen, lebensverändernden Offenbarung führen kann.

Vielleicht hilft es, wenn ich ein Beispiel aus meinem eigenen Leben erzähle, wie dieser Prozess in der Praxis aussieht: Während meiner Gebetszeit heute Morgen habe ich Römer 12 gelesen (oder, besser gesagt, gehört). Dieses bekannte Kapitel schlägt einen weiten Bogen, angefangen mit dem berühmten Aufruf, unseren Körper Gott als «ein lebendiges Opfer» darzubringen (12,1). Ein kurzer Blick in meine Studienbibel erinnerte mich daran, was das große Thema dieses Briefes ist, der sich an die Heidenchristen in Rom richtet; nämlich, wie wichtig es ist, sich für seine Rettung ausschließlich auf Gottes Gnade zu verlassen. So weit, so gut.

Aber als ich zu Vers 9 kam, begegnete mir etwas Unerwartetes: «Die Liebe sei ungeheuchelt! Hasst das Böse, haltet fest am Guten!» Dieser einfache Satz, «Hasst das Böse», ist derjenige, der mir ins Auge sprang. Das ist deshalb überraschend, weil dieses Kapitel so voller großartiger, inspirierender Zitate ist und «Hasst das Böse» ist gewiss nicht das, was ich heute (oder an irgendeinem anderen Tag) als Text zur Meditation gewählt hätte. Ich habe noch nie gesehen, dass jemand daraus eine schicke Instagram-Grafik oder ein christliches T-Shirt gemacht hätte. Aber ich habe gelernt, auf diese Art von Unterbrechungen und Intuitionen zu achten; also hielt ich inne, um mich zu fragen, warum «Hasst das Böse» etwas in mir zum Schwingen brachte.

Ich denke, worüber ich gestolpert bin, war die starke Sprache, die Paulus hier verwendet. Mit der Aufforderung zum Hassen hatte ich nicht gerechnet. Und es gefiel mir auch nicht, dass ich bestimmte Verhaltensweisen als «böse» einstufen sollte. Nicht nur als «fehlgeleitet», «nicht hilfreich» oder vielleicht auch als «falsch», sondern als «böse»!

So etwas passt nicht besonders gut zu meiner Art von Christsein. Uns geht es als Gemeinde doch um Gnade. Und auch das große Thema, um das es Paulus im Römerbrief geht, soll doch Gnade sein. Wenn er in unserer Gemeinde so predigen würde, würde ich ihm sagen, er soll mal einen Gang runterschalten.

Sobald mir diese Gedanken in den Sinn kamen, wurde mir unangenehmerweise klar, dass wir als Gemeinde womöglich dabei waren, uns vom biblischen Verständnis von Sünde zu entfernen. Vielleicht war unsere Gnade, in Dietrich Bonhoeffers Worten, ein bisschen zu «billig».

Hasse ich das Böse wirklich, fragte ich mich, oder missbillige ich es nur leicht? Auf welche konkrete Weise toleriere ich, entschuldige ich oder pflege ich sogar Dinge, die tatsächlich böse sind? Innerhalb von Sekunden beantwortete der Heilige Geist diese Frage und warf ein peinliches Licht auf eine schlechte Haltung in meinem Leben, die ich immer vor mir selbst gerechtfertigt hatte. Bis jetzt. Und so kam es dazu, dass ich mich heute Morgen um 7:15 Uhr bei Gott entschuldigte, während ich den Geschirrspüler ausräumte!

Als ich das tat, drehten sich meine Gedanken um die Stärke von Paulus' Sprache, und ich murmelte halb zu Gott und halb zu mir selbst: «Junge, dieser Typ hat wirklich Klartext geschrieben.» Er drückte sich so stark aus. So leidenschaftlich. So feurig. So absolut. Ich seufzte und stellte eine Tasse beiseite: «Herr, mein Bart wird grau und mein Leben wird beige. Weck mich auf. Rüttle mich wach. Mach mich leidenschaftlich wie Paulus. Setz mein Herz noch einmal in Brand.»

Als ich so betete, spürte ich eine kleine Welle der Energie – so wie es sich erfahrungsgemäß für mich anfühlt, wenn der Heilige Geist mein Leben berührt.

Wenn ich jetzt über all das nachdenke, wird mir klar, dass ich innerhalb von ein paar Minuten herausgefordert und überführt wurde, dass ich Buße getan und der Heilige Geist mich neu berührt hat – und das alles, während ich die Küche machte! In der Tat war ich so vertieft in diese drei unerwarteten Worte «Hasst das Böse», dass ich den Rest des Abschnitts mit seiner großartigen Aufforderung, «Seid fröhlich in Hoffnung, in Bedrängnis haltet stand, seid beharrlich im Gebet!» (Römer 12,12, SLT), regelrecht ausblendete. (Obwohl das ein Vers ist, den ich hier viel lieber mit dir angeschaut hätte!)

Aber wie kam es dazu? Wie habe ich heute Morgen Gott zu mir sprechen gehört? Erstens, indem ich zu Beginn meines Tages ein wenig Raum für die Bibel gemacht habe (*lectio*). Zweitens, indem ich einem bestimmten Satz erlaubt habe, meine Gedanken zu unterbrechen, und meine Intuition genutzt habe, um über seine Bedeutung für mein Leben nachzudenken (*meditatio*). Und drittens, indem ich dieses Nachsinnen in ein betendes Gespräch mit dem Herrn verwandelt habe (*oratio*).

> Gottes Wort ist voller Leben und Kraft. Es ist schärfer als die Klinge eines beidseitig geschliffenen Schwertes, dringt es doch bis in unser Innerstes, bis in unsere Seele und unseren Geist, und trifft uns tief in Mark und Bein. Dieses Wort ist ein unbestechlicher Richter

über die Gedanken und geheimsten Wünsche unseres Herzens. Gottes Augen bleibt nichts verborgen; vor ihm ist alles sichtbar und offenkundig. Jeder Mensch muss Gott Rechenschaft geben.

Hebräer 4,12–13

3. MEDITATION BEDEUTET, SEINE VORSTELLUNGSKRAFT ZU BENUTZEN

Ich sehne mich danach, dass die Fantasie aus ihrem Gefängnis befreit wird und ihren rechtmäßigen Platz unter den Söhnen der neuen Schöpfung einnimmt. Was ich hier zu beschreiben versuche, ist die heilige Gabe des Sehens: die Fähigkeit, hinter den Schleier zu schauen und mit verwundertem Staunen auf die Schönheiten und Geheimnisse der heiligen, ewigen Dinge zu blicken.[89]

A. W. Tozer

Nachdem wir die Rolle von *Unterbrechungen* und *Intuition* bei der biblischen Meditation betrachtet haben, richten wir unsere Aufmerksamkeit jetzt auf die Notwendigkeit der *Vorstellungskraft.* Wann immer wir mit bloßen Worten ganze Welten erschaffen, sind wir Gott am ähnlichsten. Tiere können sich keine Dinge vorstellen, die sie noch nie gesehen haben, oder in der Fantasie Orte besuchen, an denen sie noch nie gewesen sind. Mit unserer Vorstellungskraft erfinden, verbessern, kreieren und spielen wir, leisten Pionierarbeit, lösen Probleme, verlieben uns und denken uns Tausende von Gutenachtgeschichten aus.

Aber durch unsere Fantasie zerstören wir auch.

Die Bibel spricht durchweg von der Macht des menschlichen Herzens und dem Schlachtfeld unserer Gedanken. Im Gegensatz zu unserer zeitgenössischen Kultur behauptet sie in keinster Weise, menschliche Fantasien seien lediglich nebulös, im Wesentlichen aber harmlos und völlig von der physischen Realität getrennt.

Jesus drückt sich hier klar aus. Zum Beispiel setzt er sexuelle

Raubgier, die in Gedanken stattfindet, mit Ehebruch gleich (Matthäus 5,28) und Gewaltfantasien mit einer Mordtat (Matthäus 5,21–2; 1. Johannes 3,15). «Aus dem Herzen kommen die bösen Gedanken», sagt er an anderer Stelle. «Das ist es, was den Menschen unrein macht» (Matthäus 15,19–20).

Wir kennen die Macht unserer Fantasie und nutzen sie ohne zu zögern voll aus, wenn es darum geht, Romane zu lesen oder einen Film anzuschauen: Ob romantische Komödie oder Actionthriller – wir wissen genau, wie wir in eine Handlung eintauchen, uns mit den Hauptfiguren identifizieren und uns in der Geschichte verlieren können.

Aber sobald wir uns der wichtigsten Sammlung der großartigsten Erzählungen aller Zeiten nähern, passiert etwas Seltsames: In dem Moment, in dem wir die Bibel aufschlagen, scheinen wir unsere Vorstellungskraft komplett auszuschalten. Vielleicht liegt es daran, dass wir mit dem Material *zu* vertraut sind. Vielleicht liegt für uns deshalb eine Art müder Schleier über den Texten. (Was wir aber als Herausforderung begreifen könnten, unsere Fantasie einzusetzen und immer wieder neue Zugänge zur Bibel zu finden!)

Ich vermute allerdings, dass für die meisten von uns das Problem tiefer wurzelt und nicht nur mit zu vielen Wiederholungen der Bibelgeschichten in der Sonntagsschule zusammenhängt. Wenn es um das Innenleben unserer Gedankenwelt geht, kämpfen wir oft mit Schamgefühlen und sind verständlicherweise auch vorsichtig damit, Fantasieflüge durch die Heilige Schrift zu unternehmen. Wohin, so fragen wir uns, könnte uns unser Denken führen, wenn es nicht im Zaum gehalten wird? Wie um alles in der Welt sollen wir den Unterschied zwischen Gottes Gedanken und unseren Gedanken erkennen, zwischen fantasievoller Vorstellung und fantastischer Einbildung?

Dies sind wichtige Fragen, denn es stimmt, dass unsere Fantasie sowohl mächtig als auch anfällig für Sünde ist. Aber ich finde, das bedeutet nicht, dass wir sie abschalten müssten (wenn das überhaupt möglich ist), sondern dass wir sie weise und geistgeleitet zur Ehre Gottes einsetzen sollten. Wir brauchen keine Angst vor unserer Vorstellungskraft zu haben – vorausgesetzt, wir schalten unseren gesunden Menschenverstand ein. Wenn Gott durch einen brennenden Dornbusch zu Mose sprechen kann, durch einen Esel zum Propheten Bileam und zu König Belsazar durch ein Graffito bei einer Party, dann wird er sicherlich auch willens und fähig dazu sein, durch die Schrulligkeit meiner eigenen Vorstellungskraft zu mir zu sprechen.

Die Fantasie ist eine der mächtigsten Fähigkeiten, die Gott uns gegeben hat, besonders wenn es darum geht, seine Stimme sowohl mit unserem Herzen als auch mit unserem Kopf zu hören. Mark Twain drückte es so aus: «Man kann sich nicht auf seine Augen verlassen, wenn die Fantasie unscharf ist.»[90] Und die Tatsache, dass unsere Gedanken so umkämpft sind, unterstreicht nur die taktische Bedeutung, die sie haben. Richard Foster, der einen Großteil seines Lebens damit verbracht hat, solche Dinge zu erforschen, kommt zu dem Schluss: «Die kontemplativen Meister fast aller Denkrichtungen raten uns, dass der einfachste Weg, um vom Verstand in das Herz hinabzusteigen, über die Vorstellungskraft führt.»[91]

Und umgekehrt warnt der konservative Bibellehrer A.W. Tozer scharf vor den Gefahren, die es mit sich bringt, die eigene Fantasie zu ignorieren, wenn es um die Bibel geht: «Die Schwäche des Pharisäers in den alten Tagen war sein Mangel an Fantasie oder, was dasselbe ist, seine Weigerung, diese in den Bereich der Religion hereinzulassen. Er sah den Text nur mit seinen wohlgehüteten theologischen Definitionen und sah nicht darüber hinaus.»[92] Wir könnten vielleicht sagen, dass er die Schrift zwar als einen Bilderrahmen sah, der Gottes Wort enthielt, aber nicht als Fensterrahmen, der die Vorstellungskraft für etwas noch Größeres öffnete.

Ein richtiges Verständnis der Heiligen Schrift erfordert sowohl göttliche Offenbarung als auch menschliche Vorstellungskraft, da ihr Gegenstand ja weit über die Grenzen gewöhnlicher menschlicher Erfahrung hinausgeht. Die Bibel kann unmöglich gleichzeitig ganz für uns fassbar sein und gleichzeitig Gott ganz fassen. Deshalb ist es notwendig, dass der Heilige Geist, der die Schrift ja ursprünglich inspiriert hat, uns heute hilft, ihre Bedeutung zu interpretieren und anzuwenden. Dies tut er, indem er sowohl unsere Fantasie als auch unseren Verstand anspricht. So können wir die eigentliche Botschaft der Bibel begreifen.

Ist dir bei Kindern schon einmal dieser staunende, abwesende Gesichtsausdruck aufgefallen, wenn sie einer Geschichte lauschen? Es ist, als würden sie über die Schwelle einer anderen Welt blicken und nicht nur die tatsächlich beschriebenen Dinge sehen, hören und fühlen, sondern sich eine noch viel größere Realität vorstellen, die höchstens andeutungsweise Teil der Erzählung ist.

Tragischerweise verlieren wir diese magische Fähigkeit meist als Erwachsene. Aber eine der einfachsten Möglichkeiten, sie wieder zu erwecken, ist, den Text mit allen fünf Sinnen zu lesen. Gewöhne dir an, Fragen zu stellen wie: Wo stehe ich in dieser Geschichte und was kann ich sehen? Welche Hintergrundgeräusche höre ich? Wie fühle ich mich? Und sogar: Kann ich etwas Bestimmtes schmecken oder riechen?

Vor nicht allzu langer Zeit kam ich eines Abends mit einem schweren Herzen zu Gott. Das schiere Ausmaß der seelsorgerlichen Not in unserer Gemeinde fühlte sich damals überwältigend an. Ich war erschöpft. Zudem wurde ich wegen meiner Haltung zu einem bestimmten Thema angegriffen. Wildfremde Leute warfen mir allerlei verrücktes Zeug vor. Ich weiß, dass ich inzwischen eine dickere Haut haben sollte, aber die Wahrheit ist, dass ich mich tief verletzt fühlte und nicht wusste, wie ich mich verteidigen sollte. Sammy schien besorgt. «Pete, willst du wirklich so weitermachen?», fragte sie. «Du hast nichts mehr zu geben. Das ist auf Dauer nicht tragbar.»

Ich flüchtete in mein Arbeitszimmer, fiel in meinen alten Ledersessel und öffnete meine Bibel. Selten hatte ich ein solches Bedürfnis nach einem Wort von meinem Vater im Himmel verspürt. Bevor ich zu lesen begann, hielt ich kurz inne, aber diese Handvoll schwerer Seufzer konnte man kaum als Zur-Ruhe-Kommen bezeichnen. Und mein Vorbereitungsgebet klang fast schon wie eine Gotteslästerung: «Oh Gott», stöhnte ich nur vor mich hin. «Oh Gott, oh Gott.»

Ich nahm meine Bibel zur Hand – mehr aus Pflichtgefühl heraus als aus Verlangen – und schlug die vorgegebene Bibellese für den Tag auf: 5. Mose 33. Mose liegt auf seinem Sterbebett und segnet die Stämme Israels. Nicht besonders vielversprechend. Zuerst war da ein Gebet für Ruben: Sein Stamm «lebe und sterbe nicht» (33,6; LUT). Dabei kam mir der Gedanke, dass meine Lage immerhin noch nicht ganz so schlimm war. Als Nächstes irgendwas über die «Thummim und Urim» für Levi (33,8; SLT). Doch dann umfingen mich plötzlich die folgenden Worte wie eine unerwartete Umarmung:

> Der Liebling des HERRN wird sicher bei Ihm wohnen.
> Er beschirmt ihn den ganzen Tag,
> und zwischen seinen Schultern wohnt er.
>
> *5. Mose 33,12 (SLT)*

Da war sie, meine Unterbrechung, und ich brauchte keinerlei Intuition, um herauszufinden, warum. Es war eine wunderbare Gewissheit für eine unruhige Seele wie meine. Ich liebte dieses Bild von dem «Liebling des Herrn», der «zwischen seinen Schultern» ruht, und stellte mir vor, wie ich selbst Teil dieser Szene war. Irgendwo gibt es ein altes verblasstes Foto von mir als Baby, vielleicht achtzehn Monate alt, in einer Trage auf dem Rücken meines Vaters. So stellte ich mir das nun vor: Fest auf dem Rücken meines Papas gehalten, sicher und geborgen zwischen seinen Schulterblättern! Ich mochte die Stabilität dieser Position. Ich konnte seinen dicken Pullover förmlich riechen. Ich spürte seine Kraft und die Wärme seines Rückens. Ich wusste einfach, dass ich geliebt wurde. Es war das körperliche Gefühl von Vertrauen.

Getragen zu werden – dieses Bild half mir enorm. In dieser Position auf dem Rücken des Vaters gab es nichts, was mir fehlte. Nichts, was von mir erwartet wurde. Und ich konnte ihn im Gehen singen hören. Er strahlte eine so tiefe Zufriedenheit aus. Und da war ich, mitten in diesem Moment, auf seinen Rücken geschnallt, eingehüllt in seine Zufriedenheit, kurz davor, einzuschlafen.

«Danke, Vater», flüsterte ich, lehnte mich zurück in die Umarmung meines alten Ledersessels und spürte, wie sich die Last von meinen Schultern hob. «Ich liebe dich, Herr.»

Indem ich mir die Szene auf diese höchst subjektive Weise vorstellte und mich nicht zu sehr um ihren ursprünglichen Kontext und ihre Bedeutung sorgte, war dieser alte Segen auch zu meinem Segen geworden. Hätte ich die Worte wertschätzend zur Kenntnis genommen, aber direkt weitergelesen, hätte mich der Vers sicherlich immer noch ermutigt, aber er hätte meiner Seele nicht auf die gleiche Weise gutgetan.

Ich hatte meine Sinne mit einbezogen, indem ich mich fragte, was ich sehen, riechen, hören und fühlen konnte, und ich hatte mich selbst in die Geschichte hineinversetzt. In diesem Fall war das ziemlich einfach gewesen, da es nur zwei Beteiligte gab und der andere Gott war! Bei Geschichten mit mehreren Personen ist es auch möglich, sich bei jedem Lesedurchgang in eine andere Rolle hineinzuversetzen. Alexander Whyte, der im 19. Jahrhundert ein Leiter der *Free Church of Scotland* war, befürwortete nachdrücklich diese Methode: «Mal bist du der Zöllner, ein anderes Mal bist du der verlorene Sohn ... noch ein anderes Mal bist du Maria Magdalena ... zu einer anderen Zeit wiederum Petrus im Innenhof des Hohepriesters ... bis dein ganzes Neues Testament überall autobiografisch ist.»[93]

Schritt 3: Bitten (oratio)

Nachdem wir «innegehalten» und mithilfe von Unterbrechungen, Intuition und Vorstellungskraft «gelesen und reflektiert» haben, ist es jetzt an der Zeit, unsere Meditationen zu einem betenden Gespräch mit Gott werden zu lassen.

In seinem Buch *Kreiszieher* gibt Mark Batterson einige gute Ratschläge für das Beten und Bibellesen:

> Gebet war nie als Monolog gedacht; es sollte ein Dialog sein. Betrachten wir doch die Bibel als das, was Gott in diesem Gespräch zu sagen hat, und das Gebet als unsere Seite. Die Bibel ist Gottes Gesprächseinstieg, Gebet ist unsere Antwort. Die Veränderung findet statt, wenn man begreift, dass die Bibel nicht *durchgelesen*, sondern *durchbetet* werden soll. Und wenn wir mit der Bibel beten, werden uns nie die Worte ausgehen.[94]

Das Bibellesen bietet uns gewiss viel Stoff, über den wir mit Gott sprechen können. Aber es ist die Art und Weise, *wie* wir die Bibel lesen, die den Ton für das Gespräch angibt. Ich vermute, dass das anhand der Beispiele, die ich aus meinem persönlichen Leben gegeben habe, deutlich geworden ist. Wenn wir den Text entdecken und uns in ihn hineinversetzen, wird es zur natürlichsten Sache der Welt, unsere Gedanken im Gebet Gott zuzuwenden. Tatsächlich ist dieses Sich-Gott-Zuwenden ein dermaßen natürliches Resultat des Bibellesens, dass man manchmal fast unbemerkt ins Beten kommt – wie ich heute Morgen an der Spülmaschine Buße getan habe oder mich in diesem alten Ledersessel an Gottes Liebe freute.

Es gibt viele Arten von Gebet, die sich aus dem Nachdenken über die Bibel ergeben können. Ich habe bereits Freude und

Buße erwähnt, aber vergiss nicht das Bitten (für deine eigenen Bedürfnisse zu beten) und die Fürbitte (Gott für andere um etwas bitten). Ich bin überaus dankbar, dass ich so viel aus der kontemplativen Tradition lernen durfte, die die *Lectio divina* seit Jahrhunderten pflegt und hütet. Ich bin aber auch dankbar für evangelikale und pfingstliche Traditionen, von denen ich viel über die Kraft der Fürbitte gelernt habe. Diese Art von Gebet wird von vielen «Kontemplativen» kaum praktiziert (und das versuchen wir jeden Tag durch unsere Andachten bei *Lectio 365* zu ändern).

Fürbitte ist mehr als nur andere in der Stille vor Gott zu bringen – so wertvoll das auch ist. Die Bibel lässt keinen Zweifel an der Macht und Notwendigkeit von spezifischen, trotzigen, erwartungsvollen, inbrünstigen, Wunder wirkenden Fürbittgebeten (siehe zum Beispiel 2. Mose 17,8–16; Apostelgeschichte 4,23–31).

Wie von Bartimäus möchte Jesus auch von uns eine bestimmte, spezifische, mündliche Antwort auf die Frage: «Was soll ich für dich tun?» (Markus 10,51). Erkenntnisse, die uns während der *Lectio divina* kommen, können zu Danksagung, Anbetung, Buße und persönlichen Bitten führen, aber sie können uns auch nach außen und dann nach oben führen – in die Fürbitte für andere.

Nehmen wir zum Beispiel die Art und Weise, wie Gott heute Morgen durch diesen Vers aus Römer 12 zu mir gesprochen hat: «Hasst das Böse». Ich reagierte mit persönlicher Reue, aber ich hätte meine Gebete leicht ausweiten und Gottes Erbarmen für die Menschen erbitten können, die derzeit zweifellos vom «Bösen» geplagt werden. In ähnlicher Weise hätte ich damals, als Gott mich durch 5. Mose 33,12 tröstete, leicht für diejenigen Fürbitte leisten können, die es noch nötiger haben, ihn kennenzulernen als den Vater, der sie «zwischen seinen Schultern» trägt.

Schritt 4: Hingabe (contemplatio)

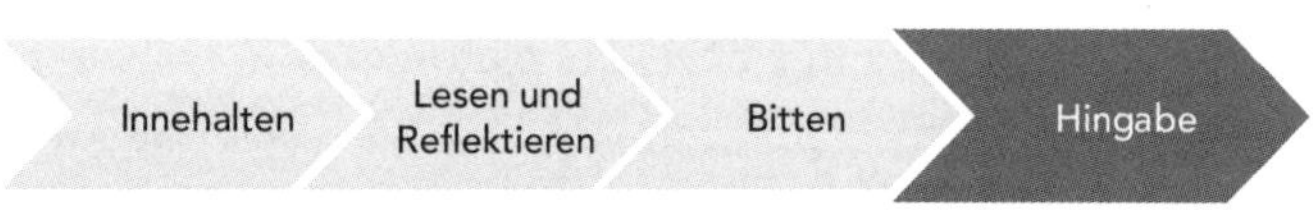

Ich ermahne euch nun, Brüder und Schwestern, durch die Barmherzigkeit Gottes, dass ihr euren Leib hingebt als ein Opfer, das lebendig, heilig und Gott wohlgefällig sei. Das sei euer vernünftiger Gottesdienst.
Römer 12,1 (LUT)

Suche im Lesen, und du wirst in der Meditation finden.
Klopfe an im Gebet,
und es wird dir in der Kontemplation aufgetan.[95]
Johannes vom Kreuz

In diesem Kapitel habe ich darüber gesprochen, welch wesentliche Rolle Benedikt von Nursia bei der Entwicklung der *Lectio divina* spielte, aber daneben möchte ich einen beinahe ebenso bekannten und einflussreichen Charakter nicht vergessen: Ignatius von Loyola, den Gründer des Jesuiten-Ordens.

Die Jesuiten vertraten seit ihrer Gründung im 16. Jahrhundert eine praktische Spiritualität, die es zum Ziel hatte, Gott in allen Dingen zu suchen und zu finden. Einige alte geistliche Übungen wie das *Examen*, die *Exerzitien* und natürlich die *Lectio divina* verdanken ihnen ihre bis heute anhaltende Popularität. Mit diesen mächtigen Werkzeugen bewaffnet, gingen die Jesuiten hinaus und veränderten die Welt: Zum Beispiel waren es Jesuiten, die die Quelle des Blauen Nils ausfindig machten, das Chinin entdeckten, die gute alte Falltür erfanden, die brasilianische Stadt São Paulo gründeten, die Barockarchitektur prägten, die ersten Wörterbücher für die Sprachen der nordamerikanischen Ureinwohner verfassten (und so interkulturelle Kommunikation ermöglichten); sie waren es, die fünfunddreißig Krater auf dem Mond benannten und für die Ausbildung zahlreicher bedeutenden Persönlichkeiten sorgten, von Descartes und Voltaire bis hin zu Bill Clinton und Denzel Washington.[96]

Jesuiten verkörpern die untrennbare Verbindung zwischen

geistlichem Wachstum (durch Gebet, Achtsamkeit, Bibelmeditation usw.) und gesellschaftlicher Transformation. «Der heilige Ignatius war ein Mystiker», schrieb der amerikanische Philosoph William James, «aber seine Mystik machte ihn zu einem der wirksamsten praktischen Beweger der Menschheitsgeschichte.»[97]

Es gibt eine Geschichte über Ignatius, die Diego Laínez, einer seiner engsten Freunde, erzählte und die etwas vom wahren Herzen dieses Mannes zum Ausdruck bringt:

> Nachts stieg er oft auf das Dach des Hauses, mit dem Himmel über ihm dort oben. Er saß ruhig, absolut ruhig. Er nahm seine Kappe ab und blickte lange zum Himmel hinauf. Dann fiel er auf die Knie, verbeugte sich tief vor Gott und die Tränen flossen wie ein Bach über seine Wangen, aber so leise und sanft, dass man weder ein Schluchzen noch sonst ein Anzeichen hörte oder auch nur die geringste Bewegung seines Körpers wahrnahm.[98]

Das ist ein wunderbares Bild von Kontemplation: eine Ausdrucksform des Gebets jenseits der Worte, in der man völlig der liebevollen Gegenwart Gottes hingegeben ist. Es ist, wenn man so will, wie die innige Vertrautheit eines alten Ehepaares, das in zufriedener Stille beieinandersitzt, oder einer Mutter, die auf ihr schlafendes Baby blickt. Es ist wie dieser zeitlose Moment am Ende eines außergewöhnlichen Kinoerlebnisses, wenn sich niemand bewegt, niemand spricht. Es ist wie das Herz der beiden auf dem Weg nach Emmaus, das in ihnen brannte, während sie schweigend auf Jesus hörten.

Der Psychologe David G. Benner, der eines der besten Bücher über die *Lectio divina* geschrieben hat, vergleicht diese mit der Lektüre eines Briefs, den man von der Liebe seines Lebens erhalten hat: Man studiert jedes Wort, jeden Satz, liest alles mehr als einmal durch, und während man dies tut, «bewirken die Worte eine Art Tagtraum der Liebe».[99] Aber nun stell dir vor, dass der geliebte Mensch plötzlich durch die Tür kommt, während du noch seinen Brief liest. In diesem freudigen Moment, in dem ihr euch instinktiv umarmt, wird die Liebe, die gerade noch Träumerei war, zur Realität. Und der Liebesbrief ist in der Gegenwart der ersehnten Person so gut wie vergessen.

Dieses Bild hilft mir, den Prozess nachzuvollziehen, der sich bei der *Lectio divina* abspielt: Er beginnt beim Lesen, entwickelt sich weiter beim Wiederlesen und Nachdenken über Gottes Liebesbrief in der Bibel und endet im tatsächlichen Genuss von Gottes liebevoller Gegenwart in einer Begegnung, die durch sein geschriebenes Wort begonnen und bewirkt wurde.

Vielleicht klingt das ein bisschen esoterisch und realitätsfremd, aber in Wirklichkeit ist es ganz simpel: Nachdem du langsam und betend die Bibel gelesen hast, musst du nur warten – eile nicht davon. Genieße den Moment. Es gibt nichts, was du sagen oder tun musst. Sitze einfach ein paar Minuten still und denke darüber nach, was du gerade gelesen hast und was Gott dir dadurch gesagt hat. Dein Geliebter wird nicht immer zur Tür hereinplatzen! Manchmal sitzt du einfach da und genießt für ein paar Minuten das Nachglühen deiner Zeit mit seinem Brief, bevor du mit deinem Tagesablauf weitermachst.

Aber es wird andere Zeiten geben, in denen der Autor des Liebesbriefes dich in der Tat mit seiner Anwesenheit überraschen wird. Er wird durch die Tür treten und du wirst dir auf außerordentliche Weise seiner Nähe bewusstwerden. Und zwar so sehr, dass du die Wahrnehmung für dich selbst und sogar für die Zeit verlierst, so als ob du in die Ewigkeit getreten wärst. Und gewissermaßen ist genau das geschehen. Wie Ignatius, der auf dem Dach unter den Sternen weint, wirst du in *Staunen, Liebe und Lob* versinken.

So ein Verweilen am Ende deiner Gebetszeit ist ganz ähnlich wie das Innehalten zu Beginn der *Lectio divina* (und tatsächlich hat der ganze Prozess etwas Zyklisches an sich – siehe das untenstehende Diagramm). Aber dieses Mal wird dein Bewusstsein für Gottes Gegenwart tiefer sein, du wirst die Stille leichter aushalten können und dein Herz wird voller sein – wegen der Dinge, die er dir durch sein Wort gezeigt hat. (Eine Anleitung zum Einüben des kontemplativen Gebets findest du in Kapitel 8 meines Buchs *Kraftvoll beten.*)

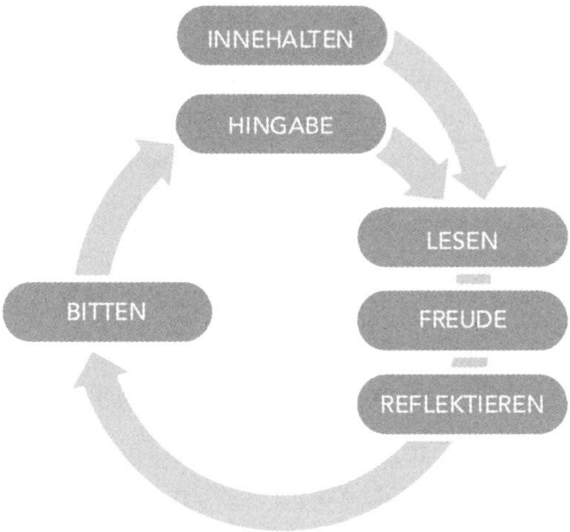

Wenn die *Lectio divina,* und insbesondere diese abschließenden Momente der Hingabe, zu einer langfristigen Gewohnheit werden, kann das lebensverändernd sein. Denn so gelangt Gottes Wort von unserem Kopf in unser Herz und wir kommen vom Ringen ins Ruhen – vom Wort zur großen Stille.

Und das bringt mich zu dem, was ich schon die ganze Zeit sagen will: Die wunderbarste geheime Superkraft, die denjenigen geschenkt wird, die die *Lectio divina* über Wochen, Monate und Jahre praktizieren, ist, dass wir allmählich lernen, Gottes Stimme auch überall sonst zu hören – ganz einfach, weil wir schon darin geübt sind, Gottes Stimme dort zu hören, wo es am einfachsten ist – nämlich in der Bibel. Wir fangen an, sein Reden in Büchern zu hören, die keine «heiligen Texte» sind, zwischen den Zeilen von Zeitungsartikeln und in Gesprächen mit Kollegen, die nicht einmal glauben, dass Gott existiert. Wenn wir in der Bibel verwurzelt sind, wird die ganze Schöpfung zum Sprachrohr Gottes.

Wenn wir uns darin üben, die Bibel zu beten – indem wir offen sind für Unterbrechungen, unsere Intuitionen wahrnehmen und unsere Vorstellungskraft einsetzen –, trainieren wir dadurch auch, Gottes Wort überall in Gottes Welt zu hören. Alltägliche Orte werden zu heiligen Orten, einfach durch die Art, wie wir zuhören. Und natürlich ist überall auf der Welt, wo Gottes Wort durch den Glauben empfangen wird, sein Reich schon gekommen. Mit den Worten des jesuitischen Paläontologen Pierre Teilhard de Chardin: «Die Welt hat nach und nach vor meinen Augen Feuer gefangen, bis sie, lodernd mich umgebend, fast von innen heraus zu leuchten begann.»[100]

Innehalten & Beten

Ich sitze bequem da, *halte inne* und lade den Heiligen Geist ein. Ich schlage meine Bibel auf und *lese* Johannes 15,9–17 zweimal langsam durch, ich stelle mir die Szene vor und achte darauf, welches Wort oder welcher Satz mir besonders auffällt. Ich nehme dieses Wort oder diesen Satz, spreche darüber mit dem Herrn und *bitte* ihn um Hilfe. Schließlich *gebe ich mich* von Neuem *hin* und verweile in seiner Liebe.

In den letzten beiden Kapiteln haben wir uns angeschaut, wie wir Gottes Stimme in der und durch die Bibel hören können, indem wir aufmerksam sowohl mit unserem Kopf als auch mit unserem Herzen zuhören – vor dem Hintergrund dessen, wie Jesus selbst auf dem Weg nach Emmaus mit der Heiligen Schrift umging. Es gibt ein altes Kollektengebet aus dem *Book of Common Prayer*, dem «Allgemeinen Gebetbuch» der anglikanischen Kirche, geschrieben von Thomas Cranmer vor fast fünfhundert Jahren, das all diese Fäden wunderschön bündelt:

> Gepriesener Herr,
> der du die ganze Heilige Schrift
> zu unserer Unterweisung hast schreiben lassen;
> gib, dass wir sie auf eine solche Weise hören,
> lesen, behalten, lernen und auf uns wirken lassen,
> dass wir durch die Geduld und den Trost
> deines heiligen Wortes
> die gesegnete Hoffnung auf ewiges Leben ergreifen
> und immer festhalten mögen,
> welche du uns gegeben hast
> in unserem Erlöser Jesus Christus.
> Amen.

Jedes Wort in diesem vorzüglichen Gebet wurde eindeutig mit Sorgfalt gewählt. Nichts davon ist unbedacht. Die fünf Verben, die Cranmer nutzt – «hören, lesen, behalten, lernen und auf uns wirken lassen» –, müssen alle von Bedeutung sein.

Im vorigen Kapitel haben wir ein paar Werkzeuge kennengelernt, die uns helfen sollen, die Bibel mit dem Kopf zu hören, zu lesen, zu behalten und aus ihr zu lernen. Und in diesem Kapitel haben wir uns mit dem Aufruf beschäftigt, Gottes Wort durch Meditation mit unserem Herzen «auf uns wirken zu lassen». Der Dichter und anglikanische Priester Malcolm Guite erzählt eine bewegende Geschichte über einen Besuch am Sterbebett einer sehr alten Dame:

> Sie litt gleichermaßen unter Demenz und Vernachlässigung und die Krankenschwester sagte mir, sie bringe nicht einmal mehr drei vernünftige Worte zusammen. Unschlüssig darüber, wie ich beten sollte, begann ich, den 23. Psalm in der Fassung des Gebetbuchs zu rezitieren. Plötzlich bemerkte ich eine Stimme neben mir, schwach zunächst, aber immer stärker werdend. Es war die alte Frau, die mit mühsamen Atemzügen einstimmte. Ich hatte den Eindruck, dass die Person, die diese Worte sprach, nicht die ver-

> wirrte alte Dame war, sondern das kleine Mädchen, das sie vor langer Zeit gelernt hatte. Wir schafften es gemeinsam bis zum Ende des Psalms und sie starb friedlich, während ich das Gloria sprach. «Ich werde bleiben im Hause des HERRN immerdar» waren die letzten Worte, die ihr über die Lippen kamen.[101]

Wie wunderbar, wenn einem Gottes Wort durch ein Leben des Hörens, Lesens, Behaltens, Lernens und Aufnehmens seiner Wahrheit so sehr in Fleisch und Blut übergegangen ist, dass es noch spricht, wenn nichts und niemand anderes es mehr kann. «Ich werde bleiben im Hause des HERRN immerdar.» Mit diesen Worten starb diese alte Dame. Ihre Geschichte erinnert mich daran (und ich habe diese Erinnerung oft nötig), dass alle anderen Arten, auf die Gott spricht, vergänglich sind: Träume und Visionen werden vergehen, prophetische Reden sprechen in eine bestimmte Zeit, «das Gras verdorrt, die Blumen verwelken. Aber das Wort des Herrn bleibt gültig für immer und ewig» (1. Petrus 1,24–25).

Lebendiges Wort
Ignatius von Loyola (1491–1556)
Gott durch betendes Reflektieren hören

Wenige Menschen haben so viel wie Ignatius von Loyola getan, wenn es um die Verbreitung der ganz persönlichen, fantasievollen Art geht, Gott in der Bibel zu hören, die wir in diesem Kapitel erforscht haben. Als Mitbegründer des Jesuiten-Ordens setzte er sich insbesondere für die *Lectio divina* ein. Ignatius schreibt:

> Wenn jemand in der Betrachtung [der Bibel] bei einem Wort oder zweien reichen Stoff zum Denken und Kosten und Trost findet, [soll] er nicht besorgt sein ... weiterzugehen, auch wenn die Stunde mit dem Gefundenen zu Ende geht.[102]

Es gibt einen alten Witz: Ein Franziskaner, ein Dominikaner und ein Jesuit beten gemeinsam, als plötzlich das Licht ausgeht. Der Franziskaner sagt: «Oh, was für eine wunderbare Gelegenheit, noch einfacher zu leben.» Der Dominikaner setzt zu einer Predigt über die Bedeutung von Dunkelheit und Licht an. Der Jesuit geht zum Verteilerkasten und tauscht die Sicherung aus.

Die Jesuiten (manchmal nach ihrem Gründer Ignatius auch *Ignatianer* genannt) sind ein weltweiter katholischer Orden, der für seine praktische Spiritualität bekannt ist. Ihr Motto, *Ad maiorem Dei gloriam,* abgekürzt AMDG, bedeutet: «(Alles) zur größeren Ehre Gottes». Jesuiten sind daran interessiert, Gott in allen Dingen zu suchen und zu finden und ihm in allen Dingen die Ehre zu geben.

Die praktischen Werkzeuge, die die Jesuiten in den letzten 450 Jahren entwickelt haben, helfen auch heute noch Millionen von Menschen, inmitten ihres Alltags zu beten und Gott zu hören. Zu diesen Werkzeugen gehören die geistlichen Übungen, die sogenannten *Exerzitien* – ein tiefgehender, vierwöchiger spiritueller Lernprozess, der von Ignatius selbst niedergeschrieben wurde. Er besteht aus einer Kombination von intensivem Bibelstudium, reflektierendem Gebet und geistlicher Begleitung.

Ein weiteres Werkzeug ist die *Lectio divina,* wobei die Jesuiten, wie ich es in Kapitel 3 beschrieben habe, einen besonderen Schwerpunkt legen auf die Rolle der Vorstellungskraft beim Hören auf Gott.

Auch das *Examen,* eine Form der betenden Selbstreflexion, soll dazu beitragen, Gottes Stimme (und unsere eigene Sünde) im alltäglichen Leben wahrzunehmen. (Für diejenigen, die diese Formen des Gebets einüben möchten, bietet die App *Lectio 365* von 24-7 Prayer, die bisher auf Englisch und Spanisch erhältlich ist, jeden Morgen *Lectio divina* und jeden Abend eine Form des *Examens* an.[103])

Ignatius von Loyola ist wahrscheinlich der einzige Heilige, in dessen polizeilichem Führungszeugnis es einen Eintrag gibt wegen nächtlicher Schlägereien mit dem Vorsatz der schweren Körperverletzung. Der im Baskenland im Norden Spaniens geborene junge Íñigo López de Loyola konzentrierte sich – wie es im ersten Satz seiner Autobiografie heißt – ganz auf «die Eitelkeiten dieser Welt» und «ein großes und törichtes Verlangen nach Ruhm».[104] Er wurde Soldat, aber im Alter von achtundzwanzig Jahren wurde sein Bein im Kampf von einer Kanonenkugel zertrümmert, weshalb er für den Rest seines Lebens hinkte. Während er sich auf dem Schloss seiner Familie in Loyola erholte, entdeckte er zu seiner Bestürzung, dass die einzigen Bücher, die ihm dort zur Verfügung standen, religiöser Art waren: eines über das Leben Jesu und das andere über das Leben der Heiligen. Widerwillig begann er zu lesen – und entbrannte bald in Liebe zu Jesus und staunte über den Heldenmut der großen Männer und Frauen des Glaubens. Durch diese Bücher wurde Ignatius von einer neuen Vision ergriffen: Er wollte ein Ritter sein, der dem König der Könige diente.

Nach seiner Genesung ging er zum Kloster Montserrat, wo er – mit dem ihm eigenen Pathos – seine Rüstung, sein Schwert und all seinen Schmuck ablegte und seine Kleidung dem ersten Bettler schenkte, dem er begegnete. Danach wurde er in einer nahegelegenen Stadt selbst für ein Jahr zum Bettler und widmete bis zu sieben Stunden am Tag dem Gebet in einer Höhle am Fluss Cardener.

Als er eines Tages dort saß, erlebte er «eine Erleuchtung, die so stark war, dass alles ganz neu zu sein schien». Er erkannte mit «sehr großer Klarheit»[105], dass die wahre Bestimmung der Menschheit darin besteht, zu Gott zurückzukehren, in dem allein unsere Seelen Frieden und Freude finden.

Der angehende Heilige änderte seinen Namen, zog nach Paris und scharte eine Gruppe von sechs lebenslangen Freunden um sich, mit denen er die «Gesellschaft Jesu» gründete. Allein die Beständigkeit dieser Freundschaften spricht, wie ich glaube, Bände über Ignatius' wahren Charakter. Aber mich beeindrucken auch die Tiefe der geistlichen Einsichten, die in seinen Schriften offenbar werden, und die Leidenschaftlichkeit seines Gebetslebens – von den frühen Tagen in der Höhle am Cardener bis hin zu seinen letzten Jahren, in denen er unter dem Sternenhimmel auf dem Dach seines Klosters in Rom betete.

Bis heute finden wir im Leben des Ignatius die DNA für den gesamten ignatianischen Weg. Es brauchte einen Soldaten, der zum Mystiker wurde, um eine Bewegung von «aktiven Kontemplativen» ins Leben zu rufen. Es brauchte einen äußerst ehrgeizigen jungen Mann, dessen Kopf voll mit Träumen vom großen Ruhm war, um eine Organisation zu gründen, die sich ganz dem größeren Ruhm Gottes verschrieb. Und es brauchte einen Träumer, der seine Berufung in Büchern über das Heldentum anderer fand, um eine praktische Spiritualität zu entwickeln, die keine Angst vor der Kraft der menschlichen Vorstellungskraft hat. Diese letzte Einsicht ist wahrscheinlich sein größtes Geschenk an diejenigen von uns, die danach streben, Gottes Stimme zu hören: Es ist die Erlaubnis, unsere Vorstellungskraft für Gott zu öffnen, als ein Mittel, durch das wir ihn in der Bibel *ad maiorem Dei gloriam* sprechen hören – zu seiner größeren Ehre.

Anima Christi (Ein Gebet am Anfang des Exerzitienbuches des Ignatius von Loyola)

Seele Christi, heilige mich,
Leib Christi, rette mich,
Blut Christi, tränke mich,
Wasser der Seite Christi, reinige mich,
Leiden Christi, stärke mich,
O guter Jesus, erhöre mich.
Birg in deinen Wunden mich,
von dir lass nimmer scheiden mich,
vor dem bösen Feind beschütze mich.
In meiner Todesstunde rufe mich,
zu dir kommen heiße mich,
mit deinen Heiligen zu loben dich
in deinem Reiche ewiglich. Amen.[106]

Hörübung: Lectio divina

Das Wesen des Wassers ist weich, das des Steins ist hart; aber wenn man eine Flasche über den Stein hängt, sodass das Wasser stetig auf ihn tropft, höhlt es den Stein aus. Ebenso ist es mit dem Wort Gottes: Es ist weich und unser Herz ist hart, aber wer das Wort Gottes oft hört, öffnet sein Herz für die Gottesfurcht.[107]

Abba Poimen

In diesem Kapitel haben wir gelernt, wie man die Bibel betet und so Gottes Wort in ein lebendiges Gespräch verwandeln kann. Durch die vielen praktischen Ratschläge solltest du dich nun hoffentlich in der Lage fühlen, die *Lectio divina* für dich selbst zu üben, indem du dich langsam und intuitiv mit dem Text beschäftigst und dabei dem einfachen P. R. A. Y.-Ablauf folgst: Zur Ruhe kommen (*Pause*), Lesen und Nachdenken (*Read and Reflect*), Bitten im Gebet (*Ask*) und in Hingabe die Dinge annehmen, die Gott dir gezeigt hat (*Yield*). Diese Prinzipien können auf unterschiedliche Weise angewendet werden. Hier sind vier Vorschläge:

Vier Ansätze zur Lectio divina

1. Unterschiedliche Betonungen

Wenn du einen bestimmten Vers liest (und dann noch einmal liest), probiere aus, die Betonung bei jeder Lesung auf ein anderes Wort zu legen. Das klingt simpel, kann aber überraschend effektiv sein, wenn man über einen Text meditiert. Nehmen wir zum Beispiel die ersten sechs Worte des vielleicht bekanntesten Bibelverses (Johannes 3,16):

- *«Denn so sehr hat* Gott *die Welt geliebt …»* Der größte Liebhaber des Lebens im ganzen Universum ist Gott selbst. Er ist Liebe! Ich lobe und preise ihn dafür.
- *«Denn* so sehr *hat Gott die Welt geliebt …»* Das winzig kleine Wort «so» bekommt auf einmal ein enormes Gewicht. Er liebte uns nicht nur ein bisschen, mit gekreuzten Fingern hinter dem Rücken, er liebte uns wirklich sehr! Gott liebt mich «so sehr». Er liebt meine Familie «so sehr». «So sehr» liebt Gott Menschen, die seine Liebe nicht erwidern. Passiert es mir manchmal, dass ich meine Liebe einteile oder einschränke, als wäre es eine begrenzte Ressource?
- *«Denn so sehr hat Gott die Welt* geliebt *…»* Seine Herzenshaltung uns gegenüber ist nicht Wut, Frustration oder Desinteresse, sondern vollkommene, alles verzehrende Liebe. Ist das meine Grundeinstellung zur Welt? Welche Menschen kommen mir in den Sinn, die ich auf diese Weise nicht lieben kann?
- *«Denn so sehr hat Gott* die Welt *geliebt …»* Wow! Nicht nur Christen. Nicht nur Menschen. Gott liebt die Welt der Moleküle und Berge, die Welt der Wirtschaft und Kultur, die Orte, Menschen und Tiere, die er geschaffen hat. Wie könnte sich meine Einstellung ändern, wenn ich mit einem größeren Bewusstsein leben würde für Gottes überwältigende Liebe zu allen Menschen, denen ich begegne?

2. Mit allen Sinnen (die Evangelien) lesen

Nimm ein Gleichnis oder eine Geschichte über Jesus aus dem Johannesevangelium (dem «visuellsten» der Evangelien) und nutze deine fünf Sinne, um die Szene zu entdecken und genau zu betrachten.

Du könntest dich fragen: «Was *sehe* ich hier in dieser Geschichte? Was *höre* ich? Kann ich etwas Bestimmtes *schmecken* oder *riechen?* Was *fühle* ich?»

Du kannst dir auch Fragen stellen wie: «Wo stehe *ich* in dieser

Geschichte? Was ist *mein* Blickwinkel? Bin ich Teil der Menschenmenge? Gehöre ich zu den Jüngern? Stehe ich auf der Seite der Pharisäer? Oder bin ich vielleicht die Person, die geheilt wird?»

Jetzt versuche mal, die Geschichte aus einer anderen Perspektive zu lesen und dich mit einer anderen Person zu identifizieren.

Wenn du dich der Geschichte auf diese Weise annäherst und sie lebendig werden lässt, indem du sie von verschiedenen Seiten betrachtest und zwischen den Zeilen liest, wirst du neue Möglichkeiten entdecken und in dir selbst Raum für Gott schaffen, wo er auf neue Weisen zu dir sprechen kann, die du dir davor nicht hättest vorstellen können.

3. In Gruppen lesen

Eine der einfachsten und effektivsten Möglichkeiten, die *Lectio divina* in Gruppen zu praktizieren, besteht darin, reihum einen kurzen Bibelabschnitt vorzulesen, jeweils ein oder zwei Verse pro Person. Nachdem ihr den Text auf diese Weise gelesen habt, ist der Reihe nach jede Person eingeladen, ein Wort oder einen Satz zu nennen, der für sie besonders heraussticht – ohne zu erklären, warum. (Es ist unvermeidbar, dass mehreren Leuten der gleiche Satz auffällt. Das ist völlig in Ordnung.) Wiederholt nun den Vorgang und lest dieselbe Passage noch einmal, und benennt dann noch einmal eure persönlichen Highlights. Aus dieser Zeit der Bibelmeditation könnt ihr leicht zu einer gehaltvollen offenen Gebetsrunde übergehen.

4. Ikonen lesen

Die Prinzipien der *Lectio divina* können auf das «heilige Lesen» jedes geeigneten Textes angewendet werden – nicht nur auf die Bibel. Sogar auf Ikonen, die ein ganz wichtiger Aspekt des Gebets in den Ostkirchen sind. Diese stark stilisierten Darstellungen, meist von biblischen Figuren und Szenen, bedienen sich einer bestimmten Auswahl von Zeichen und Symbolen. Zwei meiner Lieblingsikonen, durch die Gott definitiv im Gebet zu mir gesprochen hat, sind *Die Gastfreundschaft Abrahams* (15. Jahrhundert, Russland) und das wunderschöne *Jesus und sein Freund* (bzw. *Christus und Abba Menas,* 8. Jahrhundert, Ägypten).

Ikonen sind visuelle Predigten, die einer eigenen Sprache folgen, weshalb man korrekterweise davon spricht, dass sie «geschrieben» (nicht gemalt) und «gelesen» (nicht angesehen) werden. Daher ist es sicherlich angebracht, die Prinzipien der *Lectio divina* – der göttlichen Lesung – auch auf unseren Umgang mit Ikonen anzuwenden. Der P.R.A.Y.-Prozess funktioniert auch hier gut: Betend nähern wir uns der Ikone, kommen zur Ruhe, um sie zu lesen und über ihre Bedeutung nachzudenken, hören dabei auf das Flüstern Gottes und lassen unsere Reflexionen in bittendes Gebet münden, bevor wir uns dem Herrn in Anbetung hingeben.

Um Ikonen richtig zu lesen, ist es notwendig, ihre Symbolik zu verstehen. Farben sind dabei immer von Bedeutung. Zum Beispiel steht Blau für den Himmel und Rot deutet auf Leben und Blut hin. Wenn Jesus also sowohl in Rot als auch in Blau gekleidet ist, werden wir daran erinnert, dass er sowohl menschlich als auch göttlich ist. In ähnlicher Weise wirst du viel Gold sehen, was für ungeschaffenes Licht steht, also für den ewigen Gott.

Ikonen sind zweidimensional, weil sie wie Wegweiser sein sollen, die über sich hinaus auf eine größere, reichere Realität hindeuten, und nicht an sich als Kunstwerke bewundert werden sollen. Ein Ikonograf erklärt es so: «Durch die Verwendung klassischer Konzepte von idealisierter Schönheit und Perspektivwechseln erzählen Ikonen uns von der veränderten und verklärten Wirklichkeit – sowohl in als auch durch Gottes Gegenwart. Sie erzählen von Transzendenz und Geheimnis.»[108]

Einige Menschen bleiben Ikonen gegenüber skeptisch. Sie sehen in ihnen eine Form des Götzendienstes und sind besorgt wegen der Distanz, die Ikonen zwischen uns und dem Herrn schaffen können, der doch keinen Vermittler braucht. Dies sind ernst zu nehmende Bedenken, die in der frühen Kirche intensiv diskutiert wurden. (Ikonen wurden erst auf dem Zweiten Konzil von Nicäa im Jahr 787 abschließend als legitime Mittel der Gottesverehrung akzeptiert.)

Niemand sollte sich unter Druck fühlen, Ikonen im Gebet zu verwenden. Aber für visuelle Menschen, denen es hilft, sich während einer Gebetszeit auf etwas Physisches zu konzentrieren, kann eine Ikone hilfreich sein. Und man könnte sagen, es ist immerhin bedeutungsvoller, als etwa eine Kerze oder einen Sonnenuntergang oder Liedtexte auf einer Leinwand anzustarren. Richard Foster schreibt:

> Indem wir die Ikone liebevoll betrachten, ist es unser Ziel, über das Bild in Holz oder Farbe hinaus zur Person Jesu selbst zu gelangen, und von der Person Jesu in die Gegenwart des dreieinigen Gottes. Es ist so ähnlich, wie wenn wir zärtlich das Foto eines geliebten Menschen berühren; wir versuchen, irgendwie über das Papier hinaus zu der Person selbst zu gelangen.[109]

Zur Vertiefung

Lectio 365 – eine App mit täglichen Andachten rund um die *Lectio divina,* die ich gemeinsam mit einem Team von 24-7 Prayer schreibe und einspreche. Bisher auf Englisch und Spanisch erhältlich.

Der *Lectio divina Kurs* von www.prayercourse.org

David G. Benner: *Opening to God. Lectio Divina and Life as Prayer,* InterVarsity Press: Westmont, Illinois 2010.

Michael Casey: *Lectio Divina. Die Kunst der geistlichen Lesung,* EOS Verlag: Sankt Ottilien 2020.

Das Neue Testament verwendet zwei verschiedene griechische Begriffe, um das Wort Gottes zu beschreiben: *logos* und *rhēma*. *Logos* bezieht sich auf die Ausdrücke, die wir bisher betrachtet haben: Gottes lebendiges Wort in Jesus (Kapitel 1) und Gottes geschriebenes Wort in der Bibel (Kapitel 2 und 3). Doch der andere Begriff, *rhēma*, beschreibt Gottes *gesprochenes*, lebendiges und aktives Wort durch prophetisches Reden im Hier und Jetzt.

Der Apostel Paulus schreibt: «Wer aber prophetisch redet, der redet zu Menschen zur Erbauung und zur Ermahnung und zur Tröstung» (1. Korinther 14,3; LUT). Im folgenden Kapitel nenne ich einige Hilfsmittel, die dir helfen sollen, in dieser wichtigen geistlichen Gabe zu wachsen; dazu liste ich einige einfache Grundsätze für den angemessenen Umgang mit prophetischem Reden auf.

4
Gottes Wort durch Prophetie hören

Brannte nicht unser Herz in uns,
da er mit uns redete auf dem Wege?
Lukas 24,32 (LUT)

Die Liebe soll also euer höchstes Ziel sein. Strebt aber auch nach den Gaben, die der Geist Gottes gibt; vor allem danach, in Gottes Auftrag prophetisch zu reden.
1. Korinther 14,1

Ich begegne so vielen – vor allem jungen Menschen –, die es leid sind, wie das Thema Prophetie in den letzten Jahren missbraucht wurde. Zweifellos haben Leute immer wieder fälschlicherweise behauptet, Gottes Stimme gehört zu haben – zum Teil auf skandalöse Weise. Ich kann verstehen, wenn du sogenannten Propheten und ihren «Prophezeiungen» zutiefst misstrauisch gegenüberstehst. Aber mein leidenschaftliches Anliegen beim Schreiben dieses Buches ist es, diese wichtige und wunderbare Gabe des Heiligen Geistes, die wir heute vielleicht mehr denn je benötigen, nicht aufzugeben. Kehren wir beim Thema Prophetie doch stattdessen zurück zu den biblischen Richtlinien und den Regeln des gesunden Menschenverstands, die auch heute noch für den angemessenen Gebrauch der Gabe der Prophetie in der christlichen Kirche gelten.

Ich bin mir dessen auch bewusst, dass einige Leser Prophetie mit Argwohn betrachten, einfach weil sie mit dem Thema nicht vertraut sind, oder weil es in ihrer christlichen Tradition als riskant gilt. In diesem Kapitel wollen wir deshalb herausfinden, was Prophetie ist und wie sie funktioniert, sowie einige einfache Grundsätze dafür kennenlernen, wie man sie anwendet.

✦ ✦ ✦

Es fällt mir gar nicht so leicht, in Worte zu fassen, wie intensiv mein Leben durch die wunderbare übernatürliche Gabe der Prophetie geprägt und gelenkt wurde:

Ich bin sechzehn, vielleicht siebzehn Jahre alt, und ein Mann mit einem ansteckenden Lächeln steht in einer Gebetsversammlung auf und beschreibt einen inneren Eindruck, von dem er sagt, dass er ihn von Gott bekommen habe. Es ist ein Schwert, auf dem das Wort «Neid» steht. Eigentlich ganz simpel. Außer, dass ich komplett baff bin. Völlig von den Socken. Aus zweierlei Gründen: Erstens habe ich so etwas noch nie erlebt; und zweitens weiß ich, dass es peinlicherweise ganz genau auf mich zutrifft. Plötzlich werde ich ergriffen von dem Bewusstsein, dass der lebendige Gott im Raum ist, dass er mich direkt ansieht, und dass ich meine Einstellung überdenken muss.

Nun bin ich an der Uni und ein paar von uns Studierenden sind in einen Kleinbus gesprungen und von London aus zwei Stunden in Richtung Süden gefahren, um an der Küste eine Gemeinde zu besuchen. Der Prediger zeigt auf mich, bittet mich aufzustehen und breitet mein Leben vor allen Leuten aus: Er beschreibt Details, die er auf natürliche Weise unmöglich wissen kann.[110] Mein Herz schlägt schneller. Mir schlottern die Knie. Tatsächlich hinterlässt diese Erfahrung einen so tiefen Eindruck, dass ich aus der Hauptstadt hierher in die Provinz ziehe, sobald ich meinen Abschluss gemacht habe. Und hier in dieser Gemeinde werde ich meiner zukünftigen Frau begegnen, den ersten 24-Stunden-Gebetsraum initiieren und mich genau den Dingen zuwenden, die mir an diesem Abend prophezeit werden.

Inzwischen sind Sammy und ich verheiratet. 24-7 Prayer läuft auf Hochtouren. Wir haben mit zwei anderen Paaren ein großes Anwesen besichtigt und fragen uns, ob wir es zusammen als Zentrum für unsere Familien, Gäste und die Mission kaufen sollen. Da vibriert mein Telefon. Eine Nachricht von jemandem in Südafrika, der nichts von unseren Plänen weiß: «Ich habe den Eindruck, dass ihr über ein neues Projekt nachdenkt – irgendeine Art von Partnerschaft einzugehen. Der Herr sagt: ‹Seid vorsichtig.› Ich glaube nicht, dass es das Richtige ist.» Während Sammy und ich noch versuchen, diesen Blitzschlag aus heiterem Himmel zu verarbeiten, ruft eines der anderen Paare an. «Und, was hältst du von dem Haus, Pete? Sollen wir ihnen ein Kaufangebot machen?»

Ruhig, aber bestimmt sage ich: «Nein, ich glaube nicht, dass es das Richtige ist. Ich denke nicht, dass es Gottes Weg ist.» Wie sich später herausstellte, sind wir alle knapp einer Katastrophe entgangen.

Ich sitze mit David im Pub. Er ist ein brillanter junger Leiter und ich bin sein Mentor. Ich versuche einen Weg zu finden, ihn auf seinen ungesunden Übereifer anzusprechen – ohne dabei selbst zu übereifrig zu wirken. Mir gehen die Worte durch den Kopf, dass die Frucht des Heiligen Geistes Freude ist und nicht übermäßiger Eifer.

Aber David unterbricht meine Gedanken und sagt, er müsse mir etwas mitteilen.

«Ich dir auch», sage ich.

«Du zuerst», erwidert er.

Also atme ich tief durch und entscheide mich, direkt auf den Punkt zu kommen: *«I think you need* ***joy*** *in your life.»*

(«David, du brauchst **Freude** in deinem Leben.»)

Er schnappt nach Luft und starrt mich an. «Sag das noch mal.»

«I think you need joy in your life.»

«Ich brauche ‹Joy› in meinem Leben?»

«Ja.»

Er starrt mich noch immer an. Sein Mund steht offen, aber es kommen keine Worte heraus.

«Pete, worüber ich mit dir sprechen wollte», sagt er schließlich, «ist ein Mädchen, das ich online kennengelernt habe. Ich frage mich die ganze Zeit, ob ich mich mit ihr treffen soll. Und jetzt flippe ich gerade aus, weil, nun ja ... *ihr Name ist Joy!*»

Und so kommt «Freude» in Davids Leben. Sie heiraten sogar. Zusammen haben sie zwei wunderbare Kinder und dienen heute Gott an vorderster Front in der interkulturellen städtischen Missionsarbeit. – Offensichtlich spricht Gott manchmal ohne unser Zutun prophetisch durch uns. Und das ist eine ziemliche Erleichterung.

Ein paar Jahre später. Mein Freund Bill hat mir geschrieben: «Gott sagt, wenn ihr weiterhin die Armen priorisiert, wird er euch Paläste geben.» Da ich niemanden kenne, der ein Schloss übrig hat, nehme ich es als Metapher; ein nettes Wortspiel als Ermutigung, weiterhin das zu tun, was wir unter den Armen tun: auf Ibiza Betrunkene von der Straße kratzen, Gangstern in den Cape Flats von Kapstadt Liebe erweisen, Roma-Kinder in Mazedonien mit Schuhen versorgen, Rassismus in Amerika bekämpfen und so weiter. Beten und Bedürftige: Dafür stehen wir. Aber für Paläste? Eher nicht. Ich bedanke mich bei Bill und vergesse das Ganze. Bis ich wenige Tage später einen Anruf aus dem Büro von Kardinal Schönborn bekomme, dem Erzbischof von Wien.

«Der Kardinal möchte die 24-7-Prayer-Bewegung herzlich einladen, sich im Stephansdom zu versammeln.»

«Wow!», sage ich. Es passiert nicht jeden Tag, dass einer der ranghöchsten Katholiken der Welt bei einer eigenwilligen Gebetsbewegung anruft, um ihr die Schlüssel zu seiner Kathedrale anzubieten. «Das ist unglaublich großzügig. Bitte bestellen Sie dem Kardinal meinen aufrichtigen Dank. Das ist sehr nett, aber ich glaube nicht, dass es funktionieren würde. Unsere Leute sind eher in Nachtclubs mit klebrigen Böden zu Hause als in Weltkulturerbestätten. Wir würden bestimmt etwas kaputt machen.»

Ich bemerke ein leichtes Lachen am anderen Ende der Leitung. «Das ist wirklich schade, denn der Kardinal hat mir gesagt, ich solle Ihnen auch die Nutzung des Erzbischöflichen Palais anbieten.»

Das Wort *Palais* trifft mich wie ein Schwall eiskaltes Wasser. Niemals zuvor oder später wurde mir irgendein Palast angeboten. Niemals zuvor oder später habe ich ein prophetisches Wort über Paläste erhalten.

Und so kommt es, dass wir das fünfzehnjährige Jubiläum von 24-7 Prayer in Wien feiern, in einem Bischofspalast und in einer Kathedrale aus dem 15. Jahrhundert, wo Mozart einst im Chor sang. Und das, wohlgemerkt, ohne auch nur ein einziges Ding kaputtzumachen.[111]

Man kann so etwas abtun als glücklichen Zufall, wenn man wirklich so viel Vertrauen in den Zufall hat. Aber mir fällt es ehrlich gesagt leichter, einfach an einen lebendigen, liebenden Gott zu glauben, der auch heute noch spricht und handelt, manchmal auf ganz außergewöhnliche Weise durch ganz gewöhnliche Menschen wie dich und mich.

Glaube, Liebe, Prophetie

Das Neue Testament verwendet zwei verschiedene griechische Begriffe, um das Wort Gottes zu beschreiben: *logos* und *rhēma. Logos* bezieht sich auf das *geschriebene* Wort Gottes in der Bibel (Hebräer 4,12). Und es wird auch gebraucht, um das lebendige Wort Gottes in Jesus zu beschreiben (Johannes 1,1). Dies sind die Ausdrücke von Gottes Wort, die wir bisher in diesem Buch betrachtet haben: Jesus (Kapitel 1) und die Bibel (Kapitel 2 und 3).

Aber das andere Wort, *rhēma,* beschreibt das *gesprochene* Wort Gottes, das durch Prophetie zum Ausdruck kommt (1. Korinther 2,13). Darauf wollen wir jetzt unsere Aufmerksamkeit richten, um dieses Geschenk Gottes in unserem Leben heute zu verstehen, zu empfangen und gut damit umzugehen. Viele Texte, die wir traditionell auf die Bibel anwenden, beziehen sich eigentlich auf prophetisches Reden. Zum Beispiel sagt Jesus in der Wüste zum Satan: «Der Mensch lebt nicht vom Brot allein, sondern von einem jeden Wort [*rhēma],* das aus dem Mund Gottes geht» (Matthäus 4,4; LUT). Darüber hinaus ist das ursprüngliche griechische Wort, das bei Luther mit «geht» übersetzt wird, *ekporeuomenō* – was wörtlich ein anhaltendes Reden beschreibt, das aus dem Mund des Herrn «kontinuierlich hervorgeht». Jesus sagt also, dass wir nicht nur dadurch am Leben erhalten werden, dass wir die Dinge studieren, die Gott in der Vergangenheit gesagt hat, wie sie in der Bibel offenbart sind (*logos*), sondern auch dadurch, dass wir uns an den Dingen nähren, die Gott im Hier und Jetzt beständig zu uns spricht (*rhēma*).[112]

Bisher waren wir darauf fokussiert, durch die Heilige Schrift zu lernen, Gott für uns selbst zu hören. Aber wenn es um Prophetie geht, verlagert sich der Fokus darauf, seine Stimme für andere Menschen zu hören. Der Apostel Paulus beschreibt es so: «Wer aber eine prophetische Botschaft von Gott empfängt, kann sie an andere Menschen weitergeben. Er hilft ihnen, er tröstet und ermutigt sie. Wer ... in Gottes Auftrag prophetisch spricht, stärkt die ganze Gemeinde» (1. Korinther 14,3–4).

Ganz klar: In der Prophetie spricht Gott durch uns in das Leben anderer hinein. Das war es, was der Typ mit dem ansteckenden Lächeln tat, als er sein Bild von dem Schwert mit dem Wort «Neid» teilte; ebenso war es das, was der Prediger tat, als er mich aus der Menge zog und über mein Innenleben sprach; es war das, was mein südafrikanischer Freund tat, als er mich vor dem Kauf des Hauses warnte; und es war das, was Bill tat, als er mir die Nachricht über die Armen und die Paläste schickte. Sogar das, was ich (völlig unbeabsichtigt) mit David im Pub fertigbrachte, war Gottes Reden durch Person A ins Leben von einer anderen Person B hinein.

Der *Hauptfokus* der Prophetie liegt also auf anderen, und der *Hauptzweck* von Prophetie ist Stärkung, Ermutigung, Trost und

Erbauung. Anders gesagt, es handelt sich nicht, wie oft angenommen, um einen Weg, Menschen zu kritisieren oder abzukanzeln, und es ist nur selten ein Instrument, Urteile über andere zu sprechen. Genauso wenig geht es bei Prophetie in erster Linie darum, die Zukunft vorherzusagen. Sowohl im Alten als auch im Neuen Testament ist Prophetie vor allem ein Mittel, um Gottes Willen zu verkünden und wirksam sein Herz mit den Menschen zu teilen.[113]

Diese zutiefst liebevollen Beweggründe werden vom Apostel Paulus in seinem ersten Brief an die Gemeinde in Korinth klar und deutlich dargelegt: In Kapitel 12 listet er die «Gaben des Geistes» auf (einschließlich mehrerer Arten von Prophetie). In Kapitel 13 schreibt er sein großes Hohelied der Liebe: «Die Liebe ist geduldig und freundlich» und so weiter. Und dann, in Kapitel 14, bündelt er die beiden vorherigen Kapitel und sagt: «Die Liebe soll euer höchstes Ziel sein (Kapitel 13). Strebt aber auch ... danach, in Gottes Auftrag prophetisch zu reden (Kapitel 12)» (1. Korinther 14,1). Dann fährt Paulus fort, detaillierte Anweisungen zu geben, wie man die Gabe der Prophetie ausüben soll. Mit anderen Worten: Kapitel 13 ist keine Anomalie. Das große Kapitel über die Liebe ist keine Abweichung vom prophetischen Thema der anderen beiden Kapitel.

Wenn Leute sagen, dass sie 1. Korinther 13 lieber mögen als die Texte über seltsame Geistesgaben, übersehen sie völlig das, worum es eigentlich geht! Das ist kein Entweder-oder. In Paulus' ursprünglichem Brief gab es keine Kapiteleinteilung. Er drängt uns: «Bemüht euch auch eifrig um die Geisteswirkungen; am meisten aber, dass ihr weissagt!» (1. Korinther 14,1; SLT) – und zwar gerade *weil* wir andere Menschen lieben und deshalb wollen, dass sie durch Gottes Reden gestärkt, ermutigt, getröstet und erbaut werden. Und er sagt uns auch, dass geistliche Gaben nutzlos sind – «wie ein dröhnender Gong oder ein lärmendes Becken» – wenn sie nicht mit Liebe gebraucht werden.

Das ursprüngliche griechische Wort, das in 1. Korinther 14,1 mit «eifrig bemühen» wiedergegeben wird, ist *zēloō*, von dem sich auch das Wort «Zelot» (Eiferer, Fanatiker) ableitet. Es bedeutet wörtlich «nacheifern, beneiden, eifersüchtig sein» oder eine Person bzw. eine Sache «mit Eifer begehren». Bei drei verschiedenen Gelegenheiten beschließt Paulus, dieses starke Wort zu verwenden, um die Einstellung zu beschreiben, die wir gegenüber geistlichen Gaben haben sollten (1. Korinther 12,31; 14,1; 14,39). Menschen, die Prophetie ambivalent gegenüberstehen und sagen: «Na ja, Gott kann mir diese Gabe schenken, wenn er will, aber ich werde mich deswegen jetzt nicht verrückt machen», merken möglicherweise nicht, dass diese Haltung eigentlich lieblos und unbiblisch ist.

Innehalten & Beten

Ist Prophetie eine geistliche Gabe, um die ich mich «eifrig bemühe»? Ich nehme mir einen Moment Zeit, um den Heiligen Geist zu bitten, mir eine Leidenschaft dafür zu schenken, seine Worte zu hören und weiterzusagen.

So sprach der Prophet Kermit

Schon vor meiner Geburt hat der HERR mich in seinen Dienst gerufen. Als ich noch im Mutterleib war, hat er meinen Namen genannt.
Jesaja 49,1

Ich spreche mit einem Mann, der aussieht, als wäre er der schlankere jüngere Bruder des Weihnachtsmanns: schneeweißer Bart, funkelnde Augen, jederzeit bereit zum Lachen, voller Energie. Ken Helser erzählt mir die Geschichten über seine Hippie-Zeit in Amerika – wie er Plattenverträge unterschrieb, Drogen nahm und was man sonst noch so macht. Es war das Jahr 1970. Er saß in einer Yoga-Pose auf dem Boden, rauchte einen riesigen Joint und las in einer Bibel, als er plötzlich eine Stimme hörte: «Höre Gott», sagte die Stimme, «und du wirst leben.» Diese Erfahrung führte Ken zu einer spirituellen Suche. Er reiste in seiner Heimat North Carolina von Kirchengemeinde zu Kirchengemeinde und stellte überall die gleichen Fragen: «Spricht Gott heute wirklich noch? Wenn ja, wie? Und woher weiß man, dass er es ist?» Drei Monate lang, so Ken, habe ihm nirgendwo jemand seine Fragen beantworten können.

Zu guter Letzt fand er einen Baptisten-Pastor, der verstand. Er schien unzählige aufregende Geschichten darüber auf Lager zu haben, wie er Gottes Stimme für sich selbst hörte. «Also, kannst du mir beibringen, Gott zu hören?», fragte Ken eifrig. Er spürte, dass endlich das Ende seiner zwölfwöchigen Pilgerreise nahte.

«Nein», entgegnete der Pastor schroff. «Du verneigst dich vor einem Götzen: Die Musik ist dein Gott. Wenn du Gott hören willst, musst du Jesus zu deinem Herrn machen.»

Und weil Ken Helser sich danach sehnte, «Gott zu hören und zu leben», machte er Jesus zu seinem Herrn. Er kehrte sich von seinen Sünden ab, hörte auf, Drogen zu nehmen, verließ die Band, die ihm Ruhm versprach, und verpflichtete sich aufs Neue feierlich, seiner Frau und seinen beiden Töchtern treu zu sein.

«Ich begann zu entdecken», sagt er mit funkelnden Augen, «dass Gott in *allem* eine Stimme hat. Den ganzen Tag über sprach ich mit ihm und fragte: ‹Was sagst du in dieser Situation? Wo bist du gerade am Werk? Worum ging es bei dieser Begegnung?›»

Ein paar Jahre später kam ein pensionierter Lehrer namens Kermit zu Ken. Sie waren sich davor erst ein Mal begegnet, aber Kermit verkündete, dass er für Ken eine Botschaft von Gott habe. Er beschrieb eine abendliche Begegnung mit Gott, als er auf einem Sportfeld betete. Der Herr war ihm erschienen und hatte gesagt: «Sag meinem Diener Ken Helser, dass ich seinen Samen geheilt habe. Er wird einen Sohn haben, der Jonathan David heißen soll. Er wird Harfe spielen und singen wie ein Engel. Er wird prophetische Lieder für seine Generation schreiben und seine Musik wird auf der ganzen Erde erklingen.»

Als er diese Nachricht überbrachte, wusste Kermit nicht, dass Kens Frau Linda Gebärmutterkrebs hatte. Sie hatte bereits in zwei Wochen einen Termin für eine Hysterektomie. Durch die Entfernung des Uterus würde es medizinisch unmöglich sein, ein weiteres Kind zu bekommen. Kermit wusste auch nicht, dass Ken insgeheim Angst hatte, dass sein jahrelanger schwerer Drogenmissbrauch «seinen Samen» geschädigt hatte. Dies war der wahre Grund dafür, warum er sich immer gegen die Idee gewehrt hatte, ein drittes Kind zu haben. Was er Lisa nie gesagt hatte.

Jedoch mit diesem Turbo-Boost für seinen Glauben eilte Ken nach Hause, um für Lindas Heilung zu beten. Sie riefen ihren Gynäkologen an und überredeten ihn, vor der Operation noch einen letzten Test durchzuführen. Sie erklärten ihm, sie hätten gebetet.

Als die Ergebnisse reinkamen, war der Pathologe sprachlos: Er prüfte mehrmals, ob es sich wirklich um dieselbe Frau handelte, denn er konnte keinerlei Anzeichen von Krebs mehr finden.

Der Gynäkologe, der Ken und Linda diese Nachricht überbrachte, pfiff auf dem Weg ins Behandlungszimmer heiter. «Das musste ein gutes Zeichen sein!», meinte Ken im Nachhinein lachend.

«Ich praktiziere seit dreißig Jahren», sagte der Arzt, «und ich glaube, ich habe gerade mein erstes Wunder erlebt.» Er machte eine Pause, damit die Worte ihre Wirkung entfalten konnten. «Ken, Ihre Frau ist 200-prozentig gesund!»

Im folgenden Jahr wurde Jonathan David Helser geboren. Er war das Resultat eines von Gott verheißenen, wissenschaftlich dokumentierten Wunders. Aber der Junge interessierte sich überhaupt nicht für Musik; seine einzige Leidenschaft war der Sport. Klugerweise übten Ken und Linda nie Druck auf ihn aus und teilten ihm nie die Details von Kermits Prophezeiung mit.

Und dann, im Alter von neunzehn Jahren, bat er schließlich seinen Vater, ihm ein paar Akkorde auf der Gitarre beizubringen. Dann ging er nach Großbritannien auf die Bibelschule von *Jugend mit einer Mission* in Nuneaton. Ken besuchte ihn dort und lauschte ehrfürchtig, als er zum ersten Mal hörte, wie sein Sohn eines seiner selbstgeschriebenen Lieder spielte – ein Aufruf an seine Generation, sich zu erheben und das Land zurückzuerobern.

Heute macht Jonathan David Helser mit seiner Frau Melissa tatsächlich Musik, die um die Welt geht – so wie es Kermit, der Prophet, vor all den Jahren vorausgesagt hatte. Ich war bei ihm an dem Tag, als er erfuhr, dass sein Song *Raise a Hallelujah* die Nummer 1 der Radio-Charts erreicht hatte.[114] Und seine preisgekrönte Lobpreis-Hymne *No Longer Slaves* (z. Dt.: Keine Sklaven mehr) enthält einige besonders eindrückliche Zeilen:

From my mother's womb
You have chosen me
Love has called my name
I've been born again
Into Your family
Your blood flows through my veins
I'm no longer a slave to fear
I am a child of God.

Vom Mutterleib an
Hast du mich erwählt
Die vollkommene Liebe hat mich
Beim Namen gerufen
Ich wurde neu geboren
In deine Familie hinein
Dein Blut fließt in meinen Adern
Nun bin ich frei von der Sklaverei der Angst
Ich bin ein Kind Gottes.[115]

Ein paar einfache Schlüssel, um in der Gabe der Prophetie zu wachsen

Geschichten wie diese sind natürlich begeisternd, und ich hoffe, sie lassen keinen Zweifel daran, dass Gott auch heute noch prophetisch redet. Aber sie können auch ein wenig entmutigend für diejenigen unter uns sein, die Schwierigkeiten haben, Gottes Stimme im Alltag überhaupt zu erkennen. Es ist offensichtlich, dass man eine Begegnung mit Jesus, wie sie Kermit an jenem Abend auf dem Baseballfeld hatte, nicht erzwingen kann. (Er selbst hatte so etwas noch nie zuvor erlebt. Es geschah einfach, während er wie immer treu betete.)

Wie können wir also tatsächlich praktisch die Geistesgabe der Prophetie entdecken und einsetzen?

Schauen wir uns dazu eine andere Geschichte über einen Jungen an, der auf wundersame Weise geboren und schon im Mutterleib von Gott berufen wurde:

> Der junge Samuel half Eli beim Priesterdienst. In jener Zeit kam es nur noch selten vor, dass der HERR zu einem Menschen sprach und ihm etwas offenbarte.
>
> Eli war fast erblindet. Eines Nachts schlief er an seinem gewohnten Platz und auch Samuel schlief im Heiligtum, ganz in der Nähe der Bundeslade. Die Lampe im Heiligtum brannte noch.
>
> Da rief der HERR: «Samuel!»
>
> «Ja», antwortete der Junge, lief schnell zu Eli und sagte: «Hier bin ich, du hast mich gerufen!»
>
> «Nein», sagte Eli, «ich habe nicht gerufen. Geh wieder schlafen!»
>
> Samuel ging und legte sich wieder hin.
>
> Noch einmal rief der HERR: «Samuel!», und wieder stand der Junge auf, ging zu Eli und sagte: «Hier bin ich, du hast mich gerufen!»
>
> Aber Eli wiederholte: «Ich habe dich nicht gerufen, mein Junge, geh nur wieder schlafen!»

Samuel wusste noch nicht, dass es der HERR war; denn er hatte seine Stimme noch nie gehört.

Der HERR rief ihn zum dritten Mal und wieder stand Samuel auf, ging zu Eli und sagte: «Hier bin ich, du hast mich gerufen!»

Da merkte Eli, dass es der HERR war, der den Jungen rief, und er sagte zu ihm: «Geh wieder schlafen, und wenn du noch einmal gerufen wirst, dann antworte: ‹Sprich, HERR, dein Diener hört!›» Samuel ging und legte sich wieder hin.

Da trat der HERR zu ihm und rief wie zuvor: «Samuel! Samuel!»

Der Junge antwortete: «Sprich, dein Diener hört!»

1. Samuel 3,1–10 (GNB)

Laut Josephus, dem jüdischen Historiker, der im ersten Jahrhundert nach Christus lebte, war Samuel zum Zeitpunkt dieser dramatischen, prägenden Begegnung gerade einmal elf Jahre alt. Wir wissen, dass sein Haar sehr lang gewesen sein muss, da es in Übereinstimmung mit dem Nasiräer-Gelübde, mit dem seine Mutter Hanna ihn als Baby Gott geweiht hatte, nie geschnitten worden war (siehe 4. Mose 6,1–21). Und interessanterweise erfahren wir, dass er zu einer Zeit lebte, als «das Wort des HERRN selten» war (1. Samuel 3,1; SLT).

Ein Wort zur rechten Zeit

Man könnte meinen, dass es den Menschen in der Bibel leichter fiel, an Gott zu glauben, und dass es für sie bestimmt einfacher war, Gottes Stimme zu hören, als für uns. Aber Samuel lebte in einer Zeit, in der Gottes Reden viel seltener stattfand als heute, und in der es nicht selbstverständlich war, ihn zu hören. Kein Wunder, dass Samuel ein paar Anläufe brauchte, bis er es verstand.

In Kapitel 2 dieses Buches habe ich beschrieben, wie Gott auf dramatische Weise unsere Gebete um Regen auf Ibiza erhörte. Und in meinem Buch *Dirty Glory* erzähle ich die nicht weniger bemerkenswerte Geschichte, wie Gott Brian und Tracey Heasley nach Ibiza berief, um die Arbeit von 24-7 Prayer dort zu leiten. Ehrlich gesagt ist das eines der außergewöhnlichsten mir bekannten Beispiele dafür, wie Gott heute spricht. Aber unsere Mission auf Ibiza besteht jetzt seit zwanzig Jahren, und so läuft es nicht die ganze Zeit! Es wäre auch ungesund und seltsam übertrieben, wenn hier am laufenden Band Zeichen und Wunder geschehen würden.

Am Anfang sprach Gott auf dramatische und richtungsweisende Art, um seinen Auftrag für die Arbeit, die wir anfingen, zu bestätigen. Wir erlebten die «mitfolgenden Zeichen», von denen in Markus 16,20 (LUT) die Rede ist, weil wir sie brauchten, um zu wissen, wohin es gehen sollte. Wie der Theologe Jack Deere sagt: «Je klarer die Offenbarung, desto schwieriger die Aufgabe ... Tatsächlich kann es sein, dass die Eindeutigkeit des Gehörten die eine Sache ist, welche uns die nötige Kraft gibt, um die nachfolgenden Prüfungen durchzuhalten.»[116] In diesen Tagen spricht Gott auf Ibiza im Allgemeinen leiser und weniger offensichtlich zu unserem Team und überlässt es den Mitarbeiterinnen und Mitarbeitern, ihren gesunden Menschenverstand einzusetzen und in all den Dingen treu zu sein, die er zu Beginn deutlich gemacht hat.

Gott spricht nicht wahllos und unablässig wie ein Radiosender. Die Atmosphäre um uns herum ist nicht erfüllt von seinem anhaltenden Gemurmel, das nur darauf wartet, dass irgendjemand zufällig einschaltet. Gottes konkretes Reden ist in der Regel zielgerichtet und für eine gewisse Zeit gültig. Natürlich bleibt sein *logos*-Wort in Christus und in der Bibel unverändert und jederzeit wunderbar verfügbar, aber es gibt Zeiten in unserem ganzen Leben, in denen – wie zur Zeit Samuels – Gottes *rhēma*-Wort «selten» ist. Vielleicht liegt das daran, dass er es schlichtweg nicht eilig hat. Aber auch daran, dass unser Schöpfer versteht, dass wir zeitliche Wesen sind, die in einer Welt der zeitlichen Kreisläufe leben und nicht dadurch gedeihen und reifen, dass wir uns ständig in einer Erntezeit befinden.[117] So wie ein Landwirt weiß, wann er säen, wann er warten und wann er ernten muss, so wartet Gott darauf, dass die Samen der prophetischen Offenbarung in unserem Leben Früchte tragen. Es kann auch sein, dass er sich für eine Weile zurückzieht, wenn besondere Sünde im Land herrscht oder wenn er darauf wartet, dass wir einem früheren Wort gehorchen. Reife Jünger lernen nicht nur, die Zeiten reichlicher Offenbarung zu feiern, sondern auch geduldig zu warten und in den Zwischenzeiten, in denen «das Wort des HERRN selten» ist, sorgfältig danach Ausschau zu halten.

Finde deinen Eli

Samuel lernte durch den Rat von Eli – seinem geistlichen Vater –, Gottes Stimme zu erkennen. Es war nicht genug, dass er die hörbare Stimme Gottes wahrnahm; er brauchte auch menschliche Weisheit und Rat. Wir alle benötigen jemanden wie Eli, der uns dabei helfen kann, Gottes Reden zu erkennen. Wer ist dein Eli? Kennst du jemanden, der Gottes Stimme besser hört als du? Ich möchte dir Mut machen, diese Person um Hilfe zu bitten.

Ich selbst stelle Menschen weiterhin einfache Fragen, zum Beispiel: «Woher weißt du, was Gott sagt?»

Und wenn sie so etwas antworten wie «Gott hat es mir gesagt», «Der Heilige Geist hat gesprochen» oder «Ich habe es einfach gespürt», dann hake ich nach und frage: «Und wie genau?»

Ich bin dabei nicht zynisch. Ich bin lernwillig – ich möchte dazulernen und wachsen. Der Prophet Elisa hatte den Propheten Elia zum Mentor. Am Ende erhielt er sogar den doppelten Anteil der Begabung und Vollmacht seines Mentors (2. Könige 2,9). Elisa unterhielt ein Netzwerk von Prophetenschulen in verschiedenen Städten wie Bethel, Jericho und Gilgal.[118] Und auch der Prophet Samuel, der als Junge von Eli begleitet wurde, etablierte ähnliche Formen prophetischer Ausbildung: Einmal, als die Soldaten des Königs Saul der «Schar der Propheten» unter der Führung Samuels begegneten, «kam der Geist Gottes über sie, so dass auch [Sauls Männer] prophetisch zu reden begannen» (1. Samuel 19,20).

Auch heute scheint es noch Menschen zu geben, deren Vertrautheit mit dem Heiligen Geist ähnlich ansteckend ist. Wenn ich Zeit mit ihnen verbringe, wächst mein Glaube und ich möchte enger mit Gott unterwegs sein und mit ihm sprechen. Es ist wichtig, solche Menschen zu würdigen (auch wenn sie garantiert nicht perfekt sein werden) und möglichst viel Zeit mit ihnen zu verbringen.

Mir ist bewusst, dass einigen Leuten, die das hier lesen, niemand einfallen wird, der für sie wie Eli sein könnte. Vielleicht müssen Sie, wie Ken Helser, monatelang suchen, bevor Sie jemanden finden, der wirklich helfen kann. Als ich anfing, meinen Glauben ernst zu nehmen, wendete ich mich an eine Reihe älterer Männer und hoffte, dass einer von ihnen sich bereiterklären würde, mein Eli zu sein. Jeder von ihnen wollte gerne helfen, aber keiner von ihnen wusste, wie man Jüngerschaft mit einem jungen Christen lebt – vermutlich, weil nie jemand dasselbe für sie getan hatte. Ich habe zwei Jahre gebraucht, um «meinen Eli» zu finden. Ich hoffe, es geht bei dir einfacher und schneller!

In der Zwischenzeit kannst du Coaching von den großen Helden des Glaubens bekommen, indem du über ihr Leben liest. Ich habe es immer als das außergewöhnlichste Privileg empfunden, zu Füßen so bemerkenswerter Männer und Frauen wie Frank Laubach, Teresa von Ávila, Georg Müller und Billy Graham zu sitzen, indem ich ihre Biografien las.

Happy Eater

Es erleichtert mich, dass Gott in der Geschichte von Samuel nicht gleich aufgibt, als dieser seine Stimme nicht erkennt. Der Herr ruft weiter, bis Samuel schließlich begreift und antwortet. In ähnlicher Weise ist Jesus auf dem Weg nach Emmaus auch gnädig mit seinen Reisegefährten: Er bleibt genau so lange bei ihnen, bis sie erkennen, wer er ist. Wollen wir in der Fähigkeit wachsen, Gottes Stimme zu erkennen, hat er Verständnis für unsere Unbeholfenheit. Es scheint ihn nicht zu stören, dass wir oft falsch liegen. Wenn wir den Moment verpassen, sagt er nicht: «Pech gehabt, du hattest deine Chance. Ich rede jetzt mit jemandem, der ein bisschen gewiefter ist.» Er klopft immer wieder an die Tür und nennt uns beim Namen, bis wir endlich verstehen und antworten.

Als ich anfing, meinen Glauben ernst zu nehmen, erklärte mir ein befreundeter Christ, dass Gott manchmal durch mentale Eindrücke spreche, die er «Bilder» nannte. Für mich mit meiner ausgeprägten visuellen Vorstellungskraft klang das großartig, also beschloss ich, es auszuprobieren. Ich kniete an meinem Bett, betete, und alsbald kam mir das Logo von *Happy Eater* in den Sinn. Das war in den Neunzigerjahren eine britische Restaurantkette. Das Logo der Kette zeigte den Kopf und die Hand eines leuchtend roten Männchens, das mit dem Zeigerfinger in den eigenen weit geöffneten Mund zeigte. Es war kein besonders tolles Logo. Ich begann mich zu fragen, ob das wirklich die Art von himmlischer Vision war, die ich meinem Freund zufolge erwarten sollte?

Es gab offensichtlich nur einen Weg, es herauszufinden. Also fuhr ich fünf Meilen zum nächstgelegenen *Happy Eater.* Auf dem Weg wuchs meine Aufregung und ich fühlte mich wie ein Mann auf geheimer Mission. Vielleicht stand das Restaurant in Flammen und ich war gesandt, um es zu retten? Vielleicht weinte dort jemand in seinen Instantkaffee und flehte Gott um Hilfe an, und ich würde die Antwort auf seine Gebete sein. Womöglich sollte die nächste große Erweckung in einem Diner am Straßenrand in der Nähe von Dorking beginnen ...

Und so betrat ich das Restaurant wie ein internationaler Reiseprediger im Auftrag Gottes. «Gott sei Dank sind Sie gekommen!», schrie die Kellnerin. Ich dachte schon fast, dass sie mich als Nächstes fragen würde: «Was muss ich tun, um gerettet zu werden?» Aber stattdessen sagte sie: «Ein Tisch für eine Person?»

Unbeirrt nahm ich Platz und begann, das Restaurant nach Anzeichen für eine brandheiße spirituelle Gelegenheit zu durchsuchen. Ich war etwas enttäuscht, als ich feststellte, dass keine Flammen aus der Küche schlugen und niemand besonders selbstmordgefährdet zu sein schien. Tatsächlich gab es nirgendwo Anzeichen für irgendetwas Ungewöhnliches.

Aber dann erinnerte ich mich daran, wie der Apostel Philippus vom Heiligen Geist auf übernatürliche Weise angewiesen worden war, einem äthiopischen Eunuchen in der Wüste das Evangelium zu bezeugen, und mir fiel ein, dass ich vielleicht hierhergeschickt worden war, um meinen Glauben mit jemandem zu teilen. Genau in diesem Moment erschien eine andere Kellnerin, um meine Bestellung aufzunehmen. Ich holte tief Luft, schaute ihr tief in die Augen und fragte, ob sie die Liebe Gottes kennenlernen wollte.

«Nein, kein Bedarf. Aber vielen Dank», sagte sie etwas vorschnell.

Ernüchtert bestellte ich stattdessen einen Tee.

Im Laufe der nächsten Stunde kühlte sich meine Begeisterung ähnlich schnell ab wie mein Getränk. Allmählich begann ich mich zu fragen, ob ich mich einfach geirrt hatte. Schließlich bezahlte ich niedergeschlagen den Tee, hinterließ ein Trinkgeld und fuhr nach Hause. Ich fühlte mich dumm und beschloss, niemandem auch nur ein Sterbenswörtchen von diesem peinlichen Nicht-Ereignis zu erzählen. Kein flammendes Inferno; kein depressiver Fernfahrer; keine hungrige Seele, die ewige Erlösung suchte. Unglücklich fragte ich mich, warum mein Leben so anders war als das der geistlichen Riesen, von denen ich in meinen Büchern las. Warum war ich so schlecht darin, Gottes Stimme zu hören? Und warum um alles in der Welt fantasierte ich während meiner Gebetszeit über das Logo von *Happy Eater?*

Aber nun, ein paar Jahre später, habe ich eine Theorie zu diesem Tag: Ich stelle mir vor, wie sich irgendwo im Thronsaal des Himmels der Vater an den Sohn wendet und fragt, was ich da eigentlich tue, und wie der Sohn sich an den Heiligen Geist wendet und die gleiche Frage stellt. Und vielleicht sagt der Heilige Geist, ich versuche gerade zu lernen, wie man seine Stimme hört, aber ich sei eben noch nicht besonders gut darin, weshalb ich gerade auf einer Irrfahrt zu einem der schlechtesten Restaurants in England sei, in der fälschlichen Annahme, dass der Vater dort eine Mission für mich hätte. Und vielleicht kichert der Vater, als er das hört, lehnt sich auf seinem Thron zurück und sagt: «Okay, ich mag diesen Kerl. Seien wir nachsichtig mit ihm.»

Wir alle müssen irgendwo anfangen, wenn wir lernen wollen, die Stimme Gottes zu hören. Und wahrscheinlich ist es okay, auf dem Weg ein paar gut gemeinte Fehler zu machen. Wahrscheinlich ist das sogar unerlässlich. Zu Beginn einer Beziehung dauert es eine Weile, bis man die Stimme der anderen Person erkennt, aber schon bald erscheint ihr Name auf dem Display deines Telefons und du sagst einfach: «Hallo, ich bin's!»

Prophetischer Muskelaufbau

In den Jahren nach seiner ersten Berufung durch Gott reifte Samuel nicht nur körperlich, sondern auch geistlich, sodass schließlich «ganz Israel, von Dan im Norden bis Beerscheba im Süden, erkannte, dass der Herr ihn zum Propheten erwählt hatte» (1. Samuel 3,20). Was als einmalige prophetische Begegnung im Alter von elf Jahren begann, wurde zu einem Lebensstil des Hörens auf Gottes Wort und des Weitergebens von Gottes Wort an andere Menschen.

Wie ein Muskel wächst auch die Gabe der Prophetie durch regelmäßigen Einsatz. Und in der Tat sagt uns der Apostel Paulus: «Da ihr euch bemüht um die Gaben des Geistes, so trachtet danach, dass ihr sie im Überfluss habt und so die Gemeinde erbaut» (1. Korinther 14,12; LUT). Das ist eine ungewohnte Ausdrucksweise. Wir reden nicht oft darüber, uns zu «bemühen», um etwas Geistliches «im Überfluss» zu haben, weil wir uns Sorgen machen, dass es sonst gesetzlich wird. Aber Paulus glaubt offensichtlich nicht, dass die Geistesgaben wahllos auf uns heruntergebeamt werden. Diejenigen, die hart daran arbeiten, ihre prophetischen Muskeln zu kräftigen – vergleichbar mit Sportlern im Fitnessstudio –, werden unweigerlich wie Samuel in ihrer geistlichen Statur wachsen und stärker werden.

Wir tun dies, indem wir Tag für Tag eng mit Jesus unterwegs sind. Wir tun dies, indem wir uns durch die stille Disziplin der betenden Achtsamkeit für seine Gegenwart mit dem Klang seiner Stimme vertraut machen. Wir tun dies, indem wir einen Eli finden, der uns darin ermutigt und coacht, Gottes Stimme zu hören. Wir tun dies auch, indem wir offen für Feedback sind und aus unseren Fehlern lernen. Wir wachsen auch in prophetischen Dingen, indem wir das weitergeben, was Gott uns zu sagen gibt – in aller Sorgfalt, mit zunehmender Sicherheit, Sachlichkeit und Verlässlichkeit.

Eine prophetische Gabe einüben und ausüben

Weil alle Gläubigen mit dem Heiligen Geist erfüllt werden können[119], können (und sollten) auch alle Gläubigen die Gaben empfangen und ausüben, die er schenkt – einschließlich der Prophetie. Aber unsere ersten prophetischen Gehversuche können beängstigend sein. Daher ist es hilfreich, sich zu fragen: «Wird das, was ich von Gott zu sehen, hören oder spüren glaube, Ermutigung bringen, wenn ich es mit anderen teile? Ist es erbaulich?» Und vor allem: «Klingt es nach Jesus?» Eine einfache, einprägsame Faustregel, die wir daher anwenden können, ist der ABC-Filter:

- **A**ufbauend: Erfüllt dieses Wort die Kriterien von 1. Korinther 14, indem es *stärkt, ermutigt, tröstet, erbaut* beziehungsweise *liebevoll ermahnt?*
- **B**iblisch: Stimmt dieses Wort mit dem Zeugnis und der Lehre der Heiligen Schrift überein (und nicht nur mit einem bestimmten Vers, der aus dem Zusammenhang gerissen wurde – siehe Kapitel 2)?
- **C**hristusgemäß: Steht dieses Wort im Einklang mit dem Charakter, der Mission und der Botschaft Jesu?

Der ABC-Filter ist nicht perfekt. Es gibt Zeiten, in denen ein Wort von Gott zutiefst unangenehm und überhaupt nicht tröstlich sein kann (ich bin sicher, dir fallen dazu einige Beispiele aus der Bibel ein). Aber für diejenigen, die ihre ersten wackeligen Schritte in diesem Bereich unternehmen, ist es deutlich weniger beängstigend, mit ermutigenden und bestätigenden Worten zu beginnen, bevor sie sich an die unbequemeren heranwagen.

Es ist auch eine gute Idee zu fragen: «Was ist das Schlimmste, was passieren könnte, wenn ich mich irre?» Wenn du zum Beispiel ein inneres Bild von einem Wasserfall bekommst und das Gefühl hast, dass es eine Botschaft über geistliche Erfrischung für jemanden sein könnte, ist es eindeutig aufbauend. Es passt auch zu einem wichtigen biblischen Themenkomplex rund um Reinigung und Erfrischung. Und es spiegelt sicherlich den Charakter Christi wider, der sagt: «Wer Durst hat, der soll zu mir kommen und trinken!» (Johannes 7,37). Das Schlimmste, was passieren könnte, wenn du falschliegst, ist ein milder Moment der nicht ganz so gesalbten Ermutigung! Es gibt wirklich nichts zu verlieren, wenn man es weitergibt.

Aber wenn du hingegen einen beunruhigenden Traum hast, in dem eine bestimmte Person Ehebruch begeht, müsstest du in der Tat sorgfältig überlegen, bevor du den Traum öffentlich mitteilst, um jemanden nicht fälschlichicherweise zu beschuldigen oder das betroffene Ehepaar zutiefst zu verletzen. Stattdessen könntest du deine Bedenken in dein privates Gebet für die Beteiligten einfließen lassen und wenn die Sorge weiterbesteht, kannst du sie «zur Sicherheit» ruhig und demütig mit jemandem aus der Gemeindeleitung besprechen. Ich sage «demütig», denn, wie der Apostel Paulus an anderer Stelle sagt, «unser Wissen ist Stückwerk und unser prophetisches Reden ist Stückwerk» (1 Korinther 13,9; LUT). Jeder kann sich mal irren. Niemand hört Gott perfekt – egal, wie übernatürlich der Moment der Offenbarung sein mag.

Im Laufe meiner Jahre als Pastor und Seelsorger habe ich erlebt, wie mehrere außereheliche Affären durch prophetische

Träume aufgedeckt wurden. Aber noch öfter musste ich unschuldige Menschen vor dem Trauma falscher Anschuldigungen schützen, von denen sie sonst womöglich «im Namen Gottes» getroffen worden wären.

Prophetisch der Gemeinde dienen

Unsere Begabung, unsere Kompetenz und unser Charakter können in unserer Gemeinde Anerkennung finden, wenn wir besser darin werden, Gottes Stimme zu hören, und erfahrener sind, seine Worte mit anderen zu teilen. Dies passiert aber nicht zwangsläufig. Obwohl jeder die Gabe der Prophetie empfangen und darin wachsen kann, entwickeln relativ wenige einen zuverlässigen Dienst in diesem Bereich.

Sowohl in unseren Gottesdiensten als auch bei 24-7-Prayer-Veranstaltungen geben wir Menschen die Möglichkeit, ihre Eindrücke davon zu teilen, was Gott zu sagen hat. Manchmal kommen die beeindruckendsten Beiträge von Kindern, Jugendlichen oder Menschen, die ganz neu im Glauben sind. Aber es gibt bestimmte Leute, die immer mein besonderes Vertrauen genießen. Wenn sie nach vorne kommen, lasse ich sie mit hoher Wahrscheinlichkeit ans Mikrofon. Dies sind Menschen, an die ich mich selbst oft wende, wenn ich Weisheit vom Herrn suche. Ich bitte sie, auf das Reden Gottes zu achten, weil ich weiß, dass sie eine Berufung in diesem Bereich haben.

Ein prophetisches Amt bekleiden

In Epheser 4 sowie 1. Korinther 12 listet der Apostel Paulus verschiedene Aufgabenfelder auf, die für den Kern des Führungsteams einer Gemeinde nötig sind, um «die Christen für ihren Dienst aus[zu]rüsten, damit die Gemeinde, der Leib von Christus, aufgebaut und vollendet wird» (Epheser 4,12). Er nennt «Apostel, Propheten, Evangelisten, Hirten und Lehrer» (4,11). Wenn Menschen mit einem zuverlässigen Dienst in einem dieser fünf Bereiche eine anerkannte Führungsposition innerhalb der

Kirche einnehmen und alle notwendigen Aufgaben und Rechenschaftspflichten übernehmen, die mit einer solchen Position verbunden sind – ob auf lokaler oder (über)regionaler Ebene – kann davon ausgegangen werden, dass sie das «Amt» eines Propheten, Evangelisten, Lehrers usw. innehaben.

Eine weitere Anforderung an eine Person, die ein solches Amt bekleidet, ist, dass sie ihre Position nutzt, «damit die Heiligen zugerüstet» und dadurch «der Leib Christi erbaut» wird (Epheser 4,12; LUT). Mit anderen Worten: Sie prophezeien nicht nur *für* die Menschen, sondern auch *mit* den Menschen. Sie fördern eine prophetische Kultur und multiplizieren ihre Gabe, indem sie andere darin schulen, Gottes Reden zu hören und es angemessen weiterzugeben.

Das Natürliche am Übernatürlichen wiederentdecken

Ist es nicht interessant, dass Samuel Gottes hörbare Stimme einfach mit der des alten Mannes nebenan verwechselte? Wir rechnen nicht damit, dass Gott so redet, wie er es oft tut. Ihn sprechen zu hören müsste doch sicher unverkennbar und unüberhörbar sein: eine dröhnende Stimme vom Himmel, eine Engelserscheinung in der Nacht, so etwas eben.

Aber manchmal (meiner Erfahrung nach eigentlich fast immer) lässt sich seine Stimme ganz leicht mit etwas oder jemand anderem verwechseln. Meistens überhören wir die Stimme Gottes nicht deshalb, weil sie zu fremdartig wäre, sondern weil sie zu *vertraut* ist. Er klingt wie ein Lied im Radio, wie ein flüchtiger Gedanke, wie der alte Mann von nebenan. Der Gott des Universums ist selten seltsam. Er ist derjenige, der das, was wir als «normal» betrachten, vorherbestimmt und festgelegt hat, also wäre es absurd, wenn er jedes Mal seine eigenen Normen umstoßen müsste, um mit seinem Geschöpf kommunizieren zu können. Er spricht mit einem vertrauten Akzent. Er durchdringt das Natürliche mit dem Übernatürlichen und heiligt das Alltägliche. Wie es einmal jemand ausgedrückt hat: Gott kommt zu dir, getarnt als dein eigenes Leben.[120]

Das war gewiss die Erfahrung, die das Paar auf dem Weg nach Emmaus machte. Ohne zu merken, dass er es war, gingen sie über eine Stunde mit dem auferstandenen Jesus und hießen ihn sogar bei sich zu Hause willkommen! Vielleicht ist dies der Grund, warum Künstler verschiedener Traditionen und Zeiten das Bedürfnis verspürten, ihren Darstellungen des Herrn einen Heiligenschein hinzuzufügen – weil sie sich Sorgen machten, dass wir sonst das Göttliche nicht vom rein Menschlichen unterscheiden könnten.

✦ ✦ ✦

Es war ein kalter, nasser Sonntag in der Vorweihnachtszeit und ich predigte über Philipper 2: Ich forderte die Gemeinde auf, immer demütiger den Weg Jesu zu gehen. Am Ende meiner Botschaft lud ich die Leute ein, aufzustehen, wenn sie Gebet empfangen wollten. Einer von denen, die aufstanden, war Benjamin. Er war in Zivil gekleidet. Nichts deutete darauf hin, dass er Major in der britischen Armee war. Doch wenige Augenblicke später war ich überrascht, diesen durchtrainierten jungen Offizier, der normalerweise so positiv und beeindruckend war, vornübergebeugt und heftig weinend zu sehen. Am Ende des Gottesdienstes machte ich mich auf den Weg zu ihm und fragte, ob es ihm gut gehe.

«Mehr als gut!», sagte er strahlend, während er sich seine Augen trocknete. «Gott hat heute deutlicher zu mir gesprochen als je zuvor.» Er war aufgestanden, sagte er, weil er das Bedürfnis verspürte, sich zu demütigen. Er hatte erkannt, dass er zu hart arbeitete und Gefahr lief, seine Karriere zu vergöttern. Er war auch frustriert über seine Arbeit gewesen – er hatte das Gefühl, von seinen Vorgesetzten nicht gesehen zu werden. Nun war ihm klar, dass er Gott vertrauen sollte und nicht Menschen – auch was seine militärische Laufbahn anging. Und als er aufstand, kam ein Fremder zu ihm, der glaubte, ein Wort von Gott für ihn zu haben. Der Satz, den er im Kopf habe, sagte er entschuldigend, komme ihm sehr willkürlich vor, und er wisse ehrlich gesagt nicht, was um alles in der Welt er bedeuten sollte. Der Mann hielt inne, räusperte sich, und sagte drei Worte: «Glasgow ist irrelevant.»

Und das war der Moment, in dem Benjamin zusammenbrach und begann, hemmungslos zu heulen. Selbst als er es mir erzählte, füllten sich seine Augen wieder mit Tränen. Ich begann mich zu fragen, ob ihm in Schottlands bevölkerungsreichster Stadt etwas Schreckliches zugestoßen war. Vielleicht hatte er eine schwierige Beziehung mit jemandem da oben im Norden?

Als Benjamin meine Ratlosigkeit bemerkte, erklärte er es mir. «Glasgow ist eine Abkürzung», sagte er. «Das ist eine Umschreibung, die wir alle benutzen. Jeder Soldat in der britischen Armee weiß, was ‹Glasgow› bedeutet. Dort befindet sich das Personalzentrum des britischen Heeres. Aus Glasgow kommt unser Sold. Hier werden unsere Einsatzpläne festgelegt. Glasgow ist das Verwaltungszentrum für unsere gesamte Karriere.»

Ich nickte langsam.

«Wir sagen oft: ‹Glasgow hat mir Befehl erteilt›, oder: ‹Ich muss mit Glasgow sprechen.› Dieser Mann wusste anscheinend nicht, was es bedeutet, und ich weiß definitiv nicht, wer er ist, aber Gott hat gerade in Armeesprache mit mir gesprochen. Ich stand da, um mich zu demütigen, um die Kontrolle über meine militärische Karriere aufzugeben, um Gott zu sagen, dass ich ihm wegen einer Beförderung zur rechten Zeit vertrauen würde. Das war nicht einfach. Und ein völlig Fremder – jemand, den ich buchstäblich noch nie zuvor gesehen habe – sagte nur drei Wörter, die passender nicht hätten sein können: *Glasgow ist irrelevant.* Ich muss Gott mehr vertrauen als dem Heerespersonalzentrum!»

Wir schauten uns im Raum um, aber wir konnten den Inkognito-Propheten nirgendwo entdecken. Bis heute frage ich mich, ob er weiß, wie mächtig Gott ihn an diesem Tag benutzt hat.

Als ich merkte, dass Benjamin noch immer aufgewühlt war,

bot ich an, für ihn zu beten, und als ich dies tat, sah ich ein einfaches Bild vor meinem inneren Auge von einer Leiter, der eine Sprosse fehlte. Als ich mich daran erinnerte, dass er sich entschieden hatte, Gott seine Beförderung anzuvertrauen, sagte ich, dass er ja vielleicht «eine Sprosse auf der Karriereleiter überspringen» würde, und eine doppelte Beförderung bevorstand. Es war sehr einfach – nichts Dramatisches –, und ich konnte mir nicht sicher sein, dass ich das Bild nicht mit meiner eigenen Fantasie erschaffen hatte. Aber es ging durch den ABC-Filter: Es war *aufbauend, biblisch* (ausgehend von der Bibelstelle, die ich an diesem Tag ausgelegt hatte), und es schien definitiv wie etwas, das *Christus* gesagt oder getan hätte.

Ein paar Tage später begann Benjamin einen Einsatz auf einem amerikanischen Luftwaffenstützpunkt im Westen des Irak. In der Theorie war es eine einfache Mission – auf dieser Militärbasis war noch nie jemand durch einen feindlichen Angriff umgekommen –, aber es war schwer, so kurz vor Weihnachten im Ausland stationiert zu werden und seine Frau und kleinen Kinder zurückzulassen. Doch dadurch, wie Gott an diesem Sonntag gesprochen hatte, ging die Familie mit dem Gefühl von Gottes Gegenwart und seines Schutzes auseinander.

Nach ein paar Wochen im Irak zog Benjamin die Aufmerksamkeit seines befehlshabenden Offiziers auf sich und wurde von ihm prompt und unerwartet zum Stabschef des Gefechtsverbands befördert – quasi zum Zweiten nach seinem Vorgesetzten und damit ein paar Ränge über dem, was er normalerweise zu diesem Zeitpunkt seiner Karriere hätte erwarten können. Die Beförderung umging die Bürokratie in Glasgow, weil er im aktiven Einsatz war. Im Stillen erinnerte sich Benjamin an die Worte, dass Glasgow irrelevant sei, und an die fehlende Sprosse, und dankte Gott für diese unverhoffte Gunst.

Dann, am 3. Januar 2020, tötete ein US-Drohnenangriff General Qasem Soleimani, einen der ranghöchsten Kommandeure der Islamischen Revolutionsgarde, der als rechte Hand des

Obersten Führers des Irans, Ali Chamenei, galt. Eine Woche später rächte sich der Iran mit einem gezielten Raketenangriff auf den Luftwaffenstützpunkt Camp Taji nördlich von Bagdad, wo Benjamin nun Stabschef war. Es war furchterregend. Innerhalb von zwei Minuten schlugen 28 Geschütze ein. Es gab viel indirektes Feuer. Das Gelände wurde von mehreren Raketen getroffen. Ein Sanitäter wurde getötet. Hundertzehn Menschen wurden verletzt. Sie waren ausgeliefert. Alle saßen wie auf glühenden Kohlen. Niemand wusste, wo die nächste Rakete landen würde.

Und doch fühlte sich Benjamin völlig ruhig. Er merkte, dass er in der Lage war, Frieden und Klarheit in die Situation zu bringen, sogar eine Beerdigung zu organisieren und über seinen Glauben zu sprechen, weil er sicher war, dass er genau für diesen schweren Krisenmoment hier stationiert und in eine Führungsposition erhoben worden war – nicht von Glasgow, sondern von Gott selbst. Wer auch immer es war, der Benjamin diese drei Wörter weitergab, er wäre wohl ziemlich überrascht, wie mächtig Gott seinen einfachen Glaubensschritt an diesem Tag geehrt hat. Ihm muss ein Satz in den Sinn gekommen sein – bemerkenswert nur, weil er seltsam war – und es muss verlockend gewesen sein, ihn entweder zu ignorieren oder ihn etwas aufzuhübschen, sodass er besser geklungen hätte.

Aber indem er einfach, schnell und treu handelte, brachte er einem bescheidenen Soldaten, der sich darauf vorbereitete, seine Familie zu Weihnachten alleinzulassen und sich auf den Weg zu einem Militärstützpunkt in der westirakischen Wüste zu machen, unermesslich viel «Stärkung, Trost und Ermutigung».

Wenn uns ein Gedanke, ein Satz oder ein Bild in den Kopf kommt, fragen sich diejenigen, die im Prophetischen wachsen wollen, oft: «Bin das nur ich oder ist es Gott?» Ich wäre sehr überrascht, wenn der Mann, der Benjamin das prophetische Wort weitergab, sich diese Frage nicht gestellt hätte. Bei solchen Unsicherheiten hilft der ABC-Filter, Eindrücke auszusortieren, die wahrscheinlich nicht vom Herrn stammen. Nach dieser einfachen Prüfung sollte man sich die folgende Frage stellen: «Was ist das Schlimmste, das passieren könnte, wenn ich mich irre?» Sicher wirst du mir zustimmen, dass ein paar Fehler – ein gelegentlicher Moment leichter Verlegenheit wie der bei *Happy Eater* in Dorking – ein kleiner Preis für diejenigen ist, die «eifrig bemüht» sind, in diesem wunderbaren, lebensverändernden Geschenk Gottes zu wachsen.

Es ist durchaus möglich – ja, es ist sogar wahrscheinlich –, dass Gott bereits mehr zu dir spricht, als dir bewusst ist. Deshalb brauchst du Ohren, ihn zu hören, und die Hilfe des Heiligen Geistes, um seine Stimme inmitten des Alltagslärms zu erkennen. Wie Ken Helser sagte: «In *allem* hat Gott eine Stimme.» Unsere Aufgabe ist es, in jeder Situation immer wieder zu fragen: «Wo bist du gerade am Werk?» Und: «Was sagst du in dieser Situation?» Unsere Aufmerksamkeit für Gottes Stimme und unsere Bereitschaft zu gehorchen, können entscheidend sein – was Jonathan David Helser bezeugen kann, und was auch Benjamin an diesem nasskalten Adventssonntag herausfand.

Innehalten & Beten

Ist es möglich, dass Gott bereits durch eine vertraute Person oder einen Umstand in meinem Leben zu mir spricht?

Der richtige Umgang mit Prophetie

Ich habe in diesem Kapitel darüber gesprochen, wie wir Gottes *rhēma*-Wort liebevoll in das Leben anderer sprechen können, indem wir auf gewöhnliche Gedanken, Worte und Bilder achten und den ABC-Filter anwenden. Aber nachdem wir diese Grundlagen des *Weitergebens* prophetischer Worte betrachtet haben, müssen wir auch über die Kunst nachdenken, prophetische Worte von anderen zu *empfangen.* Der Apostel Paulus lehrt deutlich, dass wir Prophetien mit Sorgfalt und Urteilsvermögen filtern müssen, weil sie immer nur teilweise richtig oder zumindest begrenzt in ihrer Erkenntnis sind (1. Korinther 13,9). Es gibt drei Schlüssel, um mit einem Wort, das wir bekommen, gut umzugehen: *abwägen, abwarten* und *ausprobieren.*

Abwägen

Paulus sagt, dass prophetische Worte beurteilt werden müssen (1. Korinther 14,29). Akzeptiere sie nicht wahllos. Wäge sie gegen das Zeugnis der Bibel und den Charakter Christi ab. An anderer Stelle warnt Paulus: «Prophetische Rede verachtet nicht. Prüft aber alles und das Gute behaltet. Meidet das Böse in jeder Gestalt» (1. Thessalonicher 5,20–22; LUT). Die Prophetien, die wir hören, werden eine Mischung aus Gutem und allerlei Bösem sein. Wir sollten sie daher sorgfältig bewerten und sie nicht als Gesamtpaket annehmen oder ablehnen. Prophetien mit Respekt zu behandeln, bedeutet, sich die Mühe zu machen, das Schlechte im Gebet herauszufiltern und am Guten festzuhalten.

Das Abwägen von Prophezeiungen umfasst auch das Abwägen der Propheten selbst! Frag dich: «Vertraue ich dieser Person?» Jesus sagt: «Nehmt euch in Acht vor denen, die in Gottes Namen auftreten und falsche Lehren verbreiten! Sie kommen zu euch, getarnt als Schafe, aber in Wirklichkeit sind sie reißende Wölfe. Wie man einen Baum an seiner Frucht erkennt, so erkennt ihr sie an dem, was sie [bewirken]» (Matthäus 7,15–16). Ein gutes Leben wird gute, süße Früchte tragen. Manche Menschen missbrauchen die Gabe der Prophetie aus düsteren Beweggründen. Wenn du ein prophetisches Wort bekommst, das besonders bedeutsam zu sein scheint, deinen gesunden Menschenverstand beunruhigt oder das richtungsweisend für dein Leben sein könnte, ist es wichtig, den Rat und das Urteilsvermögen einer dritten Person einzuholen, der du vertraust.

Abwarten

Oft kann eine Prophetie auch ein richtiges Wort zur falschen Zeit sein. Tendenziell gehen wir davon aus, dass prophetische Worte immer sofort oder sehr bald eintreffen. Aber die Bibel ist voller Beispiele von Prophezeiungen, die sich erst Jahre oder sogar viele Generationen später erfüllten. Oft ist es daher angemessen, einen «abwartenden» Ansatz zu verfolgen, wenn du ein Wort erhältst, das keine offensichtliche oder sofortige Bedeutung hat. Du kannst entscheiden, solche Worte zurückzustellen und sie im Hinterkopf zu behalten, ohne an ihrer Wahrhaftigkeit zu zweifeln oder zu versuchen, ihre Erfüllung zu erzwingen.

Vor vielen Jahren erhielten Sammy und ich ein prophetisches Wort darüber, dass wir berühmten Musikern und politischen Führungsfiguren helfen würden. Unsere Herzen hüpften vor Aufregung, aber damals kannten wir keine berühmten Musiker oder politische Entscheidungsträger! Heute erleben wir, wie dieses Wort, das damals unmöglich schien, sich tatsächlich bewahrheitet. Aber es hat wahrhaftig viele Jahre auf Eis gelegen.

Ein angesehener amerikanischer Prophet wandte sich einmal an eine Gemeinde in Lincoln, England, und sagte eine große Bewegung des Heiligen Geistes auf dem Universitätscampus der Stadt voraus. Die Zuhörenden waren zu höflich, um den schlecht informierten Amerikaner darauf hinzuweisen, dass es in ihrer Stadt keine Universität gab. Aber ein paar Jahre später wurde – zur großen Überraschung aller – tatsächlich ein brandneuer Uni-Campus in der Stadt gebaut, woraufhin die Gemeinde dieses Wort mit Begeisterung wieder aufgriff. Der Prophet hatte also doch etwas vorausgesehen! Neuer Glaube wurde wach und heute hat diese Gemeinde eine blühende Studentenarbeit.

Ausprobieren

Es gibt eine Geschichte über einen älteren Mann, der am Ende eines Gottesdienstes den Prediger in eine Ecke drängte. «Vor vielen Jahren haben Sie prophezeit, dass ich nach Afrika gehen würde», sagte er, bebend vor Empörung, «aber es ist nie passiert!».

Ruhig antwortete der Prediger: «Haben Sie denn jemals ein Ticket für die Reise gekauft?»

Wenn wir ein prophetisches Wort abgewägt haben und vermuten, dass es sowohl inhaltlich als auch zeitlich passt, müssen wir es in der Praxis erproben. Frag dich: «Gibt es etwas Praktisches, das ich tun muss? Welche Schritte muss ich unternehmen, um das, was der Herr zu sagen scheint, zu aktivieren?»

Als Samuel schließlich erkannte, dass es Gott war, der zu ihm sprach, reagierte er mit demütiger Unterwerfung und sagte: «Sprich, dein Diener hört.» Wenige Dinge fördern und erhalten den Fluss von Gottes Wort in unserem Leben so sehr wie ein williger Geist. Jesus sagt: «Noch glücklicher sind die Menschen, die Gottes Botschaft hören *und danach leben*» (Lukas 11,28; Hervorhebung des Autors).

Sprich mit Menschen, die Gott auf außergewöhnliche Weise hören, und du wirst ausnahmslos ein Leben von außergewöhnlicher Opferbereitschaft entdecken. Es besteht eine Art heiliger Tanz zwischen Gottes Wort und unserer Antwort. Er spricht und wir gehorchen, und je mehr wir gehorchen, desto mehr scheint er zu sprechen. Wenn es um Prophetie geht, führt unser Handeln oft zu weiteren prophetischen Erfahrungen. Umgekehrt gibt es nur wenige Dinge, die den Fluss göttlicher Offenbarung in unserem Leben so effektiv zum Versiegen bringen wie Anspruchsdenken und Apathie. Manchmal macht Gott eine Sprechpause, einfach, weil er darauf wartet, dass wir nach dem handeln, was er uns bereits gezeigt hat.

Dazu gibt es eine Geschichte in 2. Könige 6: Elisas Prophetenschar ist über ihren bisherigen Versammlungsort hinausgewachsen, also gehen sie hinunter zum Jordan, um Bäume für den Bau eines größeren Gebäudes zu fällen. Einer von ihnen lässt einen eisernen Axtkopf ins Wasser fallen und schreit bestürzt nach Elisa.

> Elisa fragte: «Wohin genau ist das Eisen gefallen?» Der Mann zeigte ihm die Stelle. Der Prophet schnitt einen Zweig von einem Baum ab und warf ihn dort ins Wasser. Da tauchte das Eisen plötz-

> lich auf und schwamm an der Wasseroberfläche. «Willst du es nicht herausfischen?», forderte Elisa ihn auf. Da bückte der Mann sich und holte das Eisen heraus.
>
> *2. Könige 6,6–7*

Wenn «das Wort des Herrn selten ist» – so erklärt Loren Cunningham, der Gründer von *Jugend mit einer Mission* –, ist es eine gute Idee, zur letzten Sache zurückzukehren, die Gott dir gesagt hat, genauso wie jener Prophet an die Stelle zurückkehrte, an der er seine Axt fallen gelassen hatte. Frag dich: «Bin ich der Offenbarung, die Gott mir bereits gegeben hat, treu gewesen?» Und frage den Herrn, ob es noch etwas Neues gibt, das er dir durch dieses alte Wort zeigen möchte. Indem du dem letzten, was er gesagt hat, treu bleibst, versetzt du dich in die Lage, deine nächste Aufgabe von Gott zu erhalten.[121]

✦ ✦ ✦

Ich leitete die Auftaktveranstaltung des ersten *Wildfires-Festivals,* als ich einen alten Freund namens Jono entdeckte, den ich schon seit vielen Jahren nicht mehr gesehen hatte. Er hatte gerade für sich beten lassen, also ging ich rüber, sagte «Hallo» und fragte, wie es ihm ging.

Er erzählte mir, er sei seit mehr als zehn Jahren nicht mehr bei einer großen christlichen Veranstaltung gewesen. Hier zu sein, sei für ihn eine große, beängstigende Sache: Bei einem Fahrradunfall habe er eine schwere Hirnverletzung erlitten und kämpfe seither mit neurologischen Schmerzen und Schwindel. Eine besonders dunkle Zeit lag hinter ihm. Tatsächlich hatte er lange gezögert, zu der Veranstaltung zu kommen und um Gebet zu bitten. Aber als er das tat, teilte jemand ein Bild von einem Fahrrad mit ihm, das einen Hügel hinunterfuhr, und dann sei plötzlich alles schwarz geworden. – Man hätte kaum eine treffendere Beschreibung von Jonos Unfall geben können.

Jono war überwältigt. Er fühlte sich von Gott gesehen und erkannt. Hier war er auf seiner ersten großen christlichen Veranstaltung seit Jahren und reagierte auf Gottes Einladung – und sofort goss Gott durch ein einziges einfaches Bild seine wunderbare Gnade über ihm aus!

Er erklärte sich bereit, die Geschichte von der Bühne aus zu erzählen, und alle jubelten und applaudierten. Ich fragte, ob der Mann, der das prophetische Wort erhalten habe, anwesend sei, und ein Typ namens Mike kam schüchtern nach vorne. «Wie um alles in der Welt hast du ein so genaues Wort der Erkenntnis für einen völlig Fremden bekommen?», fragte ich ihn.

«Also, ähm, es war nur ein Bild, das mir in den Sinn kam, als ich auf ihn zuging. Und es war so seltsam, dass ich mich fragte, ob es vielleicht von Gott sein könnte!»

«Und wie sicher warst du dir», fragte ich, «dass es prophetisch war?» Mike hielt inne, kicherte und sagte: «Etwa zehn Prozent.»

«Du warst dir nur zu zehn Prozent sicher?», hakte ich nach. «Es gab also ein neunzig-prozentiges Risiko, dass du meilenweit danebenliegst?»

«Schon», sagte Mike, «aber ich dachte mir, dass es nichts Wirkliches zu verlieren gibt, falls ich falschliege.»

Ich wandte mich an Jono. «Und wie froh bist du, dass Mike trotz der mickrigen 10-Prozent-Chance auf dich zugekommen ist?»

«Einhundert Prozent!», strahlte er.

Diese Episode verdeutlicht viele der prophetischen Grundsätze, die ich in diesem Kapitel versucht habe darzulegen: Erstens war Mike von Liebe motiviert. Sein prophetisches Wort – demütig und einfühlsam übermittelt – brachte zweifellos «Stärkung, Trost und Ermutigung». Zweitens war es ein *rhēma*-Wort für Jono. Mike zitierte nicht einen Bibelvers über Licht und Dunkelheit; er sprach, vom Heiligen Geist inspiriert, treffend eine ganz konkrete Situation an. Drittens hatte Jono viele Jahre auf diesen Moment gewartet. Es war «ein Wort zur rechten Zeit», aber das Warten darauf hatte sehr lange gedauert. Bis zu diesem Moment war «das Wort des HERRN» jahrelang «selten» gewesen. Viertens waren sowohl Jono als auch Mike gehorsam. Es erforderte Mut für Jono, zum Festival zu kommen und am Ende der Veranstaltung Gebet in Anspruch zu nehmen, aber das war der Grund, warum er so eine bemerkenswerte Ermutigung erhielt. Ich glaube nicht, dass er das erlebt hätte, wenn er zu Hause geblieben oder hinten in der Veranstaltung sitzen geblieben wäre.

Und zuletzt: Mike handelte auf Grundlage einer 10-prozentigen Chance, wofür Jono zu hundert Prozent dankbar war. Mike war sich nicht sicher. Er hatte keine besonders dramatische, unmissverständliche Offenbarung von Gott bekommen – nur einen flüchtigen inneren Eindruck. Und doch hätte die Wirkung kaum dramatischer sein können. Er fragte sich: «Was ist das Schlimmste, das passieren kann, wenn ich mich irre?» Und die Antwort war: «Nicht besonders viel.» Also ging er ein kalkulierbares Risiko ein.

Ich hoffe, dieses Kapitel hat dich dazu inspiriert, in deinem eigenen prophetischen Lernprozess mehr 10-Prozent-Chancen wahrzunehmen. Denn wenn du das tust, wird früher oder später jemand irgendwo zu hundert Prozent dankbar sein für dein aufmerksames Zuhören und deine Bereitschaft, Gottes Wort in das Leben eines anderen Menschen zu sprechen. Je mehr du dies, eingebettet in eine christliche Gemeinschaft, einübst, desto besser wird dein Urteilsvermögen und desto stärker werden deine prophetischen Muskeln.

Lebendiges Wort
Heidi Baker
Gott durch Prophetie hören

Wie kann man eine einzelne Lebensgeschichte als Veranschaulichung für die Kraft der Prophetie auswählen, wo es im Laufe der Geschichte doch so viele außergewöhnliche Beispiele dafür gibt? Ich war versucht, mich auf einen der ägyptischen oder syrischen Wüstenväter des 5. Jahrhunderts zu konzentrieren; oder auf Johanna von Orléans im Frankreich des 15. Jahrhunderts; oder auf C. H. Spurgeon im England des 19. Jahrhunderts. Ebenso zog ich in Erwägung, einige der bemerkenswerten Prophezeiungen von schottischen Reformatoren des 16. und 17. Jahrhunderts wie John Knox und Samuel Rutherford zu zitieren, weil der heutige Presbyterianismus die faszinierende Rolle vergessen zu haben scheint, welche die Gabe der Prophetie im Leben seiner Gründerväter spielte.[122]

Aber am Ende entschied ich mich für Heidi Baker, weil sie eine Zeitgenossin ist (bisher haben wir uns die Lebensgeschichte zweier Männer und einer Frau aus vergangenen Jahrhunderten angesehen), und weil ihre Geschichte auf eindrückliche Weise zeigt, welch lebensverändernde Kraft Prophetie heute noch besitzt.

Heidi Baker ist eine herrliche Revoluzzerin. Sie kommt aus Laguna Beach, Kalifornien, und zog mit ihrem Mann Rolland in eine der ärmsten Nationen der Welt: nach Mosambik. Sie ist eine pfingstkirchliche Missionarin und Pastorin mit einem Doktortitel in Systematischer Theologie. Sie setzt ihr Leben ein für Arme, gründete Hunderte von Kirchengemeinden und erlebte dabei unzählige Wunder. Die Gaben des Heiligen Geistes, und insbesondere die der Prophetie, kennzeichnen nach wie vor ihren außergewöhnlichen Dienst.

Heidi wurde durch einen Navajo-Evangelisten zu einer Nachfolgerin Jesu, als sie in einem Indianerreservat in Mississippi lebte. Einige Monate später «wurde sie für mehrere Stunden in eine Vision versetzt und hörte, wie Jesus hörbar mit ihr sprach und ihr sagte, sie solle eine Predigerin und Missionarin in Asien, England und Afrika sein».[123]

Im Gehorsam gegenüber dieser Vision gründeten Rolland und Heidi Baker die Hilfsorganisation *Iris Global* und zogen zunächst nach Asien, dann nach England und schließlich 1995 nach Mosambik, wo sie zuerst in Chihango und später in Machava Heime für Waisenkinder aufbauten. Ihre Arbeit wurde aufs Heftigste bekämpft und Heidi erkrankte schwer an doppelseitiger Lungenentzündung und einer Blutvergiftung. Entgegen der Anordnung zweier Ärzte unternahm sie eine dreißigstündige Flugreise zu einer Konferenz in Toronto – in einem Zustand völliger Erschöpfung und mit der Last der Verantwortung für mehr als 300 Kinder auf ihren Schultern.

Zu Beginn der Veranstaltung öffnete Gott Heidis Lungen und ermöglichte ihr, wieder frei zu atmen. In den folgenden Tagen spürte sie, wie in dieser Umgebung von Anbetung, Lehre und Gebet ihre Kraft zurückkehrte, bis sie schließlich eine Begegnung mit dem Herrn hatte, die ihre Arbeit bis heute prägt:

> Eines Nachts seufzte ich vor Gott in der Fürbitte für die Kinder Mosambiks. Tausende von ihnen kamen auf mich zu und ich rief: «Nein, Herr, es sind zu viele!» Dann hatte ich eine dramatische, glasklare Vision von Jesus: Ich war bei ihm, und Tausende und Abertausende von Kindern umringten uns. Ich sah sein leuchtendes Gesicht und seine intensiven, feurigen Augen voller Liebe. Ich sah auch seinen Körper. Er war geschunden und zerbrochen, und seine Seite war durchbohrt. Er sagte: «Schau mir in die Augen. Gib du ihnen zu essen.» Dann nahm er ein Stück seines gebrochenen Leibes und gab es mir. Es wurde zu Brot in meinen Händen, und ich fing an, es den Kindern zu geben. Es vermehrte sich in meinen Händen.

> Dann sagte der Herr wieder: «Schau mir in die Augen. Gib du ihnen zu trinken.» Er gab mir einen Becher mit dem Blut und Wasser, das aus seiner Seite floss. Ich wusste, dass es ein Kelch der Bitternis und der Freude war. Ich trank davon und fing dann an, den Kindern zu trinken zu geben. Der Becher wurde nicht leer. Inzwischen weinte ich unkontrollierbar. Jesu brennende Augen der Liebe ließen mich zerfließen. Mir wurde klar, was es ihn gekostet hatte, uns allen diese geistliche und materielle Nahrung zur Verfügung zu stellen. Der Herr sprach zu meinem Herzen und sagte: «Es wird immer genug geben – weil ich gestorben bin.»[124]

Nach dieser außerordentlichen Begegnung kehrte Heidi übernatürlich geheilt, mit neuer Kraft und erneuertem Vertrauen in Gottes Auftrag und Versorgung nach Mosambik zurück. Heute betreut *Iris Global* 14.600 Kinder in allen Regionen Mosambiks. Die Organisation behandelt mehr als 30.000 Menschen pro Jahr in ihren Kliniken, baut Häuser, betreibt Schulen, bohrt Brunnen, verteilt Hilfsgüter und gründet Hunderte von Gemeinden pro Jahr, insbesondere unter den Makua, einer Volksgruppe, die von Missiologen einst als «unerreicht und unerreichbar» eingestuft wurde. Tag für Tag beweisen Heidi und Rolland Baker aufs Neue: «Es gibt immer genug.»

Hörübung: In der Gabe der Prophetie wachsen

Denn es ist noch nie eine Weissagung aus menschlichem Willen hervorgebracht worden, sondern getrieben vom Heiligen Geist haben Menschen in Gottes Auftrag geredet.
2. Petrus 1,21 (LUT)

Prophetische Übungen

Prophetische Worte aufschreiben

Wir können die Gabe der Prophetie in unserem Leben wertschätzen und fördern, indem wir die Dinge, die wir von Gott hören, sorgfältig aufzeichnen – unabhängig davon, ob sie von anderen oder aus unseren eigenen persönlichen Gebetszeiten stammen.

Ich habe einen Ordner voller solcher prophetischen Worte, den ich ausgrabe, wenn ich Gottes Führung brauche oder Schwierigkeiten habe, seine Stimme zu hören. Es ist erstaunlich, wie oft eine Prophezeiung, die ich fast vergessen oder nur halb ernst genommen habe, plötzlich lebendig wird und – Monate oder sogar Jahre, nachdem ich sie empfangen habe – direkt in meine Situation spricht. Manchmal blicke ich auf Worte zurück, die ursprünglich scheinbar das Ziel verfehlt hatten, nur um festzustellen, dass sie inzwischen zutreffender sind, als ich es mir damals hätte vorstellen können.

Zum Beispiel erinnere ich mich, dass ich zu einer Zeit, in der ich mich darauf konzentrierte, Pastor zu werden, eine Prophetie über mich als Unternehmer bekam. Ich lehnte das Wort nicht nur ab – ich hasste es! Unternehmer: Das waren in meinen Augen Leute wie Richard Branson oder Elon Musk. Ich wollte nicht reich werden und fühlte mich nicht in die Wirtschaft berufen. Ich verließ die Veranstaltung und dachte: «Wow, diese Jungs hätten sich kaum mehr irren können!» Aber wenn ich diese Prophetie jetzt anschaue, erkenne ich, dass sie eine ausgezeichnete Beschreibung meiner Begabungen ist: Seit fast dreißig Jahren mache ich Pionierarbeit, experimentiere und beginne ganz neue Dinge – Gemeinden, Werke und, ja, zwischendurch sogar ein paar wirtschaftliche Unternehmungen.

Das Erinnern und Neubewerten von prophetischen Worten ist unerlässlich für unseren Glaubensgehorsam. Aber das ist nur möglich, wenn wir das Wort seinerzeit sorgfältig festgehalten haben.

Prophetischer Workshop (für Gruppen)

Diese Übung ist eine großartige, einfache und interaktive Möglichkeit, Menschen jeden Alters zu helfen, auf Gott zu hören und seine Worte anderen mitzuteilen:

Verteile zuerst Fotos aus Zeitungen und Zeitschriften an jedes Mitglied der Gruppe (die Bilder müssen keinerlei religiösen Bezug haben, und wahrscheinlich ist es sogar besser, wenn das nicht der Fall ist). Wenn jeder ein Bild hat, bittet den Heiligen Geist, zu euch zu sprechen. Nachdem ihr gebetet habt, nimmt jeder sich Zeit, das Bild, das er in seiner Hand hat, zu studieren und den Herrn zu bitten, dadurch auf irgendeine Weise sein Herz zu offenbaren.

Manchen Leuten wird das sehr einfach fallen, andere werden zunächst ihre Schwierigkeiten damit haben. Lasst euch genügend Zeit. Es gibt keinen Grund zur Eile. Wenn jemand ein anderes Bild auswählen möchte, ist das in Ordnung – also sorge für ein paar Extrabilder.

Sobald alle bereit sind, erinnere sie an die vier positiven Richtlinien, die in 1. Korinther 14,3–4 aufgeführt sind: Prophetie sollte darauf abzielen, zu stärken, zu ermutigen, zu trösten und zu erbauen.

Bitte dann jede Person zu erzählen, was ihr Eindruck ist, was Gott gesagt hat – ob für sie selbst oder für jemand anderen in der Runde. Diese einfache Übung kann überraschend effektiv sein, um unsere Ohren dafür zu öffnen, den Heiligen Geist in den gewöhnlichen Dingen des Alltags zu hören, und um uns mehr Sicherheit darin zu geben, Worte von Gott an andere Menschen weiterzugeben.

Fragen für die persönliche Reflexion und für Gruppengespräche

- Wurde ich jemals von jemandem verletzt, der behauptete, im Namen Gottes zu sprechen?
- Was ist das Letzte, von dem ich mir sicher bin, dass Gott es zu mir gesagt hat? Muss ich darauf noch in irgendeiner Form reagieren?
- Auf welche Weise spricht Gott am meisten zu mir?
- Paulus sagt uns, wir sollen uns «um die Gaben des Geistes [bemühen], am meisten aber darum, dass ihr prophetisch redet» (1. Korinther 14,1; LUT). Wie hungrig bin ich, Gott auf diese Weise zu hören – und Gottes Worte weiterzusagen?

Zur Vertiefung

Graham Cooke: *Developing your Prophetic Gifting*, Sovereign World: Lancaster 1994.

Christine Westhoff: «ReFraming the Prophetic» (Online-Bibelkurs). www.reframingtheprophetic.com

Mark & Patti Virkler: *Dialogue With God. Opening the Door to Two-way Prayer*, Bridge-Logos: Florida 1986.

Teil II

Gottes innerliches Flüstern: Vox Interna

Brannte nicht unser Herz in uns ...?
Lukas 24,32 (LUT)

Wir kommen von *Gottes Wort* (seiner äußerlich wahrnehmbaren Stimme) zu *Gottes Flüstern* (seiner innerlich wahrnehmbaren Stimme). Und damit kommen wir zum Kern des Problems, das Millionen von Christen damit haben, Gott zu hören: nämlich ihren Vorstellungen davon, wie Gott klingt und wie er ihrer Meinung nach reden sollte. Seine Stimme ist relativ einfach zu hören, wenn sie uns laut und deutlich erreicht – durch eine Begegnung mit Jesus (Kapitel 1), durch die Bibel (Kapitel 2 und 3) und durch übernatürliche prophetische Rede (Kapitel 4). Aber sie ist weniger leicht zu erkennen, wenn sie – wie es meistens der Fall ist – flüsternd daherkommt, wie ein stilles, sanftes Sausen (1. Könige 19,12).

5
Gottes Flüstern hören

Jesus selbst kam hinzu und ging mit ihnen.
Aber sie – wie mit Blindheit geschlagen – erkannten ihn nicht.
Lukas 24,15–16

Und nach dem Feuer kam ein stilles, sanftes Sausen.
1. Könige 19,12 (LUT)

Nun kommen wir von *Gottes Wort* (seiner äußerlich wahrnehmbaren Stimme) zu *Gottes Flüstern* (seiner innerlich wahrnehmbaren Stimme). Und damit kommen wir zum Kern des Problems, das viele Christen damit haben, Gott zu hören: ihren Vorstellungen davon, wie Gott klingt und wie er ihrer Meinung nach reden sollte. Seine Stimme ist relativ einfach zu hören, wenn sie uns laut und deutlich erreicht – durch Jesus (Kapitel 1), durch die Bibel (Kapitel 2 und 3) und durch übernatürliche prophetische Rede (Kapitel 4). Aber sie ist weniger leicht zu erkennen, wenn sie – wie es oft der Fall ist – flüsternd daherkommt, wie ein stilles, sanftes Sausen (1. Könige 19,12).

Deshalb möchte ich in diesem Kapitel, zu Beginn des zweiten Teils dieses Buchs, anhand der Bibel aufzeigen, wie leise und wie leicht zu überhören der Schöpfer des Universums praktisch schon immer gewesen ist. Falls ich dich überzeugen kann, wird sich dir, so meine Hoffnung, eine neue Sicht eröffnen: die Möglichkeit – nein, die Wahrscheinlichkeit sogar –, dass Gott mehr zu dir spricht, als dir bewusst ist, und dass deine Gespräche mit ihm so intim und vertraut sein können, wie du es vielleicht nie für möglich gehalten hättest.

Eine der größten Entdeckungen meines Lebens – eine stille Revolution in meiner Beziehung zum Herrn – war die Erkenntnis, dass der Schöpfer des Universums flüstert. Ich dachte immer, wenn Gott in meinem Leben auftaucht, dann mit Stil. Es würde keinen Zweifel geben. Er würde mit schweren Stiefeln die Tür eintreten, mit donnernder Stimme sprechen, ein wenig Bodennebel und Lichteffekte einsetzen – so etwas in der Art eben.

Vielleicht erinnerst du dich an die Geschichte, wie Jesus auf dem Wasser ging? «In den frühen Morgenstunden kam [Jesus] über den See zu ihnen» (Markus 6,48). Boom! Genau so etwas erwarten wir doch von Gott. Verneigt euch vor dem *Special-Effects*-Jesus! Hier kommt der Marvel-Messias! Aber dann, als Jesus dem Boot näherkommt, lesen wir etwas Außergewöhnliches: «*Er war schon beinahe an ihnen vorüber,* als die Jünger ihn auf dem Wasser gehen sahen» (Hervorhebung: Verlag).

Wie bitte?!

Nachdem er all die Strapazen auf sich genommen hat, um ein riesiges Binnengewässer in einer stürmischen Nacht zur Hälfte zu überqueren, geht Jesus jetzt «beinahe an ihnen vorüber»? Er gibt sich cool. Täuscht Desinteresse vor. Er tut, als ob er noch woanders hinmüsste, irgendein anderes Boot aufsuchen. Ich stelle mir vor, wie er seinen Jüngern (die verständlicherweise beinahe durchdrehen) ganz nonchalant zuwinkt. Ein lockeres «Hi!». Die Art von beiläufigem Nicken, mit dem man Bekannte auf der Straße grüßt, wenn man kein Gespräch anfangen will.

Wenn das ein einmaliges Vorkommnis gewesen wäre, dann wäre es eine spannende, leicht skurrile Randnotiz in den Evangelien. Doch die Sache ist die: Es ist eben kein einmaliges Ereignis. Jesus tut mehrmals ähnliche Dinge, treibt ähnliche Spielchen, weshalb ich mich frage, ob wir hieraus wohl etwas über Gottes Charakter lernen können?

Die Begegnung auf dem Weg nach Emmaus ist ein weiteres Beispiel dafür: Zuerst verbirgt Jesus seine Identität und dann das: «Inzwischen waren sie kurz vor Emmaus, und Jesus tat so, als wolle er weitergehen» (Lukas 24,28). Hier spielt er seinen Jüngern genau denselben Streich! Er erweckt den Anschein, als müsste er noch woandershin.

Wir können uns relativ sicher sein, dass Jesus nach seiner Auferstehung von den Toten alle Zeit der Welt hat. Man könnte sagen: Er hat keine Termine. Und die beiden, mit denen er auf dem Weg ist, haben seine wahre Identität noch nicht erkannt, weil er sie noch nicht offenbart hat. Er hält sie hin, er bleibt die ganze Zeit über verborgen. (Wie viele andere es wohl gab, die dem auferstandenen Jesus begegneten, aber ihn einfach vorbeigehen ließen, weil sie es versäumten, ihn einzuladen?)

Im Johannesevangelium sehen wir eine ähnliche Beschreibung, wo es über Jesus heißt: «Doch obwohl er unter ihnen lebte und die Welt durch ihn geschaffen wurde, erkannten ihn die Menschen nicht» (Johannes 1,10). Ist das nicht erstaunlich? Und wir sehen es noch einmal, als Jesus am Ufer steht, «[d]och die Jünger erkannten ihn nicht. Jesus rief ihnen zu: ‹Freunde, habt ihr nicht ein paar Fische zu essen?›», obwohl er genau wusste, dass sie eine erfolglose, frustrierende Nacht hinter sich hatten (Johannes 21,4–5).

Das hat etwas wunderbar Verspieltes: Der König der Könige, schmunzelnd und unerkannt. Mit Humor und verschmitztem Blick. Aber es ist mehr als das. All diese Geschichten zeigen uns auch Charaktereigenschaften, die wir bei Gott sonst niemals vermutet hätten: Kann es sein, dass der Schöpfer des Weltalls sanftmütig und nicht aggressiv ist? Demütig und nicht aufgeblasen? Unscheinbar und unaufdringlich? (Allein diese Fragen zu stellen fühlt sich schon ein kleines bisschen gotteslästerlich an, aber wie sonst sollen wir die Indizien verstehen?) Jesus nimmt sich selbst nicht zu ernst. Es scheint ihm nichts auszumachen, aus dem Rampenlicht der menschlichen Bewunderung zu verschwinden.

All das ist so weit von unseren menschlichen Auffassungen von Macht entfernt, dass es uns schwerfällt, es mit irgendeiner Art von Gottheit zusammenzubringen. Und doch ist es gleichzeitig genau so, wie wir Gott jeden Tag erleben. Wenn wir auf unser Leben zurückschauen, können wir ziemlich deutlich sehen, wo er gegenwärtig war, auch wenn wir es zu der Zeit kaum bemerkt haben. Natürlich wollen wir, dass er unübersehbar und unverwechselbar auftritt. Wir erwarten, dass er mit seinem VIP-Pass herumwedelt und die Türen unseres Lebens eintritt. Stattdessen wartet er darauf, dass wir ihn in unser Boot einladen, in unser Haus oder unser Herz. Mit den Worten von Emily Dickinson: Er «sagt es schräg».

Sag Wahrheit ganz, doch sag sie schräg –
Erfolg liegt im Umkreisen
Zu strahlend tagt der Wahrheit Schock
Unserem Begreifen
Wie Blitz durch freundliche Erklärung
Gelindert wird dem Kind
Muss Wahrheit sachte blenden
Sonst würde jeder blind.[125]

Wir alle wissen, dass das stimmt: Die Wahrheit muss nach und nach erstrahlen – sie muss «sachte blenden»: Für gewöhnlich tauchen keine Engel in Forschungslaboren auf und erklären, wie man Krebs heilt. Aber Gott beruft, befähigt und inspiriert im Stillen Mediziner zu außerordentlichen Entdeckungen.

Böse Menschen kommen ungestraft mit Morden davon und meistens greift Gott nicht dramatisch ein, um sie aufzuhalten. Aber nach und nach setzt sich die Gerechtigkeit durch.

Anstatt jeden Donnerstag um neun Uhr in deinem Wohnzimmer aufzutauchen, wartet Gott darauf, dass du dir die Mühe machst, ein Buch wie dieses hier zu lesen.

Milliarden von Menschen stehen jeden Tag auf und finden gerade so ihr Gleichgewicht auf einem Felsbrocken, der mit 108.000 Kilometern pro Stunde die Sonne umkreist, und zwar in einer Galaxie, die sich von außen betrachtet selbst mit 2.160.000 Kilometern pro Stunde fortbewegt.

Ruhig machen sich diese Menschen Kaffee, starren aus dem Fenster in die Morgendämmerung, sehen den glitzernden Tau – und die meisten von ihnen verschwenden kaum einen Gedanken an den Einen, der so viel Wunderbares und Geheimnisvolles gemacht hat.

Ihre knapp 1,5 Kilo Gehirnmasse verarbeiten 11 Millionen Bits an Informationen pro Sekunde und ihr 300 Gramm schweres Herz pumpt fünf Liter Blut durch 100.000 Kilometer Blutbahn, und doch erzwingt der große Schöpfer des Lebens weder Loyalität noch Würdigung noch Dank. «Der Herr verzögert nicht die Verheißung ... sondern er hat Geduld mit euch und will nicht, dass jemand verloren werde» (2. Petrus 3,9; LUT).

Der, der auf dem Wasser zu uns kommt, scheint kein Problem damit zu haben, vorüberzugehen, wenn er das Boot endlich erreicht. Der von den Toten Auferstandene mischt sich unerkannt unter die Pendler auf dem Rückweg nach Emmaus. Er geht auf der staubigen Straße wie jeder andere auch. Und insgeheim hofft er, höflich abwartend, auf eine Einladung zum Abendessen.

Das abgekürzte Wort

Diese göttlichen Eigenschaften von Demut und Sanftmut, die in Jesus so deutlich werden, sind in die ganze Heilige Schrift eingewoben. Im Rückgriff auf ein ins Lateinische übersetzte Wort von Jesaja sprachen die Kirchenväter vom «abgekürzten Wort», dem *verbum abbreviatum,* so als ob «das göttliche Wort sich für unser Auffassungsvermögen zurechtgestutzt hätte. Es erschien nicht in überwältigender Macht und Glanz, sondern in zugänglicher, menschlicher Form».[126]

Dies ist auch die große Offenbarung für Elia auf dem Berg Horeb: Elia hat die Art von Wundern erlebt, um die wir Gott oftmals bitten – er besiegte die Baalspropheten am Berg Karmel, als Feuer vom Himmel fiel und sein Opfer verzehrte; er betete, sodass zum ersten Mal nach drei Jahren Dürre endlich wieder Regen fiel. Doch diese Wunder haben keine weiteren Konsequenzen: Die Stadt Jesreel hat sich nicht wieder zu Jahweh bekehrt. Ahab und Isebel haben keine Buße getan. Im Gegenteil, sie haben Elia mit dem Tode bedroht und jetzt flieht er um sein Leben. Gott hat seinen stärksten Trumpf ausgespielt und es hat einfach nicht funktioniert. Elia ist verständlicherweise deprimiert. Er hatte gehofft, als Nationalheld gefeiert zu werden, doch stattdessen wird er nun gejagt und hat Angst. «HERR, ich kann nicht mehr!», betet er. «Lass mich sterben!» (1. Könige 19,4).

Gott ist nicht so kleinlich, ihn zu fragen, warum er sich überhaupt die Mühe gemacht hat, zu fliehen, wenn er wirklich sterben will. Stattdessen sagt er ihm: «Komm aus deiner Höhle heraus und tritt vor mich hin! Denn ich will an dir *vorübergehen.*» (1. Könige 19,11; Hervorhebung des Autors). Das ist genau die gleiche Formulierung, die Jahrhunderte später für Jesus auf dem See Genezareth verwendet wird: «[Er] wollte an ihnen vorübergehen» (Markus 6,48; LUT).

Elia muss den Horeb mit großen Erwartungen bestiegen haben. Er wusste nur allzu gut, dass Mose hier die Zehn Gebote empfangen hatte. Die Steintafeln waren direkt durch Gottes Hand beschrieben worden, inmitten von heulenden Stürmen, brennenden Bäumen und Felsen, die von Blitzen zerschmettert wurden. Und tatsächlich brechen dieselben Zeichen über ihn herein: Wir erfahren, dass «ein heftiger Sturm auf[zog], [er] riss ganze Felsbrocken aus den Bergen heraus und zerschmetterte sie», danach bebte die Erde und zu guter Letzt kam noch ein Feuer. Das waren genau die Phänomene, die Elia als Erkennungszeichen für Gottes Gegenwart erwartete. Und doch heißt es überraschenderweise nach jedem davon: «Der Herr war aber nicht im Winde ... der Herr war nicht im Erdbeben ... der Herr war nicht im Feuer» (1. Könige 19,11–12).

Wo ist Gott denn dann? Wir kennen die Antwort: Seine Gegenwart zeigt sich in der Ruhe nach dem Sturm. Die Große Urkraft zeigt sich sanft und macht sich persönlich bemerkbar in einem «stillen, sanften Sausen» (1. Könige 19,12 (LUT)) oder, wie es im Hebräischen wörtlich heißt, in «der Stimme einer kleinen Stille».

Wir erwarten, dass der König der Könige mit Elementargewalt auf sich aufmerksam macht: durch Erdbeben, Wind und Feuer. Natürlich tun wir das! Von Anbeginn der Zeit ist Gott die Große Erklärung der vielen Geheimnisse der Natur, die ultimative Kraft, die die Jahreszeiten verändert, Blitze schleudert und aus dem Himmel mit Donnergrollen spricht. Elia wusste so gut wie wir, dass es Jahweh absolut möglich ist, auf dramatische Weise zu sprechen: durch Wunder, Katastrophen und Naturphänomene, durch Räume, die erbeben (Apostelgeschichte 4,31), gleißendes Licht (Apostelgeschichte 9,3) und atemberaubende prophetische Offenbarungen (Offenbarung 1,10).

Aber vielleicht ist das Problem an solchen Zurschaustellungen göttlicher Macht, dass sie nicht der grundlegenden Sanftheit und Intimität von Gottes Herzen entsprechen. Was vielleicht auch der Grund dafür ist, dass er oftmals *nicht* auf solche Weise spricht.

Dramatische Offenbarungen sind sicherlich eindrucksvoll, aber sie können die Empfänger auch einschüchtern, dominieren und befremden. Und so zieht «der Machthaber der Zeit, der Schöpfer aller Himmelssphären, unsagbar hoch erhöht»[127], es meistens vor, uns ins Ohr zu flüstern, anstatt uns aus den Wolken anzuschreien.

Das ist wichtig: Wenn wir uns jemals völlig sicher fühlen wollen und vom Herrn der ganzen Erde geliebt, dann müssen wir – ebenso wie Elia am Horeb und die zwei Emmausjünger – lernen, seine Stimme in den unspektakulären Nicht-Ereignissen des Lebens zu hören.

Innehalten & Beten

(Eine Strophe aus einer berühmten Hymne des Quäkers John Greenleaf Whittier:)

Lass deinen Atem wehen durch die Hitze unseres Sehnens,
deine Kühle und deinen Balsam;
Lass die Sinne verstummen,
lass das Fleisch ruhen;
Sprich durch das Erdbeben,
den Wind und das Feuer,
o stille, kleine Stimme der Ruhe.[128]

Von den beiden, die mit Jesus auf dem Weg nach Emmaus waren, heißt es, dass «ihre Augen ... gehalten [wurden], dass sie ihn nicht erkannten» (Lukas 24,16; LUT). Ist das nicht eine faszinierende Formulierung? Es ist nicht nur so, dass sie Jesus nicht erkannten, weil er zurückhaltend und sanft war und die Wahrheit (wie in Emily Dickinsons Gedicht weiter oben) «schräg sagte», sondern sie *konnten* ihn gar nicht erkennen. Etwas hielt sie davon ab, das zu sehen, was direkt vor ihren Augen war. Warum sollte das der Fall sein? Was um alles in der Welt ist da los? Mir scheint, dass es dafür drei Erklärungsmöglichkeiten gibt. Jede davon ist für uns relevant, wenn wir lernen wollen, Gottes Flüstern zu erkennen: Ich denke, die beiden Jünger waren *physiologisch, psychologisch* und *spirituell* abgelenkt.

Physiologische Ablenkung

Die erste und naheliegendste Erklärung ist eine *körperliche:* Jesus sah nach seiner Auferstehung einfach deutlich anders aus und so erkannten die beiden ihn nicht. Wie wir gesehen haben, passt das voll und ganz zu den anderen Beschreibungen seiner veränderten Erscheinung nach der Auferstehung.

Manchmal übersehen auch wir Gottes Gegenwart, weil er uns nicht mehr auf die vertraute Weise von gestern erscheint oder anspricht. Ich habe schon oft bemerkt, dass Gott in verschiedenen

Lebensabschnitten dazu neigt, unterschiedlich zu mir zu sprechen. Manchmal, wenn ich denke, dass Gott schweigt, ist es in Wahrheit nur so, dass er *anders* spricht – in einem neuen Dialekt, der angemessener ist für den neuen Landstrich, den ich betrete. Wenn ich durch Tradition, Nostalgie oder einen Mangel an Fantasie in der Vergangenheit stecken bleibe, werde ich mit ziemlicher Sicherheit das ewig Neue verpassen, das der Gott des Hier und Jetzt gerade sagt (2. Mose 3,14; Jesaja 42).

Psychologische Ablenkung

Die zweite Erklärung für die Unfähigkeit der beiden, Jesus zu erkennen, ist eine *seelische.* Verständlicherweise hatten sie keinerlei Erwartung, auf dem Weg nach Emmaus einen Toten anzutreffen. Es gibt ein gut dokumentiertes psychisches Phänomen, die sogenannte *Unaufmerksamkeitsblindheit (*auch: *Blindheit wegen Unaufmerksamkeit),* bei der unser Gehirn etwas, das direkt vor unserer Nase ist, schlichtweg nicht wahrnimmt, wenn es unseren bisherigen Annahmen und Erwartungen widerspricht.[129] Vielleicht erlebten die zwei Jünger auf der Straße nach Emmaus eine Form von Unaufmerksamkeitsblindheit, als der Fremde sich zu ihnen gesellte.

Dies ist besonders plausibel, wenn wir annehmen, dass, als Jesus starb, eine der beiden Personen mit hoher Wahrscheinlichkeit am Fuße des Kreuzes stand – und ein tiefes Trauma davongetragen hat: Im Johannesevangelium wird von vier Frauen erzählt, die in der Nähe des Kreuzes Christi standen: «seine Mutter und ihre Schwester, außerdem Maria, die Frau von Klopas, und Maria aus Magdala» (19,25).

Kann es wirklich Zufall sein, dass ein Mann mit fast identischem Namen – Kleopas – zwei Tage später von Jerusalem weggeht und dass er diese Tragödie mit einem namenlosen Gefährten bespricht? Ist es nicht möglich, dass wir es hier mit einem einfachen Schreibfehler von einem der Evangelisten zu tun haben? Und dass es sich bei diesen beiden Weggefährten auf der

Straße nach Emmaus tatsächlich um Maria und ihren Mann Kleopas alias Klopas handelt? Sind hier nicht zwei Männer unterwegs (wie es traditionell so viele Maler und Prediger mit den üblichen unbewussten Vorurteilen dargestellt haben), sondern ein Ehepaar auf dem Rückweg von Jerusalem? Dort hatten sie mit Freunden das Passahfest gefeiert und wurden in die Tragödie der Kreuzigung Jesu verwickelt.

Wir können es nicht mit Sicherheit beweisen, aber Theologen von Eusebius von Cäsarea im 4. Jahrhundert bis N. T. Wright im 21. Jahrhundert haben die Auffassung vertreten, dass es sich hier tatsächlich um Maria und Kleopas handelt.[130]

Wenn sie recht haben, würde dies auch ein weiteres Detail erklären, das in dieser Geschichte oft übersehen wird: nämlich die Tatsache, dass die Reisenden Jesus bei ihrer Ankunft in Emmaus gemeinsam im selben Haus beherbergen.

Wir wissen, dass das Paar gerade «miteinander über die Ereignisse der vergangenen Tage» sprach, als Jesus auf dem Weg zu ihnen stieß (Lukas 24,14). Man kann sich die emotionale Tiefe dieses Gesprächs leicht vorstellen, bei dem Maria versuchte, gemeinsam mit ihrem Mann ihr persönliches Trauma zu verarbeiten.

Zudem kann es gut sein, dass Jesus gezielt Maria aufsuchte – so wie er Maria Magdalena früher an diesem Tag aufgesucht hatte –, um einer Frau, die von den gewalttätigen Umständen seines Todes traumatisiert worden war, einen seelsorgerlichen Besuch abzustatten. (Und wenn ja, könnte er nicht auch die beiden anderen Frauen – seine Mutter und seine Tante – an diesem Tag besucht haben, irgendwann zwischen Maria Magdalena im Morgengrauen und Maria, der Frau von Kleopas, jetzt in der Abenddämmerung?) Die geliebten Gesichter dieser vier Frauen waren das Letzte, was er vor seinem Tod gesehen hatte. Wie sehr hatte er sich wohl danach gesehnt, sie vom Kreuz aus zu trösten – und nun kann er es endlich!

Bei der ersten Gelegenheit, am ersten Tag seines neuen Lebens, macht sich Jesus auf den Weg, um Maria Magdalena (und womöglich auch den anderen Frauen) zu sagen, dass sie nicht mehr zu trauern brauchen und dass es ihm gut geht – um ihre gebrochenen Herzen zu heilen.

Unabhängig davon, ob wir der Klopas/Kleopas-Theorie zustimmen oder nicht, gibt es hier einen weiteren Faktor, der zur Unaufmerksamkeitsblindheit gegenüber Jesus beigetragen haben könnte, und das ist die Bedeutung des Ziels der beiden. Emmaus mag zwar nirgendwo sonst im Alten oder Neuen Testament erwähnt werden, aber es war sicherlich ein sehr bedeutender Ort in der Geschichte Israels: Dort hatte der Priester und Heerführer Judas Makkabäus 167 v. Chr. die einfallende hellenistische Armee durch einen gewagten Überraschungsangriff besiegt, der letztlich zur Befreiung Israels vom Seleukiden-Reich führte. Nachdem er einen für die Unabhängigkeit so entscheidenden Kampf in Emmaus gewonnen hatte, zog Judas Makkabäus zum Tempel in Jerusalem hinauf – wahrscheinlich genau auf der Straße, auf der die beiden jetzt unterwegs waren –, zerstörte dort die griechischen Götzen und richtete den Jahweh-Kult wieder auf. Dies war ein derart bedeutendes Ereignis für das jüdische Selbstverständnis, dass es bis heute überall auf der Welt im Chanukkafest gefeiert wird. Unter der Führung von Judas Makkabäus eroberte Israel schließlich sein verheißenes Land zurück, stellte sein rechtmäßiges Priestertum wieder her und genoss fast ein Jahrhundert lang relative Freiheit. Und der Wendepunkt – der entscheidende Sieg in diesem Moment der nationalen Befreiung – hatte in Emmaus stattgefunden.

Viele Juden zur Zeit Jesu hofften und beteten um einen Messias wie Judas Makkabäus und einen Sieg wie den von Emmaus, der sie wieder befreien sollte, diesmal von den Römern. Man erkennt dies an der Art und Weise, wie sie Jesus wenige Tage zuvor mit dem politischen Ruf «Hosanna!» begrüßten, als er (wie der von Sacharja vorhergesagte Messias) nach Jerusalem kam: «demütig und reitend auf einem Esel» (9,9; SLT).

Diese unterschwellige Sehnsucht nach einem militärischen Messias von der Art eines Judas Makkabäus verschwand nach Jesu Tod nicht. Achte auf die Wortwahl seiner Jünger in Apostelgeschichte 1,6: «Herr, wirst du in dieser Zeit *wieder aufrichten das Reich für Israel?*» (LUT, Hervorhebung des Autors). In ähnlicher Weise drücken die beiden hier auf dem Weg nach Emmaus, auf dem Weg zum Ort dieses berühmten Sieges, ihre Enttäuschung in «makkabäischer» Sprache aus: «Dabei hatten wir gehofft, dass er der von Gott versprochene Retter ist, *der Israel befreit*» (Lukas 14,21; Hervorhebung des Autors).

Jesu Tod war eine herbe politische Niederlage für Tausende von normalen Juden – einschließlich der beiden auf der Straße nach Emmaus. Vielleicht können wir ihre Enttäuschung ein wenig nachvollziehen, indem wir an die Ungläubigkeit, Bestürzung und Verunsicherung denken, die heutzutage manche Wähler ergreift, wenn ihr politisches Idol oder ihre favorisierte Partei eine wichtige Wahl verlieren. Wie viel tiefer muss die Enttäuschung bei denjenigen gesessen haben, die fernab von demokratischen Strukturen unter der unterdrückerischen heidnischen Diktatur des römischen Imperiums lebten!

Spirituelle Ablenkung

Wir haben gesehen, dass es eine Reihe von nachvollziehbaren *physiologischen* und *psychologischen* Begründungen gibt, warum die beiden Jünger (bzw. das Ehepaar) Jesus auf dem Weg nach Emmaus an diesem Tag nicht erkannt haben könnten. Aber der Ausdruck, den Lukas hier verwendet, deutet darauf hin, dass auch etwas *Geistliches* vor sich ging. Wo wir lesen, dass die Augen der Reisenden *gehalten* wurden, sodass sie Jesus nicht erkannten, steht im griechischen Urtext das Wort *krateō*. Das ist ein Begriff, der einen gewissen Nachdruck impliziert: Er bedeutet, dass ihre Augen «bezwungen», «festgehalten» oder «ergriffen» wurden.

Die beiden waren also nicht nur unaufmerksam oder stellten sich dumm an. Stattdessen scheint es, als hätte Gott selbst ihre Fähigkeit eingeschränkt, die Gesichtszüge Jesu zu erkennen. – Warum, um alles in der Welt, sollte er das tun? Möchte Gott nicht, dass alle Menschen die Gute Nachricht erfahren? Besonders jetzt, da Jesus aus dem Grab auferstanden ist?

Um diese wichtige Frage zu beantworten, ist es hilfreich, den Verlauf der Geschichte als Ganzes zu beachten: Ganz zu Beginn schlägt Gott die beiden mit Blindheit, damit sie Jesus nicht erkennen, aber dann lesen wir am Ende: «Da wurden ihre Augen geöffnet, und sie erkannten ihn» (24,31; LUT).

Lukas scheint zu sagen, dass wir Jesus nicht von uns aus erkennen können. Sondern wir brauchen die Hilfe des Heiligen Geistes. Gott zu hören ist also nicht einfach eine Technik, die man perfektioniert, sondern ein Gnadengeschenk, das man empfängt. Dieses Buch wird nur dann von Nutzen sein, wenn der Geist Gottes dafür sorgt, dass «dein Herz in dir brennt». Wenn aus Information Offenbarung werden soll und wenn Kenntnis von Christus zur Erkenntnis Christi werden soll, muss etwas Übernatürliches geschehen. Gott muss dir Augen geben, um zu sehen, Ohren, um zu hören, und ein Herz, um zu glauben, was er sagt.

Innehalten & Beten

Herr, ich erkenne, dass ich deine Hilfe brauche, um deine Stimme zu hören. Ich kann es nicht allein tun. Wenn du mir nicht auf übernatürliche Weise die Augen öffnest, werde ich nicht sehen. Wenn du mir nicht durch die Kraft deines Geistes die Ohren öffnest, kann ich nicht hören. Lass mein Herz so brennen, wie du es für die beiden Reisenden auf dem Weg nach Emmaus getan hast. Bezwinge meine Unaufmerksamkeitsblindheit und öffne mir die Augen, um deine Gegenwart in meinem Leben wahrzunehmen. Gib mir offene Ohren und mach meine Seele still, damit ich dein Flüstern immer besser hören kann.

Deine und meine Schwierigkeiten damit, die Stimme Gottes zu erkennen, decken sich meistens mit denen von Kleopas und seiner Frau Maria (wie ich die Emmausjünger im Weiteren nennen werde): Auch wir können psychisch, emotional, intellektuell oder geistlich davon abgelenkt sein, die Stimme Gottes zu hören. Und so ist es beruhigend zu sehen, wie sorgfältig Jesus auf all diese Dinge eingeht.

Traumatisierten oder ratlosen Menschen ist weder durch Furcht noch durch Schrecken geholfen. Jesus weiß, dass das Paar sich mit ihm auf eine theologische und intellektuelle Reise machen muss, die mindestens so lange dauert wie die physische Reise von Jerusalem nach Emmaus. Und er weiß, dass es auf diesem Weg, auf dem sie lernen sollen, ihre ganze Welt in einem neuen Licht zu sehen, keine Abkürzungen gibt.

Zuerst stellt er deshalb Fragen und hört zu, wie Maria und Kleopas ihrer tiefen Enttäuschung Ausdruck verleihen und ihren Schmerz verarbeiten. Dabei erkennt Jesus die Realität ihrer emotionalen und psychologischen Wunde an und beginnt, sich darum zu kümmern.

Als Nächstes nimmt er sich beträchtlich viel Zeit, um ihnen die Schriften auszulegen. Dabei spricht Jesus die theologischen Missverständnisse an, die sie blind machen für das wandelnde, sprechende Wunder, das direkt vor ihren Augen steht.

Als sie Emmaus erreichen, betritt er ihr Zuhause, ihren Rückzugsort, und isst gemeinsam mit ihnen. Jetzt, nachdem er sich auf dem Weg um ihre emotionalen und intellektuellen Belange gekümmert hat, weiß Jesus, dass sie endlich bereit sind, sich ihre Augen öffnen zu lassen. Und so wiederholt er an ihrem Esstisch das letzte Abendmahl. Maria und Kleopas mochten zwar am vergangenen Donnerstag nicht mit Jesus im Obergemach gewesen sein, aber sie hatten sicherlich alles darüber von denen gehört, die dabei gewesen waren. Und dann, als Jesus seine Hände hebt, um das Brot und den Kelch zu segnen, werden die Narben an seinen Handgelenken sichtbar und die letzten Zweifel zerstreut.

Plötzlich fällt es ihnen wie Schuppen von den Augen. Endlich wird der Schleier gelüftet. Ihr Verstand ist intellektuell empfänglich, ihr Herz ist emotional getröstet und nun werden auch ihre Augen spirituell geöffnet.

Jesus hat sich mehrere Stunden Zeit genommen, um mit den beiden an diesen Punkt zu gelangen. Er hat sorgfältig und systematisch die verschiedenen Faktoren angesprochen, die zur Unaufmerksamkeitsblindheit der beiden beigetragen haben.

Wenn es so lange gedauert hat, bis Maria und Kleopas Jesus wahrnahmen – obwohl er körperlich anwesend war: vollkommen sichtbar, direkt an ihrer Seite –, sollte es uns nicht wundern, dass es auch bei uns eine Weile dauert, bis wir Jesus an unserer Seite sehen und hören können.

Es ist bemerkenswert, dass es uns als Kindern relativ leichtfällt, Gott zu hören. Aber dann werden wir erwachsen und es sammeln sich allmählich Schichten von Zweifel, Selbsttäuschung, Desillusionierung und Enttäuschung an. Langsam, aber sicher verliert die materielle Welt den Zauber, der ihr innewohnt, das Leben wird entmystifiziert und unsere Sinne werden für das Flüstern Gottes desensibilisiert.

Ich vermute, dass du das hier gerade liest, weil Jesus zu deiner Seele geflüstert hat. Vielleicht hat er sich auf unerwartete Weise auf dem Weg zu dir gesellt – wie er es bei Maria und Kleopas getan hat. Vielleicht gab es da Gespräche, in die er sich eingemischt hat, Fragen, die er gestellt hat, die dich verunsichert haben, Dinge, die dich verwirrt und verletzt haben, Momente, in denen die Bibel zum Leben erwacht ist und etwas Unerwartetes in deinem Herzen entzündet wurde. Vielleicht klopft er schon eine Weile an die Tür, und indem du angefangen hast, dieses Buch zu lesen, hast du ihn auf eine neue und verletzliche Weise in dein Leben eingeladen. Vielleicht gab es Momente, in denen du seine Anwesenheit in deinem Haus und an deinem Tisch bemerkt hast.

Egal auf welche Weise Gott zu deiner Seele flüstert – sei nicht überrascht, wenn er sich dabei Zeit lässt und sich dabei «schräg» ausdrückt, die Schleier von Unverständnis und Unglauben wegnimmt, von denen du noch gar nichts wusstest, und langsam deinen intellektuellen, psychologischen und emotionalen Widerstand gegen das Wort abbaut, das er dir liebevoll zuflüstert.

Wer ist der Dritte, der immerzu geht neben dir?
Wenn ich zähle, sind's zusammen nur du und ich
Doch wenn ich vorausschaue auf die weiße Straße
Ist immer ein andrer da, der geht neben dir.[131]

T. S. Eliot

Lebendiges Wort
Nicolas Herman (1614–1691)
Gottes sanfte, leise Stimme hören

Es gibt keine süßere und herrlichere Art des Lebens auf der Welt als das ständige Gespräch mit Gott.[132]

Vor fast vierhundert Jahren stand ein junger Soldat mitten auf einem Schlachtfeld. Er starrte gerade auf einen kahlen Baum, als plötzlich Gott zu ihm sprach. Völlig unerwartet durchflutete Nicolas Herman die überwältigende Gewissheit, dass er demjenigen, der im Frühling die Bäume zum Blühen bringt, zutrauen konnte, auch sein unfruchtbares und nicht gerade vielversprechendes Leben zur rechten Zeit schön und fruchtbar zu machen.

Fünf Jahre später war er aufgrund einer schweren Verletzung gezwungen, aus dem Militärdienst auszuscheiden und einen neuen Job als Diener anzunehmen – eine Arbeit, für die Nicolas außerordentlich ungeeignet war: Wegen seiner Kriegsverletzung hinkte er und war – in seinen eigenen Worten – «ein großer, unbeholfener Bursche, der alles zerbrach».[133]

Im Alter von einundzwanzig Jahren hatte Nicolas bereits zwei Berufslaufbahnen hinter sich: Seine Karriere beim Militär war vorbei, und als Kammerdiener hatte er schrecklich versagt.

Wie wollte Gott, dass er den Rest seines Lebens verbrachte? Wie sollte sein «Baum» jemals Frucht tragen? Wann würde endlich eine neue Jahreszeit beginnen?

Nicolas fühlte sich zu einem tieferen geistlichen Leben hingezogen – nicht zuletzt durch die Vision, die er als Soldat auf dem Schlachtfeld erlebt hatte – und so wandte er sich an ein Kloster in Paris, wo er für die Brüder Essen servierte, abräumte und Teller wusch. Aber die vielen Stunden auf den Beinen verursachten ihm große Schmerzen, und so kam er schließlich in die Werkstatt des Ordens, wo er im Sitzen Sandalen herstellen und reparieren konnte. Das Priorat verfügte über eine prächtige Kapelle mit dem ersten (und damals einzigen) Kuppeldach in ganz Paris. Aber auch als Ordensbruder wurde Nicolas nie von der Werkstatt in die Kapelle mit ihren erhabenen priesterlichen Aufgaben «befördert». Stattdessen fuhr er einfach mehr als fünfzig Jahre lang demütig fort, Schuhe zu machen, und lernte dabei fleißig, Gottes Flüstern in den gewöhnlichen Dingen des Alltags zu erkennen. Seine Werkstatt wurde ihm zu einem heiligen Ort des Gebets.

Und so wurde Nicolas fruchtbarer, als es sich der sechzehnjährige Soldat, der damals niedergeschlagen auf einen Baum schaute, jemals hätte vorstellen können: Immer öfter suchten die Besucher des Klosters den Rat des Schuhmachers. Anstatt die prächtige Kapelle zu besuchen, gingen sie schnurstracks in die bescheidene Schusterwerkstatt. Und unzählige Menschen danken Gott bis heute für das Leben von Nicolas Herman, der heute sehr viel besser unter dem Namen «Bruder Lorenz von der Auferstehung» bekannt ist.

Indem er sich selbst in der Alltäglichkeit des Lebens, inmitten seiner vielen Enttäuschungen und Ablenkungen, «darin übte, in der Gegenwart Gottes zu sein», haben seine Einsichten Millionen von Menschen geholfen, eine kommunikativere, fröhlichere Beziehung mit Gott zu entwickeln. «Es gibt keine süßere und herrlichere Art des Lebens auf der Welt», so sagte er, «als das ständige Gespräch mit Gott.»[134]

Wir alle sind eingeladen, in die Fußstapfen von Bruder Lorenz und von tausend anderen zu treten. Wir dürfen die «süße und herrliche» Realität einer andauernden kommunikativen Beziehung zu Jesus Christus entdecken. Das Angebot steht, sein Flüstern inmitten der Gewöhnlichkeit, der Geschäftigkeit und sogar in den Niederlagen unseres profanen Lebens zu erkennen.

Ich habe alle Formen der Andacht und alle festen Gebete aufgegeben, außer denen, die mein Stand erfordert. Ich bin nunmehr darauf bedacht, in seiner heiligen Gegenwart zu verharren, indem ich eine einfache Aufmerksamkeit und einen liebevollen Blick auf Gott richte, ja, ich möchte sagen, auf die tatsächliche Gegenwart Gottes. Oder anders ausgedrückt: Es ist ein gewohnheitsmäßiges, schweigendes und vertrautes Gespräch der Seele mit Gott. Dies bereitet mir viel Freude und Zufriedenheit.[135]

Bruder Lorenz von der Auferstehung

Hörübung: Gottes Flüstern durch Stille, Einsamkeit und Sabbatruhe hören

Der Freund der Stille nähert sich Gott.
Johannes Klimakos

In diesem Kapitel haben wir uns mit dem Flüstern Gottes beschäftigt und mit unseren falschen Annahmen darüber, wie er am liebsten spricht. Wir sind eingeladen, in das unbekannte Terrain der Stille und Einsamkeit einzutauchen und zu lernen, Gottes Flüstern wahrzunehmen. Als Vorbilder dienen uns Elia, der allein auf dem Berg Karmel stand, um Gottes sanfte, leise Stimme zu hören, Jesus, der früh aufstand, um in Ruhe mit seinem Vater zu sprechen, und auch die frühen Wüstenväter und -mütter, die sich in die Wildnis zurückzogen, um zu beten.

Stille und Einsamkeit üben

In der Einsamkeit ereignen sich der große Kampf und die große Begegnung – der Kampf gegen die Zwänge des falschen Selbst und die Begegnung mit dem liebenden Gott, der sich uns als Kern und Substanz des neuen Selbst anbietet.[136]
Henri Nouwen

Stille kultivieren

So wie die Wasseroberfläche eines ruhigen Sees das Licht reflektiert und ein geräuschloser Raum ein Flüstern verstärkt, so kann eine stille Seele die Stimme Gottes hören. In unserem Zeitalter ständiger Ablenkung, Geschäftigkeit und Lautstärke kann es fast unmöglich erscheinen, Stille und Einsamkeit zu pflegen – besonders wenn wir zusammen mit Kindern oder in der Stadt wohnen. In seinem Klassiker *Nachfolge feiern* rät Richard Foster uns deshalb, das Beste aus all den «kleinen Einsamkeiten» zu machen, die unseren Alltag durchziehen.[137]

Es ist überraschend, wie viele dieser *Selah*-Momente es tatsächlich gibt – am frühen Morgen oder spät in der Nacht, beim Autofahren oder allein in einem überfüllten Zug, im Bad oder auf einem kurzen Spaziergang zwischen zwei Meetings – und wie achtlos und umfassend wir diese Momente mit digitaler Ablenkung füllen.

Streben wir nicht alle danach, konzentrierter und weniger zerstreut zu sein? Wollen ruhiger und präsenter, weniger reaktiv und aufmerksamer gegenüber dem Flüstern Gottes sein? Wenn wir die «kleinen Einsamkeiten» jedes Tages mit unserer ungeteilten Aufmerksamkeit ehren und uns weigern, in den Momenten, in denen wir allein sind, sofort nach unseren Handys zu greifen, können wir diese Zwischenzeiten leicht in Oasen der Stille vor Gott verwandeln. Und zusammen ergeben diese kleinen Momente wahrscheinlich mindestens eine Stunde deines Tages!

Sobald du dies eingeübt hast (und das kann viel schwieriger sein, als man denkt – oft tritt eine Art existenzielle Panik auf, sobald man wirklich mit sich allein ist), kannst du anfangen, diese Mikromomente zu erweitern: Nimm den längeren Weg nach Hause, nimm ein ruhiges Bad, statt schnell noch zu duschen, stehe ein paar Minuten früher auf, gehe zu Fuß zum Meeting, halte am Ende einer Mahlzeit inne, schlendere durch eine Kunstgalerie, trinke einen Kaffee mit nichts als einem Buch, lies ein Gedicht statt Prosa, schalte die Musik aus, wenn dein Partner das Haus verlässt. – In Summe werden diese wenigen ausgekosteten Minuten ein tieferes Bewusstsein für Gottes Gegenwart bewirken, eine geschärfte Sensibilität für seine Stimme und eine größere innere Ruhe, die sich auf den Rest deines Tages auswirkt.

Stille Einkehrtage

Eine 24-stündige Zeit des Schweigens mag (besonders extrovertierte Menschen) zunächst einschüchtern, aber es wird nicht lange dauern, bis die kleinen alltäglichen Momente der Einsamkeit, die ich oben beschrieben habe, dir nicht mehr genug sind und du dir mehr wünschst!

Schweigeklausuren erfordern Planung, vor allem, wenn man versucht, sie zu Hause zu machen. Im Allgemeinen ist es am besten, sich an einen Ort zurückzuziehen, an dem man ungestört sein kann.

Persönlich finde ich es hilfreich, meine Einkehrzeiten mit einem seelsorgerlichen Rahmen zu versehen: zu Beginn in Form eines Gesprächs mit einem Freund oder geistlichen Berater, um die Erwartungen zu klären, sowie am Ende mit einer Nachbesprechung.

Zur Planung meiner Klausuren nutze ich in der Regel eine schlanke Struktur, die sechs Elemente umfasst: Bewegung, Schlaf, Mahlzeiten, Lektüre, Tagebuch und Gebet. Wenn ich mich in einem klösterlichen Setting befinde, nehme ich an mehreren (aber wahrscheinlich nicht allen) der sieben Stundengebete teil, und wenn die Mahlzeiten nicht schweigend eingenommen werden (was oft der Fall ist), sorge ich dafür, dass ich auf meinem Zimmer essen kann.

Bei der Zeitplanung achte ich darauf, mir nicht zu viel vorzunehmen. Ich neige dazu, unrealistische Erwartungen an mich selbst zu stellen und das Potenzial meiner Auszeit zu überschätzen. Tatsache ist, dass ich nicht mehr als ein Buch lesen werde – ja, vielleicht nicht einmal mehr als ein Kapitel. Es ist auch erlaubt, sich eine Siesta zu gönnen – selbst, wenn es eine unfreiwillige ist, während man eigentlich versucht, zu beten. Und ich muss auch nicht zwangsläufig mit einer großartigen neuen Erleuchtung von meiner Auszeit zurückkehren.

Sabbatruhe halten

Die vielleicht wichtigste geistliche Disziplin, um die Art von Stille zu kultivieren, in der wir Gott hören können, ist ein wöchentlicher Ruhetag. Lass mich das noch einmal wiederholen: Wenn du Schwierigkeiten hast, Gott zu hören, könnte es daran liegen, dass du den Sabbat vergessen hast. Heute schäme ich mich dafür, dass ich es selbst viele Jahre lang versäumt habe, Gott auf diese Weise zu ehren. Früher war ich wohl sogar stolz auf die Stunden, die ich arbeitete, um eine Gemeinde und eine Bewegung zu leiten. Ich war stolz darauf, ständig auf irgendwelche Bedürfnisse zu reagieren. Dafür musste ich Buße tun.

Norman Wirzba schreibt: «Das Ausmaß und die Tiefe unserer Entschiedenheit, Sabbat zu halten, ist das Maß dafür, wie weit wir in unserer Jüngerschaft und unserer Freundschaft mit Gott fortgeschritten sind.»[138]

Egal, welchen Wochentag du dir zum Ruhetag machst: Stelle sicher, dass es an diesem Tag fröhlich, langsam und analog zugeht und dass du dir diesen Tag nicht nehmen lässt. Falls du verheiratet bist und Kinder hast, solltet ihr diese wunderbare Disziplin zu einem Herzstück eures Familienlebens machen.

Es gibt so viel gutes Material zu diesem wichtigen Thema. Ich würde vorschlagen, du beginnst entweder mit Abraham Heschels Klassiker *Der Schabbat* oder John Mark Comers *Das Ende der Rastlosigkeit.*

Fragen für die persönliche Reflexion und für Gruppengespräche

- Welche «kleinen Einsamkeiten» gibt es in meinem Tagesablauf und wie fülle ich sie derzeit?
- Welche Emotionen nehme ich wahr, wenn ich mir vorstelle, längere Zeit allein und still zu verbringen, ohne mein Smartphone?
- Ich mache mir bewusst, dass es möglich ist, äußerlich zu schweigen und ruhig zu sein, während es in mir laut und chaotisch zugeht. Welcher gedankliche Lärm lenkt mich ab und stört meinen inneren Frieden?

Zur Vertiefung

Henri J. M. Nouwen: *The Way of the Heart. The Spirituality of the Desert Fathers and Mothers,* Ballantine: New York 1981. Auf Deutsch erschienen unter dem Titel: *Feuer, das von innen brennt,* Herder: Freiburg 1981–1992 (vergriffen, nur antiquarisch erhältlich).

John Mark Comer: *Das Ende der Rastlosigkeit,* SCM R. Brockhaus: Wuppertal 2022.

Eine der wichtigsten Ebenen, auf denen Gott in der Bibel mit den Menschen kommuniziert, ist die Ebene des Unbewussten und der Intuition. Und so spricht er auch heute noch. Dieses Kapitel gibt praktische Ratschläge für all diejenigen, die Gott in ihren Träumen hören wollen, und unterstreicht, wie wichtig es ist, auf sein Gewissen zu achten – ein wesentliches, aber nicht unfehlbares Sprachrohr für den Heiligen Geist. Außerdem beschäftigen wir uns in diesem Kapitel mit dem ignatianischen Tagesrückblick, dem sogenannten *Examen* – einem effektiven Werkzeug, um sich mit seiner eigenen inneren Welt zu verbinden.

6
Gottes Flüstern in Träumen und im Unbewussten hören

Da wurden ihre Augen geöffnet, und sie erkannten ihn. Und er verschwand vor ihnen.
Lukas 24,31 (LUT)

Wenn wir der Bibel glauben, dann müssen wir die Tatsache hinnehmen, dass in alten Zeiten Gott und seine Engel im Schlaf zu Menschen kamen und sich ihnen in ihren Träumen zu erkennen gaben.[139]
Abraham Lincoln

Niemand hätte, als er Jesus zum ersten Mal begegnete, überraschter gewesen sein können als Sean. Es war zu Beginn der Pandemie, während des ersten landesweiten Lockdowns in Großbritannien, und wie sonst auch war Sean in seinem Bett eingeschlafen. Doch in dieser Nacht hatte er in einem Traum eine völlig unerwartete, lebensverändernde Begegnung mit Jesus Christus, von der ich hier mit seiner Erlaubnis erzählen darf.

Sean wusste nicht viel über die Bibel und verirrte sich, wenn er es vermeiden konnte, schon gar nicht in die Nähe einer Kirche. Aber in seinem Traum sah er ein helles Licht, das von einem Stuhl an einem Tisch ausging, und einen Mann, den er als Jesus erkannte, der eine Steintreppe hinaufkam und auf ihn zuging. Jesus näherte sich Sean, legte ihm eine Hand auf die Schulter und sagte einfach: «Ich hab' dich.» Als er die Berührung spürte und diese Worte hörte, durchflutetet Sean ein überwältigendes Gefühl der Macht Gottes.

«Jede Zelle in meinem Körper explodierte vor Liebe, reiner Liebe», sagte er mir. «Es war besser als jede Droge, die ich je genommen habe. Es war, als hätte ich Gänsehaut am ganzen Körper – innen und außen.» Als er aufwachte, fühlte sich Sean völlig anders: Die Macht seiner Pornosucht war gebrochen und das Verlangen, zu fluchen, war ebenfalls verschwunden. Sogar seine seit Langem bestehende tiefsitzende Angst vor dem Tod hatte ihren Schrecken verloren.

Vor dieser Erfahrung hatte Sean ernsthaft über eine größere berufliche Veränderung nachgedacht. Inspiriert von diesem außergewöhnlichen Traum beschloss er nun, um ein wenig göttliche Führung zu bitten. Er ist Fliesenleger von Beruf, aber er hatte Arthritis im rechten Knie entwickelt, was das Arbeiten auf dem Boden unerträglich schmerzhaft machte. Jetzt bot sich die Gelegenheit, stattdessen ein Fliesengeschäft zu eröffnen, und er zog das ernsthaft als berufliche Alternative in Betracht. Aber es gab auch die Option einer Knieoperation, und er wusste, dass es gerade kein guter Zeitpunkt war, um einen Laden zu eröffnen.

Einen Tag, nachdem Sean dieses Gebet gesprochen hatte, war er damit beschäftigt, ein Badezimmer zu fliesen. Er war gerade in Gedanken versunken, ohne dass das Radio lief, als er wiederholt ein Wort hörte, immer und immer wieder: «Korinther».

«Ich wusste nicht, was das bedeutet. Und ich wusste definitiv nicht, dass es in der Bibel stand», lachte er. «Also habe ich es einfach dort, wo ich noch kacheln musste, an die Badezimmerwand gekritzelt, um es nicht zu vergessen. Und dann hörte ich etwas anderes: ‹Sieben›. Also habe ich die Zahl Sieben aufgeschrieben. Schließlich hörte ich ‹Sechsundzwanzig›.»

Als er nach Hause kam, erzählte Sean seiner Frau von diesem seltsamen Erlebnis, und sie meinte, es könnte etwas mit der Bibel zu tun haben. Man stelle sich seine Überraschung vor, als er entdeckte, dass es sich tatsächlich um Buch, Kapitel und Versangabe handelte! Mit angehaltenem Atem suchte er 1. Korinther 7,26 und lachte laut über das, was er fand: In seinem Gebet am

Vortag hatte er die Frage gestellt, ob er während der Pandemie weiterhin Fliesenleger bleiben oder sich beruflich neu orientieren sollte. Und nun las er diese Worte: «So halte ich nun um der gegenwärtigen Not willen das für richtig, dass es für einen Menschen gut ist, so zu bleiben wie er ist» (SLT).

Ein unwahrscheinlicher Zufall

Es stehen über 31.000 Verse in der Bibel, und ich bezweifle, dass es einen anderen gibt, der so präzise in Seans Lage an diesem Tag gepasst hätte. Wenn Sean einfach eine Bibel aufgeschlagen und den ersten Vers herausgesucht hätte, den er sah, wäre die Wahrscheinlichkeit verschwindend gering gewesen – 0,0032 Prozent –, dass er genau diesen Vers gefunden hätte. Aber natürlich ist die tatsächliche Wahrscheinlichkeit noch geringer, weil er ja gar nicht in der Bibel nach einer Antwort suchte. Sean hörte eine Stimme, die eine Reihe von Wörtern wiederholte, von denen er nicht einmal wusste, dass sie etwas mit der Bibel zu tun hatten!

Sean selbst hat keinerlei Zweifel: «Es war, als würde Gott direkt zu mir sprechen und meine Frage mithilfe der Bibel exakt beantworten. Das mit der ‹gegenwärtigen Not› war offensichtlich – die Pandemie wütete noch überall – und Gott sprach laut und deutlich und sagte mir, ich solle vorerst weiter als Fliesenleger arbeiten. Also lehnte ich das Angebot mit dem Geschäft ab, blieb Fliesenleger und meldete mich so bald wie möglich für eine Knieoperation an.»

Ich bin sicher, dass es Leute gibt, die sagen würden, dass Seans Erlebnisse eine Reihe von psychologischen Phänomenen und willkürlichen Zufällen waren. Aber ich persönlich finde es einfacher zu akzeptieren, dass es einen Gott gibt, der auch heute noch durch Träume spricht. In biblischen Zeiten gehörten Träume zu den häufigsten und wirkungsvollsten Methoden, durch die Gott kommunizierte. Das ist deshalb besonders erwähnenswert, weil Träume heutzutage im Westen wohl eine der am wenigsten respektierten und praktizierten Arten sind, auf Gott zu hören.

In seinem Buch *Dreams and Healing* (z. Dt. *Träume und Heilung)* beklagt der Pfarrer und analytische Psychotherapeut John Sanford, unser Verständnis von Träumen habe Schaden genommen, da die westliche Kirche vom rationalistischen Materialismus durchdrungen sei.

> Im Zuge ihrer zunehmenden Institutionalisierung hat die Kirche die Realität der individuellen Seele und ihrer Träume zugunsten von kollektivierten Glaubensbekenntnissen, Ritualen und Traditionen zunehmend abgewertet und geleugnet – obwohl dies den Ansichten der Bibel und des frühen Christentums zuwiderlief! Jede bedeutende Persönlichkeit der frühen christlichen Kirche, bis hin zum heiligen Augustinus, führt Träume als eine wichtige Art und Weise an, wie Gott zu den Menschen spricht, und viele Kirchenväter haben psychologische Abhandlungen über Träume geschrieben.[140]

Ein alter Schulfreund von mir heiratete eine Frau aus Lahore (Pakistan). Bis sie anlässlich ihrer Hochzeit nach England kam, hatte sie noch nie ihre Heimatstadt, geschweige denn ihr Land verlassen. Auf sie wartete ein ziemlicher Kulturschock! Am Anfang ihrer Ehe schauten Andy und Farah eines Abends die Nachrichten im Fernsehen, als über einen Terroranschlag in dem Stadtteil von Lahore berichtet wurde, in dem Farahs Familie lebte. Andy fragte sie, ob es ihr gut gehe und ob sie ihre Familie anrufen wolle, aber sie zuckte nur mit den Schultern und sagte: «Es sind doch nur die Nachrichten!»

Doch einige Tage später hatte Farah einen lebhaften Traum von einem ähnlichen Anschlag in ihrer Heimatstadt. Sie war völlig aufgewühlt und war besorgt, bis sie schließlich sicher sein konnte, dass es ihrer Familie gut ging. Der Traum hatte für Farah zweifellos mehr Gewicht als die Fernsehnachrichten, denn ihre primäre Denkweise ist religiös und nicht rationalistisch. Farah ist eine kluge Frau, eine kompetente Anwältin, aber die Kultur, in der sie aufgewachsen ist, steht dem biblischen Paradigma – und in der Tat der Denkweise der meisten Menschen, die im Laufe der Geschichte gelebt haben – sehr viel näher als unser säkularer Materialismus.

Ich will damit nicht sagen, dass wir uns von unseren Gehirnen verabschieden und die empirischen Belege der Wissenschaft ignorieren sollten, sondern vielmehr, dass wir als gläubige Menschen auch offen sein sollten für andere, weniger materialistische, geheimnisvollere Arten, die Realität zu interpretieren.

Als der Philisterkönig Abimelech Abrahams schöne Frau Sara als Gemahlin zu sich nahm (ohne zu wissen, wer sie war), warnte Gott ihn in einem Traum und forderte ihn auf, Buße zu tun; und das Faszinierende daran ist, wie ernst er diesen Traum nahm: Er stellte ihn keine Sekunde lang infrage, sondern ließ sofort Abraham holen und übergab Sara wieder ihrem Ehemann (1. Mose 20).

Gottes Sprache in der Bibel

In der Bibel werden Träume und Visionen größtenteils als ein und dasselbe gesehen: Gesichte sind Wachträume und Träume sind «Nachtgesichte». So heißt es zum Beispiel im Buch Hiob:

> Denn auf eine Weise redet Gott und auf eine zweite; nur beachtet man's nicht. Im Traum, im Nachtgesicht, wenn der Schlaf auf die Menschen fällt, wenn sie schlafen auf dem Bett, da öffnet er das Ohr der Menschen.
>
> *Hiob 33,14–16 (LUT)*

Da Träume und Visionen so ähnlich sind und die Prinzipien, anhand derer sie gedeutet werden können, größtenteils aufeinander übertragbar sind, werde ich mich in diesem Kapitel hauptsächlich auf das Hören von Gottes Stimme durch Träume konzentrieren, nachdem ich mich an anderer Stelle in diesem

Buch bereits mit anderen Arten von Visionen beschäftigt habe (zum Beispiel in Kapitel 4).[141]

Tatsache ist, dass fast jede Hauptfigur in der Bibel höchst bedeutsame Träume oder Visionen von Gott erhielt. Einige waren symbolischer Natur, andere spezifische Warnungen, und viele ein Mittel der konkreten Führung. Außerdem handelte es sich nicht nur um ein gelegentliches Phänomen für besonders mystisch veranlagte Menschen, sondern Träume waren eine der Hauptmethoden, wie Gott mit seinem Volk sprach. Aus diesem Grund wurden die Propheten des Alten Testaments oft «Seher» genannt. Denn Gott sagt: «Wenn ich Propheten zu euch sende, offenbare ich mich ihnen in Visionen und ich spreche zu ihnen in Träumen» (4. Mose 12,6; GNB). Umgekehrt wurde das Fehlen von Träumen und Visionen im Land als Zeichen des göttlichen Gerichts angesehen (siehe 1. Samuel 3,1 und 28,6; Klagelieder 2,9; Micha 3,6–7).

Der Stammvater Jakob erhielt seine Berufung bekanntlich eines Nachts, als er von Engeln träumte, die an einem Ort, den er *Bethel* nannte, eine Treppe zum Himmel hinauf- und hinunterstiegen (1. Mose 28,12). Später erhielt er in einem anderen Traum die Anweisung, in seine Heimat zurückzukehren und seinen Schwiegervater Laban zu verlassen, der seinerseits im Traum Rat erhielt, wie er auf Jakobs plötzliche Abreise reagieren sollte (1. Mose 31,3.10.24).

In der nächsten Generation empfing Jakobs Sohn Josef als Junge eine Reihe prophetischer Träume, die ihm leider zu Kopf stiegen (1. Mose 37). Als Erwachsener, der aus seinen Fehlern gelernt hatte, wurde Josef am Hof des Pharaos ein geschickter Traumdeuter. Die göttlichen Offenbarungen aus seinen Traumdeutungen beeinflussten sogar nachhaltig die Politik seiner Zeit (1. Mose 40).

Gideons unwahrscheinlicher Sieg über die Midianiter wurde durch einen Traum vorausgesagt (Richter 7). König Salomo begegnete Gott in einem Traum und bat um Weisheit (1. Könige 3).

Jesaja erhielt seine Berufung von Gott in einer dramatischen Vision (Jesaja 6). Der Prophet Daniel empfing und deutete während seines langen und einflussreichen Lebens in Babylon viele Träume (z. B. Daniel 2,28; 4,5–24; 7,1–28; 10). Der Prophet Joel sagte voraus, das primäre Erkennungszeichen der Ausgießung des Heiligen Geistes in der Endzeit sei das Auftreten von Träumen und Visionen bei Jung und Alt (Joel 3,1) – eine Bibelstelle, die der Apostel Petrus am Pfingsttag aufgriff (vgl. Apostelgeschichte 2,16–17).

Das Hauptmerkmal der Ausgießung des Geistes auf «alles Fleisch» in diesen letzten Tagen ist laut Joel, den Petrus zitiert, nicht die Zungenrede, das Zittern oder Umfallen. Es ist eine Zunahme von Träumen und Visionen. Wenn wir mit dem Geist Gottes erfüllt sind, sollten wir daher erwarten, dass Gott auf diese Weise zu uns spricht.

Und so setzt sich das Thema Träume natürlich im Neuen Testament fort; hier nehmen sie sogar noch zu. Wenn du genau liest, wirst du feststellen, dass die bekannte Erzählung von der Geburt Jesu, die wir an Weihnachten feiern, in Wirklichkeit die Geschichte einer bemerkenswerten Reihe von Träumen ist: In einem Traum erhielt Josef die Bestätigung, dass er Maria heiraten solle, und die Anweisung, das Kind *Jesus* zu nennen (Matthäus 1,20–1). Durch einen Traum wurden die Weisen aus dem Morgenland gewarnt, dass sie König Herodes auf ihrer Heimreise meiden sollten (Matthäus 2,12). Im Traum wurde Josef aufgefordert, mit seiner Familie nach Ägypten zu fliehen (Matthäus 2,13), und in einem weiteren Traum wurde ihm gesagt, wann genau er wieder zurückkehren sollte (Matthäus 2,19–20).

Und dann, am anderen Ende des irdischen Lebens von Jesus, zur Zeit seines Prozesses, wurde die Frau des Pilatus durch einen Traum so beunruhigt, dass sie ihren Mann vor Jesus warnte (Matthäus 27,19). Das ist besonders interessant: Wenn wir davon ausgehen, dass es Gottes Plan war, dass Jesus sterben sollte, kann ihr Traum keine direkte göttliche Anordnung gewesen sein.

Stattdessen musste Pilatus' Frau in ihren Träumen etwas von den tiefen atmosphärischen Unruhen gespürt haben, die die Leiden Christi begleiteten (mehr dazu später).

Nach der Auferstehung Jesu trägt eine Reihe von sorgfältig choreografierten Träumen und Visionen zu den entscheidendsten Fortschritten in der Verbreitung des Evangeliums bei: In Apostelgeschichte 9 bekehrt sich Saulus durch eine Erscheinung, die ihn blind werden lässt, und Hananias wird durch eine Vision zu ihm gesandt, um ihn zu heilen und zu beauftragen (9,10–11). Im folgenden Kapitel, Apostelgeschichte 10, erscheint ein Engel dem römischen Hauptmann Kornelius und weist ihn an, den Apostel Petrus holen zu lassen (und gibt ihm sogar seine Adresse). Und durch eine Vision wird Petrus beauftragt, der Einladung zu folgen, was dazu führt, dass das Evangelium aus dem Judentum auf die heidnische Welt überspringt. In Apostelgeschichte 16 hat der Apostel Paulus (wie Saulus jetzt genannt wird) einen Traum von einem Mann – möglicherweise einem Engel –, der seine apostolische Mission nach Mazedonien umleitet (16,9). Und in Apostelgeschichte 18 ermutigt ihn Gott im Schlaf, noch länger in Korinth zu predigen (18,9–11).

Engel: Gottes Boten

Gläubige, hebt euren Blick – fasst Mut! Die Engel sind euch näher, als ihr denkt.[142]
Billy Graham

Ein faszinierendes Merkmal dieser Liste biblischer Träume ist die Häufigkeit, mit der dabei Engel erscheinen und sprechen. Das deutsche Wort «Engel» kommt von dem griechischen Wort *angelos,* was «Gesandter» oder «Bote» bedeutet. Seit Tausenden von Jahren spricht Gott durch sie zu den Menschen – von dem Engel in 1. Mose 16, der Hagar ankündigte, sie würde (bald) einen Sohn zur Welt bringen, bis zu dem Engel in Lukas 1, der Maria sagte, sie würde schwanger werden. Tatsächlich gibt es allein in den Evangelien einundfünfzig Erwähnungen von Engeln, und sie spielen auch eine entscheidende Rolle bei Jesu Geburt (Matthäus 1,20.24), seinem Tod (Lukas 22,43) und seiner Auferstehung (Matthäus 28,2.5).

Der angesehene christliche Autor Dallas Willard bemerkt: «Es ist sicherlich angemessen zu sagen, dass die Bibel selbst ein Buch voller Engel ist, von 1. Mose 16,7 bis zum Ende.»[143]

Ich bin überzeugt, dass Engel auch in unserer Zeit noch aktiv sind und Gott als Boten dienen, indem sie den Menschen sein Wort bringen. Etwa 70 Prozent der Amerikaner glauben heute an Engel, und viele behaupten sogar, dass ihnen persönlich in irgendeiner Weise von einem Engel geholfen wurde.[144] In den frühen Tagen der 24-7-Gebetsbewegung erlebten wir mindestens zwei Engelserscheinungen im Zusammenhang mit unserem ersten Gebetsraum. Diese Begegnungen, die ich in meinem Buch *Red Moon Rising* beschreibe, haben unseren Glauben gestärkt (und uns eine gesunde Portion Furcht eingeflößt), und das zu dem entscheidenden Zeitpunkt, als wir eine weltweite Gebets-Bewegung ins Leben riefen.[145]

So etwas sollte uns nicht überraschen: Jesus lehrte, dass Engel weiterhin und besonders beim Ende der Welt eine wichtige Rolle spielen würden (Matthäus 13,39–43; 24,31; 25,31). Das tat auch der Apostel Paulus (2. Thessalonicher 1,7). Und im allerletzten Buch der Bibel werden die Engel nicht weniger als achtzig Mal erwähnt! Als Menschen, die von Gott hören wollen, sollten wir unsere Häuser, unsere Herzen und unsere Augen für himmlische Besucher offenhalten, denn «ohne es zu wissen, haben manche … Engel bei sich aufgenommen» (Hebräer 13,2).

Eine Art von Wunder

Der wegweisende Neurochirurg und ehemalige Präsidentschaftskandidat Ben Carson wuchs als «Ghettokind» in einer zerrütteten

Familie auf: in verschiedenen armen, von Kriminalität geprägten Vierteln. Doch sein Traum war es, Psychiater oder Arzt zu werden. Durch schiere Willenskraft schaffte er es, für das Medizin-Grundstudium an der renommierten *Yale University* angenommen zu werden.

Nun aber, umgeben von den Klügsten und Besten, wurde er von Unsicherheiten geplagt und hatte mit akademischen Schwierigkeiten zu kämpfen, insbesondere im Fach Chemie. Als sich das Ende seines ersten Semesters näherte, wusste Carson, dass er diesen Kurs höchstwahrscheinlich nicht bestehen würde, was das Ende seines Traums vom Medizinstudium bedeutet hätte.

Am Tag vor der Prüfung versuchte er es aus lauter Verzweiflung und Angst mit Gebet: «Mein Geist streckte sich nach Gott aus – eine verzweifelte Sehnsucht, ein Flehen, ein Festklammern an ihn. ‹Hilf mir entweder zu verstehen, welche Art von Arbeit ich in Zukunft machen soll, oder vollbringe ein Wunder und hilf mir, diese Prüfung zu bestehen.›»[146]

Nachdem er gebetet hatte, machte sich Carson wieder ans Lernen, kritzelte wütend Formeln auf Papierfetzen und versuchte, sich Informationen einzuprägen, die er immer noch nicht verstand. Schließlich, um Mitternacht, «ließ ich mich in mein Bett fallen und flüsterte in der Dunkelheit: ‹Gott, es tut mir leid. Bitte vergib mir, dass ich dich enttäuscht habe und dass ich mich selbst enttäuscht habe.› Dann schlief ich ein.»

Und dann kam der Traum, der sein Leben veränderte:

«Während ich schlief, hatte ich einen seltsamen Traum, und als ich am Morgen aufwachte, war er so lebendig, als wäre er tatsächlich geschehen. In dem Traum saß ich im Chemiesaal und war die einzige Person dort. Die Tür öffnete sich, und eine nebulöse Gestalt betrat den Raum, blieb an der Tafel stehen und begann, Chemieaufgaben zu lösen. Ich machte mir Notizen zu allem, was er schrieb.»

Als er sich am nächsten Morgen an seinen Traum erinnerte, kam Carson zu dem Schluss, dass er im Schlaf so sehr mit Chemie beschäftigt gewesen war, dass sein Kopf einfach weiter an den Aufgaben gearbeitet hatte. Aber – und das ist wichtig – er nahm den Traum so ernst, dass er so viel wie möglich davon aufschrieb, einschließlich der Aufgaben, die er an der Tafel gesehen hatte.

Kurze Zeit später machte er sich nervös auf den Weg, um mit 600 anderen Studierenden in einem Hörsaal die alles entscheidende Chemieprüfung zu schreiben: «Mit klopfendem Herzen öffnete ich das Prüfungsheft und las die erste Aufgabe. In diesem Moment konnte ich beinahe die mysteriöse Titelmelodie der Fernsehsendung *The Twilight Zone* hören. Ich hatte tatsächlich das Gefühl, auf einmal in dieser geheimnisvollen Zwischenwelt voller übernatürlicher Phänomene gelandet zu sein. Hastig blätterte ich das Heft durch. Ich lachte leise, während ich mich dessen vergewisserte, was mir schlagartig klar wurde: Die Prüfungsaufgaben waren identisch mit denen, die die schattenhafte Traumfigur in meinem Schlaf an die Tafel geschrieben hatte.»

Ben Carson stellte fest, dass er die meisten Fragen beantworten konnte, indem er das, was er in der Nacht zuvor gesehen hatte, aus dem Gedächtnis abschrieb. Es war eine außergewöhnliche Erfahrung. Schließlich stand er auf und verließ wie benommen den Saal, um zu verarbeiten, was gerade geschehen war. Er fragte sich, ob die Dinge, die er aufgeschrieben hatte, überhaupt einen Sinn ergaben.

Die Antwort auf diese Frage kam unverzüglich: Ben Carson hatte sein Chemieexamen mit 97 von 100 Punkten bestanden. Das war ein Wendepunkt in seinem Leben, nicht nur in akademischer, sondern auch in seelischer Hinsicht: Von diesem Moment an hatte er ein neues Bewusstsein für seine Bestimmung. Seine Unsicherheit war verschwunden. Er zweifelte nicht mehr daran, dass Gott «einen besonderen Auftrag für [sein] Leben hatte».

Im Alter von dreiunddreißig Jahren war Ben Carson der jüngste Chefarzt für pädiatrische Neurochirurgie in den Vereinigten Staaten. Im Alter von fünfzig Jahren wurde er vom *Time Magazine* zu einem der zwanzig besten Ärzte und Wissenschaftler Amerikas ernannt. Im Jahr 2008 wurde ihm die *Presidential Medal of Freedom* verliehen – eine der beiden höchsten zivilen Auszeichnungen der Vereinigten Staaten von Amerika. Im Jahr 2016 bewarb er sich als republikanischer Präsidentschaftskandidat, musste sich aber schließlich gegen Donald Trump geschlagen geben.

Ein Traum war der Schlüsselmoment für diesen kometenhaften Aufstieg. Ein Traum, der so rätselhaft ist, dass es dafür nur zwei Erklärungen geben kann: Entweder müssen wir zu dem Schluss kommen, dass Ben Carson die ganze Sache erfunden hat – dass einer der angesehensten Männer Amerikas tatsächlich konsequent und ohne Not jahrelang über ein unbedeutendes Detail aus seinem ersten Studiensemester gelogen hat. Oder wir müssen zu dem Schluss kommen, dass Gott in der Tat im entscheidenden Moment seines Lebens seine Gebete erhörte und ihn auf den Weg zu einer außergewöhnlichen Karriere im Dienste der Allgemeinheit brachte.

In seinen Memoiren schreibt Carson: «Ich hatte noch nie zuvor einen solchen Traum gehabt, noch hatte das irgendjemand, den ich kannte. Und diese Erfahrung widersprach allem, was ich in meinen Psychologiekursen über Träume gelesen hatte. Die einzige Erklärung dafür hat mich einfach umgehauen. Die einzig schlüssige Antwort war demütigend in ihrer Einfachheit: Aus welchem Grund auch immer hatte der Gott des Universums, der Gott, der Galaxien in seinen Händen hält, Anlass gesehen, in eine Studentenbude auf dem Planeten Erde zu kommen, um einem entmutigten Jugendlichen aus dem Ghetto, der unbedingt Arzt werden wollte, einen Traum zu schicken.»[147]

Praktische Schlüssel für Träumer

Ich hoffe, dass die Traumgeschichten, die ich bisher erzählt habe – von Ben Carson in Amerika, Sean dem Fliesenleger in England, Asrin im Iran (Kapitel 1) und vielen der angesehensten Persönlichkeiten der Bibel – dich inspirieren. Ich hoffe, ich konnte dich ermutigen, Träume als eine Möglichkeit, Gott zu hören, viel ernster zu nehmen. Wenn du aber wie ich bist und dich nur selten an deine Träume erinnerst – und wenn, dann scheinen sie in der Regel bedeutungslos zu sein (oder allenfalls wenig subtile Anzeichen von Angst, Furcht oder Lust) –, dann fragst du dich vielleicht, wie es möglich ist, in einem so subjektiven Bereich der göttlichen Offenbarung zu wachsen? Ich möchte drei praktische Tipps anbieten für alle, die im Traum von Gott hören möchten: um Träume *bitten,* Träume *ernst nehmen* und Träume *deuten.*

Um Träume bitten

Das Erste und Offensichtlichste ist, dass das Träumen keine Gabe ist, die man herbeizaubern oder erzwingen könnte. Man sollte zwar um Träume bitten, aber weil das Hören von Gottes Stimme im Traum eben ein Geschenk ist, hat man nicht automatisch einen Anspruch darauf, dass Gott auf diese Weise zu einem spricht.

Einige meiner Freunde sind sehr produktive Träumer, der Rest nicht. Ich persönlich bin mit Visionen am Tag viel vertrauter als mit Träumen in der Nacht, und das ist in Ordnung. Ich vermute, das hat einfach mit meiner Veranlagung zu tun. Mich tröstet die Beobachtung, dass es keine biblischen Aufzeichnungen darüber gibt, dass König David oder gar Jesus je im Traum von Gott gehört hätten. Fühle dich also bitte nicht unter Druck gesetzt, zu träumen! Gott auf diese Weise zu hören, sollte immer eine aufregende Möglichkeit und nicht eine lästige Notwendigkeit sein – ein *Kann,* kein *Muss.*

Ich möchte dich aber auf jeden Fall ermutigen: Bitte Gott, durch Träume zu dir zu sprechen, bevor du nachts schlafen gehst – vor allem, wenn du seine Führung besonders nötig hast. Forscher haben festgestellt, dass Menschen, die mit einer dringenden Frage oder einem Anliegen in den Schlaf gehen, eher dazu neigen, in der Nacht davon zu träumen, während ihr Gehirn die Ereignisse des vergangenen Tages verarbeitet. Außerdem haben Studien zur

Kognition während des Schlafs (also zur Gesamtheit aller Prozesse, die mit dem Wahrnehmen und Erkennen im Schlaf zusammenhängen) gezeigt, dass die Fähigkeit, sich an Träume zu erinnern, in persönlichen Krisenzeiten zunimmt.

Es kann also durchaus Zeiten im Leben geben – beispielsweise in Zeiten größerer Veränderungen –, in denen es besonders wichtig und effektiv sein kann, um Träume zu bitten.

An den Geschichten, die ich bisher erzählt habe, fällt auf, dass sowohl Asrin im Iran als auch Sean der Fliesenleger und auch Ben Carson ihre bemerkenswerten Träume in Momenten einer persönlichen Krise erhielten. Das waren keine normalen Alltagserfahrungen!

Wenn ich nachts das Licht an meinem Bett ausschalte und meinen Kopf ins Kissen sinken lasse, flüstere ich oft ein einfaches Gebet: «Danke, Vater, für diesen Tag. Erfülle meine Träume und sprich, während ich schlafe.» Wenn ich am nächsten Morgen aufwache, kann ich mich manchmal an meine Träume erinnern oder auch nicht, aber ich mache mir keine Sorgen, wenn ich es nicht kann. Ich vertraue darauf, dass Gott mein Gebet so erhört hat, wie er es für richtig hielt. Ich weiß, dass ich ihm gegenüber die ganze Nacht hindurch eine offene Haltung bewahrt habe, sogar im Schlaf.

Innehalten & Beten

Der Apostel Paulus gibt der Gemeinde in Ephesus Einblick in seine privaten Gebete für sie: Erstens bittet er Gott, ihnen «den Geist der Weisheit und der Offenbarung» zu geben, und zweitens, dass er ihnen «erleuchtete Augen des Herzens» gebe (Epheser 1,17–18; LUT). Das ist es, was wir heute mehr als alles andere brauchen: nicht nur Augen im Kopf, um die materielle Welt zu sehen, sondern auch Augen im Herzen, um die spirituelle Wirklichkeit rings um uns wahrzunehmen. Ich halte jetzt inne und bitte den Heiligen Geist, die Augen meines Herzens zu erleuchten, damit ich die geistliche Welt um mich herum weitaus besser sehen kann.

Träume ernst nehmen

Daniel [hatte] nachts im Traum eine Vision.
Er schrieb alles nieder, was er gesehen hatte.

Daniel 7,1

Wissenschaftliche Tests, bei denen mittels EEG die Gehirnaktivität gemessen wird, zeigen, dass die meisten Menschen bei acht Stunden Schlaf mindestens neunzig Minuten lang lebhaft träumen. Wird eine Person während des sogenannten REM-Schlafs *(Rapid Eye Movement)* geweckt, kann sie sich fast immer an den Traum erinnern, den sie zu diesem Zeitpunkt hatte. Dies zeigt, dass jeder Mensch träumt – auch diejenigen von uns, die sich normalerweise nicht an ihre Träume erinnern. Das Unterbewusstsein bleibt aktiv, während unser Körper schläft; deshalb wachen wir oft mit einem bestimmten Lied im Kopf auf oder mit unerwarteten Gefühlen wie Ärger oder Freude im Herzen. Die Bibel sagt, dass es sogar möglich ist, im Schlaf ein Gespräch mit Gott zu führen, wie es Salomo (1. Könige 3) und Daniel (Daniel 7) taten.

Wenn du den Herrn darum gebeten hast, auf diese Weise zu dir zu sprechen, kannst du deine Träume «ehren», indem du einfach einen Notizblock oder ein anderes Mittel für die Aufzeichnung deiner Träume neben deinem Bett bereithältst. Wenn du in der Nacht aus einem Traum erwachst, nimm ihn ernst. Wenn er dir in irgendeiner Weise bedeutsam erscheint, schreibe ihn auf. Anderenfalls ist es sehr unwahrscheinlich, dass du dich am nächsten Morgen daran erinnerst.

Von Zeit zu Zeit wirst du ziemlich überrascht sein, was du am nächsten Morgen auf deinem Handy oder auf dem Notizblock neben dem Bett findest! Wie wir gesehen haben, spricht Gott auf ganz erstaunliche Weise zu uns im tiefen Schlaf, wenn die normalen Filter ausgeschaltet sind und unsere übliche Geschäftigkeit ruht.

Die Mutter des Kirchenvaters Augustinus betete viele Jahre lang für die Rettung ihres abtrünnigen Sohnes mit einer Leidenschaft, die nur Eltern verstehen. Eines Nachts hatte sie einen Traum, in dem sie ihn im Himmel an ihrer Seite Gott anbeten sah. Das war die Gewissheit, die sie brauchte, um weiter zu glauben und zu beten, bis er schließlich sein Leben Christus übergab.

Die Träume, die wir in der Nacht aufschreiben, können uns durchaus Einblicke in die geistliche Welt geben und uns dazu bewegen, weiter am Gebet dranzubleiben. Aber manchmal kommen uns Träume, die in der Dunkelheit sehr tiefgründig wirkten, bei Tageslicht auf einmal absurd vor. Hüte dich aber davor, deine Träume vorschnell zu verwerfen. Ich bin sicher, dass der Pharao seinen bizarren Traum von dünnen Kühen, die die fetten fressen, leicht als Hirngespinst hätte abtun können. Aber indem er ihn ernst nahm, erfuhr er das Wort Gottes für sein Volk.

Träume deuten

Es geschah aber, als ich, Daniel, das Gesicht sah und es zu verstehen suchte …
Daniel 8,15; SLT

Die Kunst der Traumdeutung besteht darin, den Bildern, mit denen sich das Unterbewusstsein ausdrückt, einen Sinn zu geben. In seinem Buch *Dreams: God's Forgotten Language* (z. Dt.: *Träume: Gottes vergessene Sprache*) sagt John Sanford: «Träume sprechen eine symbolische Sprache, und um sie zu verstehen, muss man ihre Symbolik verstehen.»[148] Genau das tat Josef, als er die Bedeutung der sieben Kühe im Traum des Pharaos als Vorboten von Aufschwung und Niedergang deutete.

Manche Menschen entwickeln ganze Lexika der Traumdeutung und schreiben Symbolen und Zahlen eine bestimmte Bedeutung zu. Eines der vielen Probleme an diesem Ansatz ist, dass er Traumbilder so behandelt, als handelte es sich bei ihnen um eine feste, universelle Sprache. Dabei vergleicht man sie besser mit Jazz-Improvisation: Josefs Deutung des Traums des Pharaos impliziert nicht, dass jede Kuh in jedem Traum zu jeder Zeit und an jedem Ort zwangsläufig dasselbe bedeuten muss!

Ein weiteres Problem mit dem lexikalischen Ansatz ist, dass er den wichtigen Prozess der geistlichen Unterscheidung umgeht, bei dem wir auf den Heiligen Geist hören und mit anderen Menschen darüber sprechen. Sowohl Josef als auch Daniel betonten, dass die Traumdeutung keine erlernte Fähigkeit war, sondern eine Gabe, die sie von Gott erhalten hatten (1. Mose 40,8; 41,16–39; Daniel 1,17; 2,28; 4,15). Wir werden Träume und Visionen nie verstehen, solange wir Gott nicht darum bitten, uns Einsicht zu geben.

Der lexikalische Ansatz wird sowohl der Individualität des Träumers als auch der Subjektivität des jeweiligen Kontextes nicht gerecht. In der Josefsgeschichte träumt der Bäcker von Brot, der Mundschenk träumt von Wein und der Pharao träumt von Vieh und Getreide. Gott spricht metaphorisch und verwendet dabei unterschiedliche Bilder, die für die jeweilige Person angemessen und vertraut sind. Wie Rabbi Abraham Heschel in Bezug auf Prophetie betont: «Der Prophet ist eine Person, kein Mikrofon ... Die Aufgabe des Propheten ist es, einen göttlichen Blickpunkt zu vermitteln. Doch als Person *ist* er selbst ein Blickpunkt. Er spricht aus der Perspektive Gottes und nimmt dabei die Dinge aus der Perspektive seiner eigenen Situation wahr.»[149]

Numerologie-Fans werden zu Recht darauf hinweisen, dass die Zahl 7 in der Bibel für Vollkommenheit steht. Das ist faszinierend und beachtenswert, aber man bedenke, dass die Zahl auch für Gericht (1. Mose 7,10; Offenbarung 21,9), Schuldenerlass (5. Mose 15,1) und Vergebung (Matthäus 18,22) stehen kann. Das ist eine beachtliche Bandbreite! Und sie könnte genauso für etwas stehen, das nicht in der Bibel erwähnt wird, zum Beispiel für einen Bus der Linie 7, eine Party zum siebten Geburtstag oder eine Hausnummer in einer Straße. Es kann auch sein, dass sie überhaupt nichts bedeutet. Der Punkt ist, dass wir ein Gespür für den Kontext brauchen, keine starren religiösen Formeln!

Des Weiteren sagt John Sanford erfrischend direkt: «Eine Möglichkeit, die Symbolik eines Traums aufzudecken, besteht darin, dass der Träumer darüber spricht. Es handelt sich schließlich um den Traum des Träumers, der sich in *seiner* psychischen Welt ereignet hat, sodass man davon ausgehen kann, dass der oder die Träumende auch Hinweise auf die Bedeutung des Traums hat.»[150] Hier haben wir einen weiteren Grund, warum es wichtig ist, bedeutsame Träume mit Menschen zu besprechen, die wir respektieren und denen wir vertrauen.

Dies war auch eine gängige Praxis in biblischen Zeiten, als einige Menschen, wie Josef und Daniel, wegen ihrer Begabung auf dem Gebiet der Traumdeutung besonders respektiert wurden. Einmal deutete Daniel den beunruhigenden Traum König Nebukadnezars und sagte: «Es gibt einen Gott des Himmels, der das Verborgene enthüllt, und dieser Gott hat dir, König Nebukadnezar, gezeigt, was am Ende der Zeit geschehen wird ... damit du, König, es erfährst und die Gedanken deines Herzens verstehst» (Daniel 2,28.30; GNB). In einer anderen Übersetzung heißt es: «... damit du deine innersten Gedanken erkennst».[151] – Dies ist eine bemerkenswert treffende Zusammenfassung moderner Traumtheorien. Jahrtausende vor Psychoanalytikern wie Freud und Jung betrachtete die Bibel Träume als Einblick in unsere verborgenen Beweggründe und die geheimen «[innersten] Gedanken des Herzens» (oder, wie es Freud später nannte: das Unbewusste).

Allerdings macht die Bibel auch klar, dass einige Träume von unserem Inneren erschaffen werden, andere aber ausdrücklich von Gott gegeben sind. Diese Unterscheidung ist äußerst wichtig, denn Gott sagt: «Meine Gedanken sind nicht eure Gedanken, und meine Wege sind nicht eure Wege» (Jesaja 55,8). Eines der beunruhigenden Symptome einer religiösen Psychose ist, dass man die eigenen Gedanken mit Gottes Gedanken verwechselt.

Die meisten unserer Träume sind darauf zurückzuführen, dass unser Unterbewusstsein komplexe Daten ordnet und ihnen einen Sinn gibt. Vielleicht war es das, was Pilatus' Frau in ihrem beunruhigenden Traum über Jesus erlebte: tiefe Bedenken, die sie tagsüber ignoriert oder verdrängt hatte und die nachts in ihren Träumen umso mächtiger hochkamen. Ich habe oft ähnliche Erfahrungen gemacht, wenn auch in geringerem Ausmaß. Zum Beispiel wache ich manchmal nachts auf und bin beunruhigt über etwas, das ich am Vortag gesagt oder getan habe, oder mir fällt plötzlich auf, wie jemand vor Kurzem bei einer Begegnung wirklich reagiert hat und was er oder sie eigentlich gesagt hat. Gelegentlich werde ich mir im Halbschlaf der tief verborgenen Beweggründe meines eigenen Verhaltens in einer bestimmten Situation bewusst. Das liegt daran, dass «die Gedanken meines Herzens» den Tag verarbeiten, den Ereignissen einen Sinn geben und sie in Perspektive zu anderen Dingen setzen. Und natürlich kann der Heilige Geist in solche Prozesse hineinsprechen und mich herausfordern, am nächsten Tag etwas richtigzustellen.

Eine der grundlegendsten Fragen, die man sich stellen sollte, wenn man nach dem Sinn eines Traums sucht, ist: «Bin das nur ich, oder ist das Gott?» Kam das aus den natürlichen Prozessen meines eigenen Denkens oder aus der übernatürlichen Offenbarung von Gottes Gedanken? Manchmal ist es eine Mischung aus beidem, wie der Traum von Ben Carson zeigt: Einerseits war sein Verstand damit beschäftigt, eine besonders intensive Chemie-Lerneinheit zu verarbeiten, während er gleichzeitig Angst vor der bevorstehenden Prüfung hatte – und all das manifestierte sich in seinem Traum. Andererseits hatte sein Traum auch eindeutig eine übernatürliche Komponente, die weit über alles hinausging, was aus den «innersten Gedanken seines Herzens» kommen konnte.

Wenn ein Mann zu mir kommt und sagt, er habe klar und deutlich davon geträumt, dass er seine Freundin heiratet, und mich dann fragt, ob das ein Wort von Gott sein könnte, lautet meine unmittelbare Antwort wahrscheinlich: «Nicht unbedingt!» Sein Traum könnte genauso gut seinem natürlichen Wunsch wie der übernatürlichen Führung Gottes entspringen. Wenn er dann hinzufügt: «Aber ich habe Gott um ein Zeichen gebeten!», wäre ich immer noch nicht ganz überzeugt. Selbst wenn er dann sagen würde, dass ihm ein Engel am Fußende seines Bettes erschienen sei, würde ich viele weitere Fragen stellen wollen. (Engelserscheinungen können trügerisch sein – siehe 2. Korinther 11,14!)

Mein erster Schritt in solchen Situationen ist immer, den Traum (wie jede andere prophetische Offenbarung) mit dem ABC-Filter zu prüfen und zu fragen: «Ist er aufbauend, biblisch und christusgemäß?» (siehe Kapitel 4). Im Fall dieses Mannes, der seine Freundin heiraten will, scheint die Antwort auf alle drei Fragen «Ja» zu sein. Aber weil es sich um ein so wichtiges, richtungsweisendes Wort handelt, würde ich auch die Bestätigung anderer, weniger dramatischer, aber ebenso maßgeblicher Quellen suchen: weiser Rat, das eigene Gewissen und einfacher gesunder Menschenverstand. Ich könnte ihn also fragen: «Glaubst du, dass sie dich auch heiraten will? Versteht ihr euch wirklich gut? Hilft sie dir, im Glauben zu wachsen? Finden deine Freunde, dass es eine gute Beziehung ist? Ist das wirklich der richtige Zeitpunkt?»[152]

Wenn er all diese Fragen bejahen kann, ohne defensiv zu reagieren, wäre ich endlich bereit, ihm zu sagen, dass der Traum nach einer wunderbaren Bestätigung vom Herrn klingt und er schon einmal anfangen sollte, für einen Ring zu sparen!

✦ ✦ ✦

Manchmal bleibt die Bedeutung eines Traums aber auch nach allen Tests, die ich in diesem Abschnitt beschrieben habe, noch unklar. Wir haben sichergestellt, dass der Traum von Gott kommt und nicht nur ein natürliches Produkt unserer eigenen Vorstellungskraft ist; wir haben ihn durch den ABC-Filter laufen lassen;

und wir haben sogar eine vertrauenswürdige Person um Rat gefragt, mit der wir unsere eigenen Intuitionen besprochen haben. Wir haben all diese Instanzen mit dem untrüglichen Gefühl durchlaufen, dass unser Traum *irgendwas* bedeutet. Aber wir haben immer noch nicht die leiseste Ahnung, was das sein könnte!

Mach dir keine Sorgen, falls dir das passiert. Bewahre den Traum einfach für die Zukunft auf, sodass du ihn von Zeit zu Zeit wieder hervorholen kannst. Mit der Zeit wird er entweder klarer und relevanter oder aber irrelevant werden. Ich persönlich habe eine Reihe von Träumen und anderen Prophezeiungen dieser Art, die ich sorgfältig aufgeschrieben und gelegentlich noch einmal angeschaut habe und die ich immer noch nicht ganz verstehe.

«Keine Zeit für Erklärungen. Angriff!»

Bevor wir den Bereich des Unterbewusstseins verlassen, müssen wir auch die Art und Weise betrachten, wie Gott uns durch die Stimme unseres Gewissens zuflüstert – unseren inneren Sinn für Recht und Unrecht.

Toy Story 4 – Alles hört auf kein Kommando ist einer der kommerziell erfolgreichsten Trickfilme aller Zeiten. Er wurde sogar mit einem Oscar für den besten Animationsfilm ausgezeichnet. Im Mittelpunkt der Toy-Story-Reihe steht, wie du wahrscheinlich weißt, die Beziehung zwischen Buzz Lightyear, dem unaufhaltsamen, aber völlig oberflächlichen Spielzeug-Astronauten, und Woody, einer liebenswürdigen Cowboy-Figur. Einmal bewachen sie das neue Lieblingsspielzeug ihres Kindes, eine Plastikgabel namens Forky, und Buzz bietet an, die nächste Schicht zu übernehmen. Woody lehnt mit der Begründung ab, dass die kleine Stimme in seinem Innern ihn nie in Ruhe lassen würde, wenn er jetzt aufgäbe. Buzz ist verblüfft und fragt, wessen Stimme sein Freund da hört. Woody erklärt, dass es sein Gewissen ist, worauf Buzz mit einer Mischung aus Spott und Neid reagiert: «Faszinierend», sagt er. «Deine innere Stimme gibt dir also Ratschläge!»

Der Witz an der Sache ist natürlich, dass Buzz Lightyear eine Reihe von voraufgezeichneten Sprüchen hat, die wahllos ertönen, sobald man die Knöpfe auf seiner Brust drückt: «Keine Zeit für Erklärungen. Angriff!», «Das Vorbeischwungmanöver ist die einzige Chance. Volle Kraft voraus!» und natürlich «Bis zur Unendlichkeit und noch viel weiter!». Woody hat keine solchen Gimmicks – zumindest keine, die er selbst aktivieren kann –, aber er hat eine feinfühlige innere Stimme, die sein wahres Ich widerzuspiegeln scheint. Es ist fast so, als ob das Spielzeug eine Seele hätte.

Das Gewissen ist für unsere Seele das, was die Nerven für unseren Körper sind – es sagt uns, wenn wir uns verletzen oder in Gefahr bringen. Es ist ein innerer ethischer Kompass, der uns von Gott bei unserer Geburt geschenkt und später von unserer Umwelt geprägt wurde. Wann immer wir vor moralischen Entscheidungen stehen – ob wir die lebenserhaltende Maschine abschalten; ob wir uns dem Sexismus eines Chefs entgegenstellen; ob wir wach bleiben, um Forky im Auge zu behalten, wie uns aufgetragen wurde –, wird Gott uns vor allem durch das innere Flüstern unseres Gewissens leiten.

Ich sage, dass unser Gewissen uns von Gott gegeben ist, weil unser Sinn für Recht und Unrecht eine der Eigenschaften ist, die den Menschen von den Tieren unterscheidet. Zahlreiche Studien haben zum Beispiel gezeigt, dass sich selbst die bravsten Hunde danebenbenehmen, wenn ihre Besitzer nicht aufpassen. Meine Hündin Crumble, die hier neben mir liegt, während ich schreibe, weiß, dass sie nichts von dem Sandwich auf meinem Schreibtisch haben darf. Aber es besteht kein Zweifel, was mit dem Sandwich passieren wird, wenn ich sie eine Stunde lang allein lasse. Crumble befolgt Regeln blind, wie Buzz Lightyear seine Knöpfe: nicht aus innerem Antrieb, Verständnis oder Überzeugung, sondern einfach aus Gewohnheit, Angst und der nicht enden wollenden Hoffnung auf ein Leckerli!

Sozialanthropologen haben die Universalien der menschlichen Moral eingehend erforscht. Die Einzelheiten von Recht und Unrecht werden zwar zu einem beträchtlichen Teil von der jeweiligen Gesellschaft vorgegeben – in der einen Kultur gilt es als richtig, die Zähne von Teenagern spitz zu feilen, und in einer anderen als falsch, Elektrizität zu benutzen –, aber offenbar gibt es in allen Menschen bestimmte absolute, universelle Moralvorstellungen. Egal, ob man sich mit den Angehörigen eines indonesischen Naturvolks oder mit den Bewohnern eines abgeschotteten Villenviertels auf Long Island unterhält, überall werden die Menschen sich einig sein, dass Dinge wie Mord, Diebstahl und Untreue schlecht sind, Tugenden wie Mut und Ehre aber gut.[153]

Es ist, als ob – wie der Apostel Paulus sagt– «die Forderungen des [moralischen] Gesetzes in ihre Herzen geschrieben sind. Das wird ihnen durch ihr Gewissen und auch durch ihre Gedanken bestätigt, die sie entweder anklagen oder freisprechen» (Römer 2,15).

Unser Gewissen ist uns zwar von Gott gegeben, es wird aber auch von unserer Umwelt geformt. Das bedeutet, dass es in einem gottesfürchtigen Elternhaus und in positiver Gesellschaft genährt, geschärft und gestärkt werden kann, aber es kann auch «gebrandmarkt» (1. Timotheus 4,2), «unrein» (Titus 1,15), «schwach» und «befleckt» (1. Korinther 8,7) werden. Wir wissen aus eigener Erfahrung, dass dies wahr ist: Wenn wir zum ersten Mal auf eine bestimmte Weise sündigen, quält uns unser Gewissen mit Schuldgefühlen. Wenn wir aber weiter auf diese Weise sündigen, stumpft unser Gewissen ab oder verstummt sogar, bis wir schließlich ganz aufhören, Schuld zu empfinden.

Aber die gute Nachricht ist, dass dieser Schaden rückgängig gemacht werden kann – dass unser Gewissen wieder sensibilisiert werden kann, dass wir alle ein Leben in Freiheit zurückgewinnen können. Es ist ein längerer Prozess, aber es ist durchaus möglich – durch die einfachen Praktiken der betenden Selbstprüfung und der regelmäßigen Buße (eines der hilfreichsten Werkzeuge dafür ist das *Examen*[154]), sowie durch die dauerhafte Einbindung in die Art von aufrichtigen Beziehungen, die das Herzstück einer gesunden Gemeinschaft bilden.

Da das Gewissen in hohem Maße von unserem sozialen und moralischen Kontext beeinflusst wird, ist es nicht völlig zuverlässig. «Mein Gewissen ist zwar rein», gibt Paulus zu, «aber damit bin ich noch nicht freigesprochen» (1. Korinther 4,4; GNB). Gott spricht sicherlich durch unser Gewissen, aber die Stimme unseres Gewissens ist nicht gleichzusetzen mit Gottes Stimme. Unser Gewissen ist nicht unfehlbar: Manchmal fühlen wir uns schuldig wegen Dingen, die gar nicht falsch sind – vor allem, wenn wir in einem besonders repressiven Umfeld aufgewachsen sind. Jemand, der zu extremer Sparsamkeit erzogen wurde, könnte sich zum Beispiel schuldig fühlen, wenn er auch nur einen kleinen Betrag für sich selbst ausgibt. Manchmal empfinden wir auch weiterhin ein lähmendes Schamgefühl in Bezug auf vergangene Sünden, obwohl uns vollständig vergeben wurde. Es ist wichtig, solchen falschen Schuldgefühlen zu widerstehen und sich stattdessen auf Gottes Verheißung zu verlassen, dass es «keine Verdammnis für die [gibt], die in Christus Jesus sind» (Röm 8,1; LUT). Und wenn du dein Vertrauen weiterhin auf die Fakten von Gottes Wort setzt statt auf die Gefühle der Selbstverurteilung, wird dein Gewissen schließlich mit der Wahrheit in Einklang kommen.

Innehalten & Beten

Schaffe in mir, Gott, ein reines Herz
und gib mir einen neuen, beständigen Geist.
Verwirf mich nicht von deinem Angesicht,
und nimm deinen heiligen Geist nicht von mir.
Erfreue mich wieder mit deiner Hilfe,
und mit einem willigen Geist rüste mich aus.
Psalm 51,12–14 (LUT)

Das Tal der Seelenbildung

Vordergründig ging es in diesem Kapitel darum, Gott durch Träume zu hören; aber im Grunde haben wir den Bereich des Unbewussten als einen inneren Ort erforscht, an dem Gott wohnt und an dem sein Geist flüstert.

Während wir annehmen, dass die Bibel der Ort ist, wo Gottes Stimme, objektiv betrachtet, *da* ist, ist für uns oft das Unbewusste (in der Bibel als «Herz» bezeichnet) der Ort, wo die Subjektivität der menschlichen Seele herrscht, die wir so oft verleugnen, verachten oder vernachlässigen.

Nicht so die großen Helden unseres Glaubens: Sie kümmerten sich zuallererst um das Innenleben ihrer Seele. Sie betrachteten diese Welt als «das Tal der Seelenbildung», wie der Poet John Keats es so schön ausgedrückt hat.[155] Diese Menschen taten zweifellos Außergewöhnliches – sie lehrten mit großer Weisheit, kämpften gegen massive Ungerechtigkeiten, bauten Schulen, Krankenhäuser und Städte –, aber ihre Priorität war immer, den verborgenen Ort in ihrem Inneren zu hegen und zu pflegen, an dem sie mit Gott sprachen und wandelten.

Dieses Bild der Gastfreundschaft zu Gott verwendet Paulus, wenn er betet, «dass Christus durch den Glauben in euren Herzen wohne» (Epheser 3,17; LUT). Im 14. Jahrhundert beschrieb Juliana von Norwich (die am Ende dieses Kapitels als «Lebendiges Wort» vorgestellt wird) die menschliche Seele als Gottes «vertrautestes Heim und liebste Behausung».[156] Ist das nicht schön? Ein paar Jahrhunderte später beschrieb Johannes vom Kreuz die Seele als «das Heiligtum, in dem er wohnt, die geheime Kammer seiner Zuflucht, in der er sich verborgen hält».[157] Seine Freundin Teresa von Ávila stellte sich ihre Seele als «einen prächtigen Palast» vor, «der ganz aus Gold und Edelsteinen gebaut ist».[158] In all diesen Bildern ist die Seele der stattliche Raum in jedem von uns, in dem wir denjenigen, der uns am meisten liebt, auf ganz natürliche Weise willkommen heißen und beherbergen können.

Der orthodoxe Theologe Brad Jersak beschreibt eine Zeit der Erschöpfung in seinem eigenen Leben, in der er – am Rande des Burnouts – lernte, auf seine Seele zu achten, und zwar auf eine Weise, die sicher auch Teresa von Ávila, Johannes vom Kreuz, Juliana von Norwich und dem Apostel Paulus bekannt vorgekommen wäre. Alles begann mit einem seltsamen inneren Bild: einer dunklen Höhle mit einem knisternden Feuer, die Brad im Gebet regelmäßig aufsuchte. Tag für Tag stellte er sich einfach vor, wie er still mit Jesus an diesem Ort saß und Schutz suchte vor dem Sturm, der draußen tobte – ohne zu wissen, ob dies als Gebet galt oder nicht. Und eines Tages «bemerkte» er etwas Überraschendes: Die Bundeslade war in der Höhle aufgetaucht.

«Das ging über Wochen so weiter. Jegliches verbale Gebet war dieser inneren, stillen Vision gewichen ... Ich begann mich zu fragen, ob das fruchtbar war, ob es überhaupt ein Beten war. Vielleicht hätte ich wieder anfangen sollen, Gebetslisten zu schreiben? Aber ich brachte es nicht übers Herz. Selbst meine Versuche, die Psalmen zu beten, endeten damit, dass ich mein Gesicht in den Seiten meiner Bibel vergrub. Das Einzige, was ich wusste, war, dass meine müde Angst dem Frieden wich, sobald ich mich in die Höhle meines Herzens zurückzog, in der mir Christus und die Bundeslade erschienen.»[159]

Ungefähr zu dieser Zeit nahm Brad an einem Treffen mit anderen Pastoren teil. Einer von ihnen erzählte spektakuläre Geschichten darüber, wie Gott mit übernatürlicher Kraft wirkte, aber seine Worte hinterließen bei Brad ein Gefühl der Unzulänglichkeit. «Ich kann nicht einmal mehr beten», dachte er. «Alles, was ich tue, ist, Tag für Tag in dieser blöden Höhle neben der Bundeslade zu liegen. Ich weiß nicht einmal mehr, ob das alles real ist.»

Doch genau in diesem Moment wandte sich der feurige Prediger an Brad und sprach prophetisch in sein Leben: «Wie Samuel in 1. Samuel 3 bist du bereit, neben der Bundeslade liegen zu bleiben. Du hast sie zu deiner Ruhestätte gemacht. Deshalb wirst du Zeuge davon werden, wie ich mein Volk die Stimme des Herrn wiederentdecken lasse.»

Mit einer Mischung aus Erleichterung und Ehrfurcht erkannte Brad, dass Gott ihm tatsächlich durch die Kraft seiner eigenen Fantasie in dieser Höhle begegnete und seiner Seele auf eine Art und Weise zuflüsterte, die er selbst kaum verstand. Gott sagte es *schräg.* «Die Geschichte von der Höhle ist ein persönliches Beispiel dafür, wie sich mein Gebetsleben entwickelt hat», sagt er abschließend. «Es hat sich gewandelt – von einer einseitigen verbalen Verlautbarung an den ‹Gott da draußen› zu einer visuellen inneren Begegnung mit dem Geist Christi, der in mir lebt.»[160]

Zu dieser wunderschönen Reise der zunehmenden Intimität sind wir alle eingeladen. Sie führt vom Hören auf Gottes Reden im Äußeren (durch sein Wort in Christus, in der Heiligen Schrift und in der Prophetie: *vox externa* – Teil 1) zum Hören auf Gottes Flüstern im Inneren (durch unsere Träume, unser Gewissen und unsere Vorstellungskraft: *vox interna* – Teil 2). Und genau hier machen wir langsam die große Entdeckung:

> Es herrscht kaum jemals vollständige Stille in unserer Seele. Gott wispert uns beinah unaufhörlich zu. Immer wenn die Geräusche der Welt in der Seele verstummen oder leiser werden, dann hören wir das Flüstern Gottes.[161]
>
> *Frederick William Faber*

Lebendiges Wort
Juliana von Norwich (1342–ca. 1416)
Gott in Träumen und Visionen sehen und hören

Willst du die Absicht des Herrn erkennen? Erkenne es wohl! Liebe war seine Absicht.[162]

Am 8. Mai 1373 erhielt Juliana von Norwich ihre letzte Ölung. Sie war erst dreißig Jahre alt, doch sie war schwer krank und dem Tode nahe. Aber statt zu sterben, empfing Juliana eine Reihe von sechzehn Visionen, vor allem von Christus am Kreuz – und sie wurde vollständig geheilt. In den folgenden zwanzig Jahren meditierte sie kontinuierlich über die außergewöhnlichen Visionen, die sie empfangen hatte, und hielt ihre Gedanken in einem Buch namens *Revelations of Divine Love* (dt. Titel: *Die Offenbarungen der göttlichen Liebe)* fest. So wurde Juliana zur Verfasserin des ältesten englischsprachigen Buchs einer Frau, das bis heute erhalten ist – und ein lebendiges Beispiel für Gottes Reden durch Träume und Visionen.

Julianas Erlebnisse zogen sie in ein Leben des tiefen Gebets hinein, und sie entschied sich, in der belebten englischen Stadt Norwich in fast völliger Abgeschiedenheit in einer kleinen Zelle zu leben, die an die *St. Julian's Church* angebaut war (von der sich auch ihr Name ableitet). Ihre Zelle hatte zwei Fenster: eines zum Kirchenraum hin, sodass sie am öffentlichen Gottesdienst teilnehmen und das Abendmahl empfangen konnte; das andere zur Straße hinaus, sodass Menschen zu ihr kommen konnten, um Gebet und Rat zu empfangen.

Julianas Schriften sind mystisch und zutiefst von der Botschaft der allumfassenden Liebe Gottes geprägt. «Willst du erkennen, was die Absicht des Herrn ist?», fragt sie an einer Stelle. «Erkenne es wohl! Liebe war seine Absicht.» Das Zitat, für das Juliana am bekanntesten ist (auch weil es in einem Gedicht von

T. S. Eliot vorkommt), drückt ihre absolute Gewissheit in Bezug auf die Liebe Christi aus: «Alles wird gut sein und alle werden gut sein, und aller Art Dinge wird gut sein.»[163]

Julianas Texte sind tiefgründig, manchmal auch verstörend und überraschend. In einer ihrer Visionen sah sie Christus auf einer Party:

> *Mein Geist wurde zum Himmel erhoben, und ich sah unseren Herrn wie einen Herrn in seinem eigenen Haus, wo er seine geliebten Freunde und Diener zum Festmahl geladen hatte. Ich sah, dass der Herr nicht an einem Ort saß, sondern im ganzen Haus umherging und es mit Freude und Frohsinn erfüllte. Er selbst begrüßte und beglückte seine lieben Freunde mit einer Liebe, die aus seinem Gesicht strahlte wie eine wunderbare Melodie, die kein Ende hat. Es ist dieser Blick der Liebe, der aus Gottes Angesicht leuchtet, der die Himmel mit Freude und Wonne erfüllt.*[164]

In der Kunst wird Jesus Christus fast immer mit einem ernsten, gelangweilten oder leicht verärgerten Blick dargestellt. Aber hier, im frühesten bekannten Buch einer englischen Schriftstellerin, sehen wir ein ganz anderes Bild von Jesus, und ein wirklich wunderbares noch dazu: Er ist Gastgeber bei einem Fest, er geht von Person zu Person, während sein Gesicht vor Liebe strahlt. Er erfüllt das Haus mit Freude.

Innehalten & Beten

Herr, gib, dass unsere Seelen nicht wie überfüllte Herbergen sind, in denen es keinen Platz für dich und die Deinen gibt, sondern lass sie stille Wohnungen des Gebets und des Lobs sein, wo du dich in guter Gesellschaft befindest, wo die Sorgen und Nöte des Lebens weise geordnet und verräumt sind und weiter Raum für dich besteht, wo heilige Gedanken auf- und absteigen und inniges Sehnen wachsam auf dein Kommen harrt.[165]

Hörübung:
Das ignatianische Examen

> Soweit wir erkennen können, besteht der einzige Zweck der menschlichen Existenz darin, ein Licht in der Dunkelheit des bloßen Seins zu entzünden. Man könnte sogar annehmen, dass, gleich wie das Unbewusste uns beeinflusst, eine Vermehrung unseres Bewusstseins auch das Unbewusste beeinflusst.[166]
>
> *Carl Gustav Jung*

In diesem Kapitel ging es darum, wie Gott in unserem Unbewussten flüstert – vor allem in Träumen und durch das Gewissen. Die Hörübungen des letzten Kapitels («Gottes Flüstern durch Stille, Einsamkeit und Sabbatruhe hören») sind hierfür auch wieder nützlich – helfen sie uns doch, uns unserer Intuitionen bewusst zu werden.

Ein weiteres Hilfsmittel, um sich regelmäßig mit seiner eigenen inneren Welt zu verbinden und sich auf Gottes Flüstern einzustellen, ist das *Examen* nach Ignatius.

Das Examen als tägliche Übung

Das *Examen* (auch Gewissenserforschung genannt) ist ein einfacher, vierteiliger Gebetsablauf, der im 16. Jahrhundert durch die Jesuiten als Werkzeug zur Selbstprüfung und geistlichen Transformation bekannt wurde (siehe «Lebendiges Wort: Ignatius von Loyola», Kapitel 3). Der jesuitische Missionspionier Franz Xaver schärfte seinen Jüngern ein:

> Unterzieht euch zweimal oder mindestens einmal am Tag einer persönlichen Prüfung. Achtet darauf, sie nie zu versäumen. Lebt

so, dass ihr eurem eigenen guten Gewissen mehr Rechnung tragt als dem der anderen.[167]

Das *Examen* wird seit vielen Jahren auf unterschiedliche Weise praktiziert, umfasst aber im Wesentlichen immer vier Elemente: 1.) Betendes Nachdenken über die Einzelheiten des eigenen Lebens in jüngster Zeit, 2.) das Erkennen der Gegenwart Gottes, 3.) das Eingeständnis der eigenen Sünde und 4.) den Entschluss, sich zu ändern und zu wachsen. Die Abendandachten der App *Lectio 365* gliedern den Prozess folgendermaßen:

- ***Betrachten:*** Reflektiere die Einzelheiten des vergangenen Tages, indem du ihn wie einen Film in deinem Kopf Revue passieren lässt. Achte dabei besonders auf die Momente, die bei dir starke Emotionen oder unerwartete Verhaltensweisen ausgelöst haben.
- ***Wahrnehmen:*** Freue dich über die Anzeichen für Gottes Gegenwart in deinem Leben – nicht nur über die großen Segnungen des Tages, sondern auch über die weniger offensichtlichen Beweise seiner Güte: ein gutes Essen, ein gehaltvolles Gespräch und so weiter.
- ***Umkehren:*** Benenne und bereue, wo du in Gedanken, Worten und Taten gesündigt hast, und achte besonders auf die heimtückischen subtileren Verhaltens- und Denkweisen, die du sonst unter den Teppich kehren würdest. Beschließe, dich mit Gottes Hilfe zu bessern.
- ***Beten:*** Nachdem du den Tag mit allem Guten und Schlechten betrachtet hast, dabei auf Gottes Gegenwart geachtet und Buße getan hast, bitte Gott, dir in der Nacht Ruhe und Erholung zu schenken (und deine Träume zu inspirieren!) und dir alles Nötige für einen Neubeginn am Morgen zu geben.

Fragen zur Selbstprüfung

- Wie zuverlässig ist mein Gewissen? Ist es in einem bestimmten Bereich über- oder unterempfindlich?
- Auf welche Weise – und sei sie noch so leise oder langsam – ist Gott in meinem Leben am Werk?
- Wann und wieso hat etwas oder jemand zuletzt eine starke emotionale Reaktion in mir ausgelöst?

Zur Vertiefung

Dallas Willard: *Hearing God. Developing a Conversational Relationship with God,* IVP: Downers Grove. Auf Deutsch erschienen unter dem Titel *Die eine, sanfte Stimme: Gott hören lernen in einer lauten Welt,* Hänssler: Holzgerlingen, 2004 (vergriffen, nur antiquarisch erhältlich).

Lectio 365 (darin: Abendgebete) – eine App mit täglichen Andachten rund um die *Lectio divina,* die ich gemeinsam mit einem Team von 24-7 Prayer schreibe und einspreche. Bisher auf Englisch und Spanisch erhältlich.

Mark & Patti Virkler: *Dialogue With God. Opening the Door to Two-way Prayer,* Bridge-Logos: Florida 1986.

Die Emmausgeschichte ist ein typisches Beispiel dafür, wie Gott durch die konkreten Gegebenheiten von Gemeinschaft, Schöpfung und Kultur spricht: Als Jesus geboren wurde, stand dem Volk Gottes in der Bibel sein Wort bereits zur Verfügung (zumindest der hebräische Teil, den wir das Alte Testament nennen), aber das war eindeutig nicht genug. Sie hatten auch sein Wort durch Propheten und Prophezeiungen, aber das war auch nicht genug. Sie kannten Gottes Flüstern wie in Elias Gottesbegegnung, in ihrem Gewissen, in Träumen und Visionen. Tatsächlich waren sie mit fast jeder Form göttlichen Redens, die wir bisher in diesem Buch untersucht haben, vertraut. Aber nichts davon reichte aus.

Letztlich musste erst Gottes Wort Fleisch werden – nicht in einem Buch, sondern in einem Körper, nicht nur mystisch im Himmel, sondern materiell «unter uns» (Johannes 1,14).

Es gibt keinen Aspekt von Gottes Schöpfung, durch den er nicht sprechen könnte oder spricht. Deshalb geht es in diesem Kapitel darum, die Stimme Gottes in unserem ganzen Leben zu erkennen – nicht nur im religiösen Kontext, sondern auch in den Realitäten der Gemeinschaft, der Schöpfung und der Kultur.

7
Gottes Flüstern in Gemeinschaft, Schöpfung und Kultur hören

Als er mit ihnen zu Tisch saß, nahm er das Brot, dankte, brach's und gab's ihnen. Da wurden ihre Augen geöffnet.
Lukas 24,30–31 (LUT)

Die ganze Erde ist eine lebendige Ikone von Gottes Angesicht.
Johannes von Damaskus

Die Emmausgeschichte ist ein typisches Beispiel dafür, wie Gott durch die konkreten Gegebenheiten von Gemeinschaft, Schöpfung und Kultur spricht. Sie beginnt irgendwann vor Sonnenuntergang auf einer staubigen Straße mit einem ausgedehnten Gespräch über das Zeitgeschehen – und endet nach Einbruch der Dunkelheit mit einer gewöhnlichen Mahlzeit in einem normalen Haus in einem beschaulichen Vorort. Und die ganze Zeit über ist Jesus so ausgesprochen unauffällig in seinem Erscheinungsbild, so unbeirrt normal in den Worten, die er wählt, in den Gepflogenheiten, die er befolgt, und in den Speisen, die er isst, dass mehrere Stunden lang kein Mensch auf Erden bemerkt, dass es sich hier in der Tat um den auferstandenen Gottessohn handelt.

«Lust auf ein Bierchen?»

Unser Gastredner Paul Cowley hatte eben einen brillanten Vortrag gehalten, und die Leute kamen nach vorne, um für sich beten zu lassen. Zweifellos hofften viele, auch mit Paul selbst sprechen zu können, aber ein Blick in sein Gesicht sagte mir alles, was ich wissen musste: Er war verständlicherweise erschöpft, nachdem er den Tag über in vier unserer Gottesdienste gepredigt hatte.

Also schlichen wir uns wie ungezogene Schuljungen aus dem alten Kirchengebäude, während der Mitarbeiter, dem ich die Leitung übertragen hatte, das Gebetsteam in Position brachte und die Band leise weiterspielte. Heimlich schlichen wir in den Pub nebenan, mit Pauls altem Armeekameraden Eric Martin im Schlepptau, und hofften, nicht entdeckt zu werden.

Als ich den Bartresen erreichte, war meine Tarnung bereits aufgeflogen: Ich erkannte den Mann, der neben mir ein Guinness trank, als einen Gottesdienstbesucher wieder, und sein verlegenes Grinsen bestätigte mir, dass auch er mich erkannt hatte. Lachend lud ich ihn ein, sich zu uns an den Tisch zu setzen.

Es gibt eine Art Geheimcode, den ehemalige Soldaten verwenden. Irgendwie erkennen sie immer ihre Kameraden. Und tatsächlich: Innerhalb weniger Minuten fragten Paul und Eric unseren neuen Begleiter über seine Zeit bei der Armee aus und erzählten ihm im Gegenzug ihre eigenen abenteuerlichen Geschichten. Irgendwie schien es die natürlichste Sache der Welt zu sein, als Eric beschrieb, wie er zum Glauben an Jesus gekommen war, wie er schließlich auch Paul zu Jesus geführt hatte und dass er nun seine Zeit damit verbrachte, das Evangelium mit Militärangehörigen auf der ganzen Welt zu teilen – bei *Alpha for Forces* (z. Dt.: *Alpha fürs Militär).*[168]

Die Geschichten der beiden Männer hatten eindeutig eine Wirkung auf unseren Gast, und die Tatsache, dass sie beide ranghöher waren als er, schien ebenfalls zu helfen. Ehe wir es uns versahen, erzählte er freimütig von seinem harten Leben, und ich zeichnete mit Bier ein Diagramm auf den Tisch, um ihm das Evangelium zu erklären.

Just in diesem Moment kam eine Frau in die Kneipe gestürmt, sah unseren neuen Freund und fragte aufgebracht: «Hier bist du also?»

Dann blieb sie wie angewurzelt stehen und starrte in die Runde – als traute sie ihren Augen nicht. Als sie sie sich wieder gefasst hatte, erklärte sie, sie sei ein neues Mitglied der Gemeinde und unser Gefährte sei ihr Bruder – seines Zeichens das schwarze Schaf der Familie. Er hatte sich von ihr überreden lassen, an diesem Abend mit in den Gottesdienst zu gehen, um einen Ex-Soldaten über Jesus sprechen zu hören. Sie hatte gehofft, dass er sich für einen Alphakurs anmelden würde, aber stattdessen war er noch vor dem Ende von Pauls Predigt gegangen.

Sie war nicht überrascht, ihn in der nächstbesten Kneipe anzutreffen; aber niemals im Leben hätte sie damit gerechnet, dass er dort mit dem Gastredner, dem Pastor und dem Typen von *Alpha for Forces* an einem Tisch sitzen und über den Glauben sprechen würde! Der Gute Hirte, der die 99 Schafe zurücklässt, um das eine zu suchen, hatte an diesem Abend offenbar den Gottesdienst verlassen, um ihren Bruder in der Kneipe nebenan aufzusuchen. Und so wurden ihre Gebete erhört: Er willigte ein, einen *Alphakurs* zu besuchen, und lernte so den Herrn selber kennen.

Anhand dieser kleinen Begegnung sehen wir, wie Gott durch gewöhnliche Menschen in einer gewöhnlichen Kneipe wirkt und spricht – und sogar durch die unfromme Entscheidung, die Gebetszeit zu schwänzen und stattdessen etwas trinken zu gehen.

Natürlich hatte Gott an diesem Abend durch Paul Cowleys Predigt gesprochen, und zweifellos hatte er auch durch das Gebet und den ganzen Gottesdienst kraftvoll gewirkt – aber eben auch in der Kneipe nebenan.

Dies ist nur ein winziger Ausdruck jener gewaltigen Wahrheit, die wir *Inkarnation* nennen: Jesus, das Wort, wurde Fleisch und wohnte unter uns (Johannes 1,14). Vor zweitausend Jahren verließ er seine himmlische Herrlichkeit, um in einer schmutzigen Scheune neben (oder unter) irgendeinem Wirtshaus geboren zu werden. Der Schöpfer wurde Teil seiner eigenen Schöpfung, um zu uns in einer Weise zu sprechen, die wir leichter wahrnehmen und aufnehmen können.

Pierre Teilhard de Chardin, der sowohl Jesuitenpater war als auch Wissenschaftler, Paläontologe und Philosoph, drückte es folgendermaßen aus: «Durch alles Geschaffene, ohne Ausnahme, drängt das Göttliche auf uns ein, durchdringt uns und formt uns.»[169] (Halte inne und lasse diese Aussage in ihrer Fülle auf dich wirken: Gott spricht «durch alles Geschaffene ohne Ausnahme».)

Innehalten & Beten

Wo in der sogenannten säkularen Welt kann ich Gott gerade am Werk sehen?

Gibt es eine nicht-christliche Stimme, durch die er vielleicht zu mir spricht?

Jedes Paradigma, das systematisch das Heilige vom Weltlichen trennt und Gott in der Kirche und die Welt in der Kneipe einsperrt, ist eine Verletzung der Inkarnation und im Grunde genommen unchristlich. Ich fahre beispielsweise kein christliches Auto, aber ich versuche, wie ein Christ Auto zu fahren. In Christus bleibt nichts in der ganzen Schöpfung säkular – außer der Sünde –, denn «die Erde und alles, was auf ihr lebt, gehört dem Herrn» (1. Korinther 10,26).

Wir sehen dies deutlich an dem Paar aus Emmaus, das am ersten Sonntagsgottesdienst der Welt teilnimmt, bei dem Jesus selbst die Eucharistie mit ihnen feiert. Aber all das spielt sich nicht in einem religiösen Kontext ab. Stattdessen sind sie einfach in einem gewöhnlichen Haus um einen gewöhnlichen Tisch versammelt, mit den Geräuschen und Gerüchen des häuslichen Lebens um sie herum.

An dem Tag, an dem das Wort in Bethlehem Fleisch wurde, stand dem Volk Gottes in der Bibel sein Wort bereits zur Verfügung (zumindest der hebräische Teil, den wir das Alte Testament nennen), aber das war eindeutig nicht genug. Sie hatten auch sein

Wort durch Propheten und Prophezeiungen, aber das reichte nicht aus. Sie kannten Gottes Flüstern aus Elias Gottesbegegnung, in ihrem Gewissen, in Träumen und Visionen. Tatsächlich waren sie mit fast jeder Form göttlichen Redens, die wir bisher in diesem Buch untersucht haben, vertraut. Aber nichts davon war genug. Letztlich musste Gottes Wort Fleisch werden – nicht in einem Buch, sondern in einem Körper, nicht nur mystisch im Himmel, sondern materiell «unter uns».

Und so schließen wir dieses Buch ab, wie wir es begonnen haben: mit Gottes endgültigem Wort in Jesus. Zu Beginn habe ich gesagt, dass Jesus die herausragendste Weise verkörpert, auf die Gott spricht, und dass wir daher ihn selbst kennenlernen müssen, wenn wir jemals mit Gottes Stimme vertraut werden wollen. Und in den darauffolgenden Kapiteln habe ich einige der wichtigsten Arten dargelegt, auf die wir erwarten können, dass er mit uns redet (die Bibel, Prophetie, Träume usw.), und einige der praktischen Werkzeuge, durch die wir lernen können, ihm zuzuhören (Hermeneutik, *Lectio divina,* der ABC-Filter und so weiter).

Doch nun müssen wir etwas Abstand nehmen von diesen Prinzipien und Praktiken, um uns wieder auf das große Ganze zu fokussieren – das Herz und die Seele dieses Buches –, nämlich auf die persönliche Begegnung mit Jesus Christus. Nicht nur in sakralen Kontexten wie der Kirche oder dem Bibellesen, sondern auch in vermeintlich weltlichen wie der Kneipe nebenan.

Noch mal: Es geht um die persönliche Begegnung mit Jesus Christus – nicht nur auf übernatürliche Weise wie in Träumen und Visionen, sondern auch auf ganz profane Art wie in einem ruhigen Gespräch mit einem Fremden. Anders gesagt: In diesem Kapitel geht es darum, die Stimme Gottes in unserem ganzen Leben wahrzunehmen – nicht nur in religiösen Umgebungen und durch spirituelle Übungen, sondern in den konkreten Gegebenheiten von Gemeinschaft, Schöpfung und Kultur.

Willkommen auf der Funny Farm

Eine der unmittelbaren Veränderungen, die das Evangelium bewirkt, ist grammatikalischer Natur: wir statt ich; dir statt mir; unser statt mein.[170]
Eugene Peterson

Sammy und ich waren einmal auf einer Rettungsstation für Affen und Eulen auf der Insel Wight. Es war alles ganz wunderbar, aber auch ziemlich merkwürdig: Zunächst einmal konnten wir uns nicht erklären, was Affen und Eulen gemeinsam haben: Teilen sie sich ähnliche Lebensräume? Verstehen sie sich besonders gut? Warum nicht auch andere exotische Haustiere wie Pythons, Alpakas und diese vietnamesischen Hängebauchschweine, die wahrscheinlich leider auch gerettet werden müssen? Vielleicht hatte ein Eulenspezialist auf einer zoologischen Fachtagung eine Affenspezialistin kennengelernt, sie verliebten sich ineinander und gründeten gemeinsam eine Auffangstation? (Sammy sagt, ich würde mir zu viele Gedanken über solche Dinge machen; und jetzt, da ich das hier noch einmal lese, sehe ich ein, dass sie damit recht haben könnte).

Jedenfalls hat sich dieses Tierheim, warum auch immer, auf Affen und Eulen spezialisiert und ist trotz allem einfach fabelhaft. Die Tiere wurden allesamt zur Pflege aufgenommen, was den Besuch besonders unterhaltsam macht: Es gibt einen schielenden Gibbon, dessen Beine zu kurz sind, eine einäugige Eule namens Nelson, einen Rhesusaffen, der die unangenehme Angewohnheit hat, seine Pfleger ohne Vorwarnung zu ohrfeigen, und ein Mangaben-Männchen mit Punkerfrisur namens Djimmy, das orientierungslos an einer viel befahrenen deutschen Autobahn aufgegriffen wurde.

Es ist ein Ort, an dem all die seltsam aussehenden Ausreißer, die gemobbten Außenseiter und aussichtslosen Fälle aus anderen Zoos zusammenkommen. Gerade wegen ihrer Andersartigkeit passen sie zusammen, aber es ist wirklich nicht glamourös. Die Tafeln an fast jedem Käfig erzählen ergreifende Geschichten von Vernachlässigung und sonderbarem Verhalten, von Tragik – aber auch von großer Freude.

Während wir umherwanderten, von einer traurigen Geschichte und einem niedlichen Gesicht zum nächsten, kam mir irgendetwas seltsam vertraut vor. Und allmählich dämmerte es mir, dass dieser Ort der Kirche doch sehr ähnlich ist! Seien wir mal ehrlich: Wir sind eine Gemeinschaft von Sonderlingen, eine Menagerie voller pflegebedürftiger Streuner, eine exzentrische Ansammlung tragischer Herkunftsgeschichten, die kaum zusammenpassen würden, wäre da nicht Christus, der erwählt, «was töricht ... und was schwach ist vor der Welt, ... was gering ist ... und was verachtet ist, ... was nichts ist, damit er zunichtemache, was etwas ist, auf dass sich kein Mensch vor Gott rühme» (1. Korinther 1,27–29; LUT).

Jesus war immer besonders gütig zu denen, die am Rande der Gesellschaft standen, zu denen, die gebrochen waren, zu denen ohne Starallüren. Und daran hat sich nicht viel geändert: Er nimmt nach wie vor die seltsamsten Leute in seine Familie auf (wenn du dich am nächsten Sonntag gut umschaust, wirst du es sehen).[171] Wir sind wirklich ein seltsames Völkchen, und doch sind wir auch diejenigen, die Jesus auserwählt hat, sein Wort zu kennen und zu verkünden.

Diese Lektion musste eine berühmte Oxford-Koryphäe auf die harte Tour lernen, als er Christ wurde: «Ich dachte, ich könnte es allein schaffen», gestand C. S. Lewis, «indem ich mich in mein Zimmer zurückzog und theologische Bücher las.» Schließlich begann er widerwillig, in die Kirche zu gehen, und machte eine wichtige Entdeckung:

> Ich traf auf Menschen mit ganz anderen Ansichten und einem anderen Bildungsniveau, und allmählich begann meine Überheblichkeit zu bröckeln. Ich erkannte, dass die Kirchenlieder (auch wenn sie musikalisch nur sechstklassig waren) dennoch von einem alten Heiligen in Arbeiterstiefeln in der Kirchenbank gegenüber mit Hingabe und Gewinn gesungen wurden. Und dann wird einem klar,

> dass man nicht einmal würdig ist, diese Stiefel zu putzen. Das holt einen aus seiner zurückgezogenen Überheblichkeit heraus.[172]

Immer mehr Menschen teilen heute die anfängliche Einstellung von C. S. Lewis: Sie ziehen es vor, Gott auf ihre eigene Weise zu hören, indem sie sich in ihr Zimmer zurückziehen, um sich theologisch zu bilden, oder indem sie in ihrem Lieblingscafé eine Weltklasse-Predigt streamen oder beim Zumba-Kurs Gospelmusik hören oder bei Regen im Wald spazieren gehen. Daran ist auch nichts auszusetzen (Gott sei Dank hat C.S. Lewis gerne theologische Bücher gelesen!). Es ist nur so, dass irgendwo da draußen ein «alter Heiliger in Arbeiterstiefeln» wartet, der womöglich das Wort Gottes für dein Leben bereithält.

Vielleicht kennst du die biblische Geschichte von Naaman, dem großen Feldherrn, der den Propheten Elisa aufsuchte, um von seiner Hautkrankheit geheilt zu werden? Nachdem Naaman Hunderte von Kilometern von Damaskus bis zu Elisas Haus gereist war, machte sich der Prophet nicht einmal die Mühe, an die Tür zu kommen. Stattdessen ließ er dem großen Befehlshaber ausrichten, er solle sich sieben Mal im trüben Wasser des Jordans waschen! Naaman war wütend. Er wies darauf hin, dass er zu Hause viel größere und sauberere Flüsse hatte. Aber schließlich ließ er sich doch dazu überreden, zu gehorchen, und als er das tat, wurde er vollständig geheilt (2. Könige 5).

Naaman empfing das Wort, das er *brauchte,* nicht das, das er *wollte.* Manchmal muss man sich entscheiden. Was, wenn das, was du von Gott hören *willst,* nicht das ist, was du hören *musst?* Wirst du trotzdem hören und gehorchen? Naaman fiel das schwer. Er fühlte sich in seinem Status gekränkt, weil er nicht so behandelt wurde, wie er es seiner Meinung nach verdient hatte. Er fühlte sich intellektuell gekränkt, denn Generäle sind Strategen, und Elisas Anweisungen waren blanker Unsinn. Er war persönlich gekränkt, weil er viele Tage unterwegs gewesen war und der Prophet sich nicht einmal bequemte, an die Tür zu gehen.

Die meisten Menschen bestehen darauf, die Stimme Gottes zu ihren eigenen Bedingungen zu hören. Der Gedanke, dass er von uns wollen könnte, dass wir uns immer wieder auf etwas so Uncooles wie eine uncoole Kirchengemeinde einlassen – wo die Musik sechstklassig ist, der Pastor dir nicht gerade den roten Teppich ausrollt, seine Predigten, offen gesagt, manchmal lächerlich sind und die Gemeindeglieder alle so aussehen, als würden sie fragwürdige Parteien wählen –, dieser Gedanke kann für uns auf sozialer, intellektueller und persönlicher Ebene genauso beleidigend sein, wie es das Bad im Jordan für Naaman war.

Wofür könnte der Jordan bei dir stehen? Vielleicht möchte Gott durch eine christliche Tradition zu dir sprechen, die du bisher belächelt hast? Oder durch eine Person, die dich so sehr nervt, wie Elisa Naaman nervte? Oder durch eine niedrige Angestellte wie Naamans Dienstmädchen, das die ganze Sache eingefädelt hatte? Wir müssen lernen, mehr auf die Menschen zu hören, die von der Gesellschaft ignoriert werden, denn Gott spricht am konsequentesten von den Rändern her – durch Kinder, durch die Armen, durch die Leidenden.

Erst als Naaman sich auf diese Weise vor einem ungehobelten, exzentrischen Propheten demütigte, erlebte er endlich das ersehnte Wunder. Als C. S. Lewis begann, mit «verschiedenen Menschen mit ganz unterschiedlichen Ansichten und unterschiedlichem Bildungsniveau» sechstklassige Kirchenlieder zu singen, wurde sein Herz zum Hören bereit. Und als das Paar auf dem Weg nach Emmaus einem Fremden erlaubte, in ihr privates Gespräch einzusteigen, brach das Wort Gottes in ihr Leben herein. All diese Menschen mussten ihre «zurückgezogene Überheblichkeit» verlassen, um Gott durch einen anderen Menschen sprechen zu hören.

Es gibt eine Geschichte von den Wüstenvätern über einen alten Mann, der siebzig Wochen lang fastete und nur einmal in der Woche etwas aß, weil er eifrig nach einer Antwort von Gott suchte. Schließlich sagte er zu sich selbst: «Sieh, wie viel Mühe ich mir gegeben habe, und es hat mir nichts genützt. Ich werde deshalb zu meinem Bruder gehen und ihn fragen.»

Er ging hinaus, und ein Engel des Herrn wurde zu ihm gesandt, um ihm zu sagen: «Die siebzig Wochen, die du gefastet hast, haben dich Gott nicht nähergebracht. Doch weil du dich nun gedemütigt hast und zu deinem Bruder gehst, bin ich gesandt worden, um dir zu erklären, was du verstehen willst.»[173]

Ähnlich wie viele Menschen heute hielt auch dieser alte Mann die Worte eines Bruders für zweitrangig, verglichen mit einer übernatürlichen Offenbarung. Gott hingegen, der von seinem siebzigwöchigen Fasten offensichtlich unbeeindruckt war, betrachtete seine neu entdeckte Bereitschaft, bei einem Bruder Rat zu suchen, als ein Zeichen von Demut und Hingabe. Manchmal verweigert uns Gott eine übernatürliche Offenbarung oder eine dramatische Entdeckung in der Heiligen Schrift, ganz gleich, wie sehr wir auch beten oder sogar fasten mögen. Stattdessen wartet er darauf, dass wir uns wie Naaman, C. S. Lewis und der alte Wüstenvater demütigen und sein Reden «bloß» in Gestalt einer anderen Person suchen.

Innehalten & Beten

Wenn ich die Wahl hätte: Würde ich es vorziehen, dass Gott auf dramatische und übernatürliche Weise zu mir spricht statt durch ein gewöhnliches Gespräch mit einem anderen Menschen? Wenn ja, warum? Wer könnte aktuell Gottes Wort für mein Leben bereithalten? Gibt es einen Bereich, in dem ich die Initiative ergreifen muss? Gibt es jemanden, den ich um Rat bitten sollte?

Gott durch andere hören

Gott hat gewollt, dass wir sein lebendiges Wort suchen und finden sollen im Zeugnis des Bruders, in Menschenmund. Darum braucht der Christ den Christen, der ihm Gottes Wort sagt.[174]

Dietrich Bonhoeffer

Sicherlich hast du schon erlebt, wie Gott durch andere Menschen in dein Leben gesprochen hat. Vielleicht war es ein Moment großer Klarheit, als ein weiser Mensch dir einen Rat gab, oder eine kraftvolle Predigt, die dein Herz entflammte, oder ein prophetisches Wort, das irgendwie direkt in dein Leben sprach, oder einfach ein gewöhnliches Gespräch, an dem Jesus beteiligt war (wie an jenem Tag auf dem Weg nach Emmaus). In Maleachi 3,16 heißt es: «Dann aber redeten diejenigen miteinander, die noch Ehrfurcht vor dem HERRN hatten, und der HERR hörte ihnen genau zu.» Ist das nicht beruhigend? Manchmal belauscht Gott unsere Gespräche und nimmt sie als Gebete entgegen.

Es gab eine Zeit im Leben von Franz von Assisi, in der er ein Wort von Gott brauchte. Er wusste, dass es seine Berufung war, den Armen zu dienen, aber er war sich nicht sicher, wie er das am besten tun sollte: Sollte er hinaus in die Welt gehen, um den Armen praktisch zu dienen, oder sollte er sich aus der Welt zurückziehen, um für ihre Belange zu beten? Es war eine wichtige Entscheidung mit enormen Konsequenzen – nicht nur für sein eigenes Leben, sondern auch für die Bewegung, die er anführte. Und so bat er eine kleine Gruppe von Freunden, denen er vertraute, für ihn Gottes Rat zu suchen.

Wochen später versammelte er diese Gruppe, wusch ihnen die Füße, bereitete ihnen eine Mahlzeit und gab ihnen saubere Kleider. Erst als sie ausreichend erfrischt waren, kniete er vor ihnen nieder und stellte ihnen die einfache, direkte Frage, die über den Rest seines Lebens entscheiden sollte: «Was befiehlt mein Herr Jesus Christus, dass ich tun soll?» Franziskus hatte volles Vertrauen – ohne den geringsten Zweifel –, dass diese Menschen Gottes Wort für seine Zukunft empfangen hatten.

Feierlich antworteten die Freunde: «Er befiehlt, dass du zu den Armen gehst.»

Ohne Einwände gehorchte Franziskus, wodurch sich die Welt unschätzbar stark veränderte.[175]

Mir gefällt der Pragmatismus, mit dem Franziskus an diesen

wichtigen Entscheidungsprozess heranging: Erstens versuchte er nicht, Gott allein zu hören, aber er verbreitete die Nachricht von seinem Dilemma auch nicht wahllos an alle, die eine Meinung dazu hätten haben können. Er lebte echte Verbindlichkeit. Zweitens erwartete er vom Herrn kein Feuerwerk – er verlangte keine Engelserscheinungen, übernatürlichen Träume oder prophetischen Bestätigungen. (Ein heilsames Gegengewicht zu Leuten heutzutage, die kaum einen Hauskreis gründen, ohne mindestens drei klare Anweisungen von Gott bekommen zu haben!) Franziskus begnügte sich damit, den Rat vertrauenswürdiger Freunde einfach als Gottes Wort für sein Leben anzunehmen. Man bekommt sogar den Eindruck, dass er es *bevorzugte,* auf diese unspektakuläre Weise von Gott zu hören. Drittens gab Franziskus bewusst Autorität ab, ohne sich der Verantwortung zu entziehen. Er hieß seine Freunde als Boten Gottes willkommen und kümmerte sich um ihre Bedürfnisse, bevor er ihnen die außergewöhnliche Frage stellte: «Was befiehlt mein Herr Jesus Christus, dass ich tun soll?» (und nicht: «Na, was meint ihr?»). Und dann gehorchte er ohne zu zögern ihrer Antwort. – Was für ein imponierendes Maß an Vertrauen!

Anam cara

Wir alle brauchen Freunde wie die von Franziskus, die uns Gottes Wort überbringen – sei es in Form von weisem Rat, Ermutigung oder liebevoller Zurechtweisung. Das mag selbstverständlich klingen, aber ich bin oft schockiert über das Ausmaß an Einsamkeit und gestörten Beziehungen innerhalb der Kirche, vor allem unter Männern. Besonders akut und besorgniserregend erlebe ich es unter christlichen Leitern, die zwar Hunderte von Bekannten, aber keine echten Freunde haben.[176]

Die ersten keltischen Christen hielten geistliche Freundschaft für so wichtig, dass sie dafür einen eigenen Begriff hatten, *anam cara,* was wörtlich übersetzt «Seelenfreund» bedeutet. Es war undenkbar, dass ein Nachfolger Jesu «auf eigene Faust» unterwegs war, ohne jemanden an seiner Seite zu haben, der ihm Gottes

Wort und Weisheit weitergab. In seinem Bestseller zu diesem Thema führt John O'Donohue den Begriff auf das frühe irische Mönchtum zurück,[177] wo der *anam cara* eines jeden Mönchs sein persönlicher Lehrer, Begleiter, Beichtvater und geistlicher Führer war:

> Mit dem *anam cara* kann man sein Innerstes – seine Gedanken und sein Herz – teilen. Diese Freundschaft war ein Akt der Anerkennung und Zugehörigkeit. Wenn man einen *anam cara* hatte, ging diese Freundschaft über alle Konventionen, Sittengesetze und Kategorien hinweg. Man war auf eine uralte und ewige Weise mit dem Freund seiner Seele verbunden.[178]

Diese Art von Beziehung kann viele Formen annehmen – eine Gebetspartnerschaft, geistliche Begleitung oder (am besten) einfach eine tiefe christliche Freundschaft, in der «ein Mensch den Charakter des anderen schleift, wie man Eisen durch Eisen schleift» (Sprüche 27,17), in der «die Wahrheit in Liebe» ausgesprochen wird (Epheser 4,15) und in der wir «einander anspornen zur Liebe und zu guten Werken» (Hebräer 10,24; LUT).

Die drei wichtigsten Dinge, die man für den Aufbau einer solchen Beziehung bedenken sollte, sind:

1. *Sie sollte eine Freundschaft sein* – keine Pflicht, sondern eine Freude (und hier unterscheidet sich ein *anam cara* von der eher formellen Beziehung, die man vielleicht zu einem Mentor oder geistlichen Berater hat). Man sollte sich in der Gegenwart der anderen Person wohlfühlen und entspannen können.
2. *Sie sollte einen geschützten Raum bieten.* Ein *anam cara* erfordert radikale Ehrlichkeit. Tatsächlich wird der Wert einer solchen Beziehung durch den Preis bestimmt, den man bereit ist, in Form von persönlicher Verletzbarkeit zu bezahlen. Das bedeutet auch, dass die Person vertrauenswürdig und diskret sein muss.

3. *Sie sollte einen klaren Rahmen haben.* Klärt die Erwartungen. (Fünf Minuten Vorarbeit können hier fünf Jahre Nacharbeit ersparen.) Wie regelmäßig werdet ihr euch ungefähr treffen? Handelt es sich um eine Beziehung auf Augenhöhe oder eher um eine Eltern-Kind-Dynamik? Wie lange werdet ihr die Beziehung auf diese Weise führen, bis ihr sie überprüft? Es ist viel besser zu sagen: «Lass uns das ein Jahr lang machen, bewerten und gegebenenfalls verlängern», als in einer verfahrenen Beziehung festzustecken – und es ist auch deutlich weniger beängstigend!

Ich habe das Glück, in meinem eigenen Leben gleich mehrere Menschen zu haben, die mich auf diese Weise unterstützen – einige «auf Augenhöhe» und einige mit der Autorität von geistlichen Vätern. In erster Linie genießen wir es, Zeit miteinander zu verbringen, aber es geht um mehr als nur das Zusammensein. Die Beziehungen sind auch von einer gewissen Absicht geprägt. Wir sprechen ehrlich miteinander, beten füreinander und bemühen uns sorgfältig um anhaltende Ermutigung. Wir tauschen uns regelmäßig aus, und ich gebe diesen Menschen immer wieder die Erlaubnis, mir unbequeme Fragen zu stellen, mich herauszufordern und zu ermutigen, und somit letztlich das Wort des Herrn in mein Leben zu sprechen.

Als ich in Kansas City lebte, wurde ich von einem Mentor namens Floyd McClung begleitet. Floyd war ein hervorragender Fragensteller und konnte problemlos mit der Art von langem Schweigen umgehen, das den Rest von uns ins Schwitzen bringt.[179] Deshalb trug er auch den Spitznamen «Sigmund Floyd» (was natürlich eine Anspielung auf Sigmund Freud war).

Eines Tages tranken wir zusammen Kaffee, als er sich zu mir wandte und sagte: «Hey, Pete, überall wo ich hinkomme, begegne ich derzeit Leuten, die dich für einen ihrer besten Freunde halten.» Er lächelte breit und verstummte, sodass ich mich in aller Ruhe in diesem offensichtlichen Kompliment sonnen konnte.

Aber dann fuhr er fort: «Mich interessiert, wie das echt sein kann? Wie können so viele Beziehungen in so vielen Kontexten auf irgendeine Art sinnvoll oder nachhaltig sein?»

Autsch! In weniger als drei Minuten hatte Floyd meine Seele geöffnet (zwei davon waren absolute Stille). Mit einer einzigen Frage hatte er geschickt ein schmerzhaftes, aber wunderbares Gespräch ausgelöst über Treue in Beziehungen, die Unsicherheit, die oft hinter dem Streben nach Beliebtheit steht, und eine Menge anderer Dinge. Es entwickelte sich zu der Art von Gespräch, die einen prägt – die Art von Gespräch, nach der wir uns alle sehnen: drei Minuten, an die man sich heute, fünfzehn Jahre später, wo die sozialen Medien das Phänomen der unechten Freundschaften auf ein ganz neues Niveau gebracht haben, immer noch erinnert.

Natürlich war Floyd an diesem Abend ein guter Freund für mich – er sagte die Wahrheit in Liebe –, aber er lehrte mich auch, wie ich anderen ein besserer Freund sein konnte. Er sprach zu mir persönlich und praktisch Gottes Wort auf eine Art und Weise, wie es die alten Texte der Bibel und selbst außerordentliche prophetische Worte nur selten schaffen. Wir alle brauchen solche Menschen, die Gottes Wahrheit in unser Leben sprechen. Und wir alle können für andere solche Freunde sein.

Es ist möglich, mehr als einen *anam cara* zu haben, aber, wie Floyd mir an diesem Abend zeigte: Man auch zu viele haben! Wahre Seelenfreundschaft ist ein seltenes Geschenk – ein Schatz von großem Wert. Sie fällt einem nicht einfach in den Schoß. Solche Beziehungen zu finden und zu vertiefen kann Jahre des Ausprobierens erfordern – vor allem, wenn man wie ich in einer Kultur aufgewachsen ist, in der nur wenig Bewusstsein für Jüngerschaft und die Anforderungen einer tiefen christlichen Freundschaft da ist. Wenn dir das bekannt vorkommt, dann warte nicht länger darauf, dass dein Seelenfreund oder deine Seelenfreundin endlich aus dem Nebel auftaucht. Ergreife die Initiative, indem du selbst Freundschaften auf der Seelenebene anbahnst. Aber versuche, dabei nicht zu übereifrig zu sein. Widerstehe dem Impuls, direkt lebenslange Pakte gegenseitiger Verbindlichkeit vorzuschlagen! (Wahrscheinlich solltest du den Begriff *anam cara* anfangs nicht einmal erwähnen.) Stattdessen könntest du einfach in eine bestehende Freundschaft etwas mehr Intention und Verletzlichkeit einbringen, um zu sehen, wie die andere Person damit zurechtkommt. Du könntest vorschlagen, gemeinsam zu beten, falls das in eurer Freundschaft noch nicht üblich ist. Du könntest die Person um einen konkreten Ratschlag bitten, wie Franziskus es mit seinen Freunden tat. Oder du kannst ein kalkulierbares Risiko eingehen und zum ersten Mal offen über einen bestimmten Bereich der Scham oder des Schmerzes in deinem Leben sprechen.

Solche einfachen Schritte besitzen die Kraft, eine bestehende Freundschaft auf subtile Weise in eine neue Tiefe zu führen, noch bevor ihr einen formellen Rahmen schafft. Leider sind manche Christen (wenn auch nur zum Zeitpunkt deiner Anfrage) nicht dazu fähig, über eine oberflächliche Freundschaft hinauszukommen. Du wirst an eine Grenze stoßen, was ihre Fähigkeit zu Ehrlichkeit und Tiefgang angeht, und deine Erwartungen entsprechend zurückschrauben müssen. Aber andere könnten dich mit unerwarteten Tiefen der Gnade überraschen. Wenn du anfängst, mehr zu beten, dich mehr zu öffnen und diesen Menschen mehr zu vertrauen, wird sich eure Beziehung immer mehr zu einer echten Seelenfreundschaft entwickeln.

Du wirst feststellen, dass die besten *anam cara* selten christliche Leiter sind. (Hüte dich vor Männern und Frauen, die einen Großteil ihrer Zeit ein Mikrofon in der Hand haben!) Die besten Seelenfreunde sind gewöhnliche Menschen, die Jesus lieben und genug Zeit in ihren Terminkalendern, genug Gerechtigkeitssinn in ihrem Herzen und genug Jahre auf dem Buckel haben, um dich beständig in deiner Beziehung zu Jesus zu ermutigen, zu trösten und herauszufordern.

Gott durch die Kultur hören

Es gibt keine unheiligen Orte, nur heilige und entheiligte.[180]
Wendell Berry

Da wir wissen, dass Gott in allen Dingen und über alle Dinge spricht (in der Kneipe ebenso wie in der Kirche und durch Freunde ebenso wie durch die Bibel), sollten wir sicherlich erwarten, dass wir seine Stimme in der Kultur um uns herum hören, weit über die Mauern der Kirche hinaus. Und in vielerlei Hinsicht ist dies die größte Entdeckung, der Höhepunkt und die Zuspitzung all dessen, was wir in diesem Buch erforscht haben: dass der Schöpfer aller Dinge sein großes Projekt nicht aufgegeben hat. Der Schöpfer ist immer noch dabei, den Kosmos und die Kulturen, in denen wir leben, zu erschaffen. Er ist immer noch in seiner Welt am Werk, indem er großartige neue Dinge ins Leben ruft (z. B. Babys und Filme, Galaxien und Lieder). Unser Universum dehnt sich immer noch aus! Menschen verlieben sich immer noch! Den Wissenschaftlern sind die Dinge, die es zu entdecken gibt, noch nicht ausgegangen. Romanautoren stoßen irgendwie immer noch auf Ideen, die es wert sind, darüber zu schreiben. Geistliche grüßen die Särge der Verstorbenen immer noch mit dem großen trotzigen Ruf: «Ich bin die Auferstehung und das Leben» (Johannes 11,25).

Es gibt keinen Aspekt von Gottes Schöpfung, durch den er nicht sprechen könnte und will. Jeden Tag wachen wir auf und entdecken: «Die Güte des Herrn hat kein Ende, sein Erbarmen hört niemals auf, es ist jeden Morgen neu!» (Klagelieder 3,22–23). Wir schlagen unsere Bibeln auf und siehe da, er spricht! Wir halten einen Moment inne, und da ist er wieder! Wir schauen in die Zeitung und merken, dass er auch hier immer noch spricht, wenn wir unsere Ohren nur offenhalten, um zu hören. Wir kommen zur Arbeit und er flüstert uns gezielt und verspielt ein kleines Wort durch einen Kollegen zu, der noch gar nicht weiß, dass es ihn gibt. Unser Blick verharrt ein wenig zu lange auf einem fremden Körper und Gott spricht scharf durch unser Gewissen. Wir sehen einen Film und er bewegt uns zum Gebet. Wir schalten das Radio ein und Gott spricht durch ein Lied. Wir schauen hinauf zum Sternenhimmel und spüren die uralte Wahrheit:

> Der Himmel verkündet Gottes Hoheit und Macht, das Firmament bezeugt seine großen Schöpfungstaten. Ein Tag erzählt dem nächsten davon, und eine Nacht sagt es der anderen weiter.
>
> *Psalm 19,2–3*

Nur wenige Menschen in der Geschichte haben diese Wahrheit besser verstanden und vermittelt wie der Apostel Paulus, als er auf dem Areopag zu den Bürgern von Athen sprach:

> Der Gott, der die Welt gemacht hat und alles, was darin ist, er, der Herr des Himmels und der Erde ist, wohnt nicht in Tempeln, die von Händen gemacht sind. Er lässt sich auch nicht von Menschenhänden bedienen, als ob er etwas benötigen würde, da er doch selbst allen Leben und Odem und alles gibt … damit sie den Herrn suchen sollten, ob sie ihn wohl umhertastend wahrnehmen und finden möchten; und doch ist er ja jedem Einzelnen von uns nicht ferne; denn «in ihm leben, weben und sind wir».
>
> *Apostelgeschichte 17,24–28; SLT*

Paulus fährt fort, nicht etwa, indem er die Bibel zitieren würde, sondern einen der berühmtesten Poeten der Antike: «Wie auch einige von euren Dichtern gesagt haben: ‹Denn auch wir sind von seinem Geschlecht›.»

Dies ist eine Zeile aus dem Gedicht *Phainomena* des griechischen Dichters Aratos (ca. 315–240 v. Chr.), das in der Antike sehr bekannt war. Da sein Verfasser eine Zeit lang in Athen gelebt hatte, können wir davon ausgehen, dass es einen besonderen

Platz im Herzen der Menschen dort hatte. Paulus instrumentalisiert hier die griechische Kultur nicht nur als Kommunikationsmittel und Anknüpfungspunkt, wie es Christen gerne tun. Vielmehr feiert er die ihn umgebende Kultur und beweist dadurch genau das, was er gerade behauptet hat – dass «der Gott, der die Welt gemacht hat und alles, was darin ist», in seiner Schöpfung präsent ist; er ist «jedem Einzelnen von uns nicht ferne». Ihm verdanken wir unsere Existenz und in ihm entfaltet sie sich weiter.

Phainomena beginnt mit einer Anrufung von Zeus, dem griechischen Gott des Donners, von dem man glaubte, er herrsche im Olymp über alle anderen Götter. Mit anderen Worten: Es ist ein Gedicht, das sich an die höchste griechische Gottheit richtet. Man würde erwarten, dass Paulus (als ein ehemaliger Pharisäer, der jede Form von Götzendienst strengstens ablehnte, und nun als Christ, der sich immer noch radikal zu den Zehn Geboten bekennt) gegen eine derartige Gotteslästerung wettert oder zumindest solche Texte meidet. Immerhin wissen wir, dass er «zornig [wurde] über die vielen Götterstatuen in der Stadt» (Apostelgeschichte 17,16).

Es lohnt sich, kurz innezuhalten und sich Paulus' Entsetzen vor Augen zu führen; denn einige von uns empfinden vermutlich ganz anders: Wir fühlen uns in unserem Umfeld so wohl, dass wir Gefahr laufen, uns zu assimilieren. Keine Form der Götzenverehrung löst in uns noch Zorn – oder auch nur leichtes Unbehagen – aus. Wir haben kein Problem damit, Gottes Stimme in der Kultur zu hören. Unser Problem ist, dass wir den Zeitgeist total mit dem Geist Gottes verwechseln. Wir schalten unsere Unterscheidungsgabe ab, wenn wir ins Kino gehen, wenn wir eine Vorlesung hören oder wenn wir im Einkaufszentrum shoppen. Wir würden nie in Erwägung ziehen, auf eine Staffel unserer Lieblingsserie zu verzichten, weil sie düster und verdorben ist, oder uns von einer Bekanntschaft zu distanzieren, deren Einfluss durchweg unserer Heiligung zuwiderläuft. Selten wird unser Gewissen durch die Kultur beunruhigt.

Doch bei Paulus war das ganz offensichtlich nicht so, was seine Worte auf dem Areopag umso bemerkenswerter macht. Obwohl er über ihren Götzendienst «zornig» ist, nimmt er ein athenisches Gedicht, das ein stoischer Dichter dem «König der Götter» gewidmet hat, und greift einen einzigen Satz heraus, der über sich selbst hinaus und auf den einen, wahren Gott weist.

All die Jahre, in denen er die Heilige Schrift studiert und in denen er gelernt hat, die Stimme Gottes zu hören, haben ihn an diesen außergewöhnlichen Punkt gebracht, an dem er in einem heidnischen Text, umgeben von einer Kultur voller Götzenheiligtümer, das Flüstern Gottes aufspürt.

In vielerlei Hinsicht ist genau dies das Ziel dieses ganzen Buches: dass wir mit Gottes Reden in seinen offensichtlichsten Formen – in der Bibel, durch Prophetie, in Träumen und durch Seelenfreundschaften – so vertraut werden, dass wir in der Lage sind, Gott überall durch Menschen und Dinge sprechen zu hören, die in keinster Weise bewusst christlich sind. Wenn wir lernen, Gott am Sonntag in der Predigt zu hören, fangen wir auch an, seine Stimme in den Nachrichten am Montag zu hören. Indem wir lernen, Christus in anderen Christen zu sehen, beginnen wir, ihm auch in Fremden zu begegnen.

Wir stellen fest, dass «das Wort Gottes nicht nur in den heiligen Schriften [gesprochen] wird, sondern noch ursprünglicher in der Schöpfung, noch existenzieller in der Geschichte, noch fantasievoller in der Kunst, noch unmittelbarer und persönlicher in der menschlichen Erfahrung».[181]

Aber wie können wir uns darin üben, all die wunderbaren Dinge zu hören, die Gott durch die Kultur sagt, ohne die vielen Worte der Welt mit dem Wort Gottes zu verwechseln? Es gibt einen einfachen Prozess, den ich dabei hilfreich finde und den man mit drei Tanzschritten vergleichen könnte: erstens, sich der Kultur *zuwenden*; dann kritisch *zuhören,* was die Kultur sagt; und schließlich konsequent zu Christus *zurückkehren.*

Lernen, sich der Kultur zuzuwenden

Die erste Aufgabe für uns Kulturschaffende besteht nicht darin, etwas Neues zu schaffen, sondern die Sprache der kulturellen Tradition, der wir verpflichtet sind, fließend sprechen zu lernen. Bevor wir Kulturschaffende werden können, müssen wir Hüter der Kultur werden.[182]

Andy Crouch

In der berühmten Geschichte von Mose und dem brennenden Dornbusch gibt es einen faszinierenden Satz, den man leicht überliest: «Der HERR sah, dass Mose sich dem Feuer näherte, um es genauer zu betrachten. Da rief er ihm aus dem Busch zu ...» (2. Mose 3,4). Das klingt so, als hätte Gott gar nicht unbedingt vorgehabt, zu Mose zu sprechen, aber weil Mose neugierig war – weil er sich die Mühe machte, hinüberzugehen, um sich den brennenden Busch genauer anzusehen –, hörte Mose die Stimme des Herrn.

Hier sehen wir, wie wichtig es ist, aufmerksam für die gewöhnlichen Ereignisse und Umstände des Lebens zu sein. Paulus konnte offensichtlich mindestens einen Teil des großen Gedichts von Aratos auswendig, als er dort auf dem Areopag stand. Und er hatte sich mit der Architektur und den Kunstwerken der Stadt befasst (Apostelgeschichte 17,23). Es ist auch anzunehmen, dass er sich nicht nur in der Heiligen Schrift sehr gut auskannte, sondern auch mit den Klassikern der Antike. Paulus konnte sich außerdem im Geschäftsleben behaupten – er arbeitete zeitweise als Handwerker und stellte Zelte her.

Manche von uns achten nicht auf die Kultur um uns herum, weil wir in einem religiösen Paralleluniversum leben und weil uns beigebracht wurde, dass die Außenwelt von Natur aus gefährlich ist. (Kennst du den Film *The Village?* Wahrscheinlich nicht – egal.) Wir gehen nur auf christliche Konzerte, wir lesen nur christliche Bücher und so weiter. Wenn man das Leben mancher Christen betrachtet, könnte man meinen, Jesus wäre nur gestorben, damit Christen ein allumfassendes Christen-Hobby ausüben können.

In einem englischen Reim aus dem 19. Jahrhundert, der oftmals Kardinal John Henry Newman zugeschrieben wird, heißt es: *«I sought to hear the voice of God and climbed the topmost steeple / but God declared: ‹Go down again, I dwell among the people.›»* (Ich wollte Gottes Stimme hören, drum stieg ich auf den höchsten Kirchturm, / doch Gott befahl: «Steig wieder hinunter, ich wohne bei den Leuten.»)

Aber ein noch größerer Teil von uns Christen achtet schlichtweg deshalb nicht auf die Dinge, die Gott durch die Kultur zu sagen hat, weil sie zu beschäftigt sind. Die Führungsexpertin Ruth Haley Barton stellt fest:

> Wir sind blind für den Busch, der hinter unserem eigenen Haus brennt, und für die Weisheit, die er bereithält … Wir sehnen uns nach einem Wort vom Herrn, aber irgendwie haben wir uns einreden lassen, unsere Eile sei ein Zeichen guter Führung. Unvermeidlich gleiten wir in einen Lebensstil ab, der uns wenig oder gar keine Zeit lässt, um aufmerksam zu sein, und wundern uns dann, warum wir nicht von Gott hören, wenn wir ihn am meisten brauchen.[183]

Wenn es uns ernst damit ist, auf Gott zu hören, werden wir Zeit und Energie darauf verwenden, die Welt zu studieren, in die er uns hineingestellt hat, und zwar indem wir ein unerschütterliches Interesse für die Grundannahmen und Leidenschaften unseres Nächsten entwickeln. Wir werden uns regelmäßig umsehen und uns erstaunt fragen, wie es sein kann, dass alltägliche Dinge so hell «brennen». In den bekannten Worten von Elizabeth Barrett Browning:

> Die Erde ist randvoll mit Himmel
> In jedem gewöhnlichen Busch brennt Gott
> Doch nur, wer es sieht, zieht die Schuhe aus
> Der Rest sitzt nur da und pflückt Brombeeren[184]

Lernen, der Kultur kritisch zuzuhören

Wenn wir uns der Kultur zugewandt haben, müssen wir feststellen, dass es sich hierbei in der Tat um eine sehr durchwachsene Sache handelt. Die Bibel warnt uns klar und deutlich, dass in der Welt ein bösartiger, trügerischer Feind am Werk ist, der sich als Engel des Lichts tarnt (2. Korinther 11,14).

Er wird an verschiedenen Stellen als Lügner, Ankläger, Dieb und umherstreifender Löwe beschrieben. Wir brauchen dringend die «Gabe der Geisterunterscheidung» (1. Korinther 12,10), damit wir Gottes Reden in der Kultur von den Lügen des Teufels unterscheiden können. Wir sollten regelmäßig um diese Gabe bitten und uns dann bemühen, sie jeden Tag fleißig zu gebrauchen. Reflektierende geistliche Disziplinen wie das Führen eines (Gebets-)Tagebuchs, Treffen mit einem *anam cara* und das Beten des *Examens* werden uns dabei helfen, zwischen dem Guten, dem Schlechten und dem Hässlichen in unserem Leben zu unterscheiden.

Der Geist, nach dem wir suchen, ist natürlich der Geist Christi. Wir suchen also ständig den Horizont der Kultur nach Dingen ab, die klingen wie Jesus, die aussehen wie er oder die auf ihn hinweisen (so wie es Paulus mit dem Gedicht *Phainomena* tat). Das ist natürlich eine sehr nuancierte Angelegenheit, weshalb wir sorgfältig auf sein Flüstern in unserem eigenen Gewissen hören müssen. Denn manche Aspekte der Kultur (bestimmte Ideen, Vergnügungen und künstlerische Ausdrucksformen) weisen einige Menschen auf Christus hin, während andere daran Anstoß nehmen.

In 1. Korinther 10 beschreibt Paulus genau dieses Prinzip, und zwar in Bezug auf eine der großen Kontroversen seiner Zeit – den Verzehr von Götzenopferfleisch. Zunächst rät er seinen Lesern, sich zu entspannen: «Kauft unbesorgt das Fleisch, das auf dem Markt angeboten wird, und macht euch kein Gewissen daraus, ob es von Opfertieren stammt. Denn ‹die Erde und alles, was auf ihr lebt, gehört dem Herrn.›» (10,25–26). Das ist im Grunde genau das, was ich bisher gesagt habe.

Aber dann fährt Paulus fort: «Sollte euch ... aber jemand ausdrücklich sagen: ‹Dieses Fleisch stammt vom Götzenopfer!›, dann esst es seinetwegen nicht, damit ihr [sein] Gewissen nicht belastet» (10,28–29). Die Schlüsselfrage, die wir uns immer stellen müssen, ist, ob wir eine Sache als Geschenk von Gott zu seiner Ehre annehmen können (10,30).

Wenn wir uns in der unendlichen Komplexität der Kultur, in der wir leben, zurechtfinden wollen, müssen wir ständig auf das Flüstern unseres eigenen Gewissens hören (siehe Kapitel 6), aber auch sensibel sein für das Gewissen anderer Menschen und uns schließlich fragen: «Ist dies ein Geschenk Gottes an mich, und kann ich es zu seiner Ehre annehmen, ohne dadurch anderen zu schaden?»

Vor einiger Zeit waren Sammy und ich tief in eine bestimmte Netflix-Serie eingestiegen. Je weiter die Handlung voranschritt und je mehr sich die Charaktere entwickelten, desto mehr wurden wir in ihre Welt hineingezogen. Doch gegen Ende der dritten Staffel (zu diesem Zeitpunkt hatten wir nicht weniger als achtzehn Folgen gesehen) begann mein Gewissen mich zu plagen. Ich glaube nicht, dass ich besonders prüde bin – bis zu diesem Zeitpunkt hatte ich kein Problem mit der Geschichte gehabt, auch wenn sie einige Sexszenen enthielt, ziemlich viel Gewalt und jede Menge Kraftausdrücke. Ich konnte die Serie sogar als einen Segen Gottes sehen und spürte, wie er manchmal durch bestimmte Themen und Figuren zu mir sprach.

Doch im Laufe der dritten Staffel schienen die Gewalt und die Sexszenen immer häufiger, platter und unnötiger zu werden. Mein Geist war beunruhigt. Mir wurden Bilder in den Kopf gepflanzt, mit denen ich mich nicht beschäftigen wollte. Ich konnte nicht mehr guten Gewissens sagen, dass diese Inhalte zu den Prioritäten passten, die Paulus in Philipper 4,8 aufzählt: «Alles, was wahrhaftig, was ehrbar, was gerecht, was rein, was liebenswert, was wohllautend, was irgendeine Tugend oder etwas Lobenswertes ist, darauf seid bedacht!» (SLT). Und so stieg ich bei der vierten Staffel aus, obwohl ich unbedingt wissen wollte, wie es weiterging, und mich stark mit den Figuren identifiziert hatte.

Das Interessante ist, dass Sammys Gewissen nicht in gleichem Maße beunruhigt war. Sie verfolgte die Serie begeistert weiter und ließ mich schließlich wissen, dass die Geschichte in Staffel fünf eine heiterere, gesündere Wendung nimmt. Und so freute ich mich, den Rest der Serie mit ihr gemeinsam anzuschauen.

Lernen, zur Bibel zurückzukehren

Wenn wir der Kultur, in der wir leben, konsequent mit einem gesunden Unterscheidungsvermögen zuhören, werden wir immer wieder zurückkehren zum Fundament von Gottes Wort in der Heiligen Schrift, zur Gemeinschaft mit anderen Christen und schließlich zu unserer persönlichen Begegnung mit Christus. So bleiben wir scharfsinnig in unserer Beurteilung der Kultur, sodass wir uns «nicht in das vorgefertigte Muster des Zeitgeistes pressen [lassen]» (Römer 12,2; DBU).

Ebenso bleiben wir auch offen für den Heiligen Geist, wenn es darum geht, wie wir das Wort Gottes auslegen und anwenden. Der große Theologe Karl Barth erinnert uns daran, dass wir die Bibel in der einen und die Zeitung in der anderen Hand halten sollen. Ja, wir interpretieren die Kultur im Licht der Bibel – aber wir lassen auch zu, dass Gottes Stimme in der Kultur zu uns redet und uns dabei womöglich die Augen für eine uralte Wahrheit in Gottes Wort öffnet, die wir zuvor übersehen haben. Gott sei Dank hat Martin Luther genau das getan – und auch andere wie William Wilberforce und Martin Luther King Jr.

In diesem Buch sind wir den Weg nach Emmaus gegangen und haben entdeckt, wie wir *Gottes Wort* in der Heiligen Schrift, in der Prophetie und letztlich in Christus erkennen und wie wir *Gottes Flüstern* in Träumen, im Gewissen, in Freundschaften und in der Kultur wahrnehmen können. All das war bewusst nur eine kleine Kostprobe, ein einfacher Ratgeber für ein weitläufiges und wichtiges Gebiet des geistlichen Wachstums. Ich möchte dich daher ermutigen, dranzubleiben und die Bereiche, die dich interessieren, weiter zu vertiefen, indem du die Hörübungen und die empfohlenen Materialien «zur Vertiefung» am Ende des jeweiligen Kapitels nutzt – einschließlich der kostenlosen Angebote *Lectio 365* (App) und des Kurses *Lectio Divina* (unter www.prayercourse.org), die als Begleitmaterialien zum Buch gedacht sind.

Aber es gibt noch eine letzte, wunderschöne Seite der Emmaus-Geschichte, die wir zum Abschluss betrachten wollen und die die verschiedenen Fäden dieses Buches wunderbar miteinander verknüpft:

> Als Jesus sich mit ihnen zum Essen niedergelassen hatte, nahm er das Brot, dankte Gott dafür, brach es in Stücke und gab es ihnen. Da wurden ihnen die Augen geöffnet: Es war Jesus.
>
> *Lukas 24,30–31*

Der Moment der Erkenntnis ereignet sich, als Jesus das letzte Abendmahl wiederholt. Es ist, wenn man so will, ein echter Moment der Kommunion – der innig verbundenen Gemeinschaft. Vielleicht erhaschten Kleopas und Maria sogar einen Blick auf die Narben an seinen Handgelenken, als er das Brot nach oben hielt. Wie schon erwähnt, haben wir keinen Grund zu der Annahme, dass sie am Gründonnerstag beim Passahmal in jenem berühmten Obergemach anwesend waren, aber allen Grund zu glauben, dass sie davon gehört hatten – vor allem, wenn es sich tatsächlich um die Maria handelte, die mit am Fuße des Kreuzes gestanden hatte, und sie somit auch den Sabbat mit jener engen Gemeinschaft verbracht hatten, die rund um Christus entstanden war.

Es gibt Hinweise darauf, dass in Emmaus bald eine Gemeinde entstand, vermutlich in genau diesem Haus (wo sonst sollte man sich auch treffen?). Sicher kannst du dir vorstellen, wie sie sich um genau diesen Tisch versammelten, die Geschichte dieses Tages immer und immer wieder erzählten, und noch Jahre später diese erste Abendmahlsfeier, die an jenem ersten christlichen Sonntag stattgefunden hat, immer wieder vollzogen.

Hier, im Sakrament des Abendmahls, der Eucharistie, der Kommunion, begegnen wir dem auferstandenen Christus. Er hält das Brot hoch und erinnert uns daran, dass es mehr ist als nur Brot. Es ist ein wirkungsvolles Symbol für «ein jedes Wort, das aus dem Mund Gottes hervorgeht» (Matthäus 4,4; Schlachter). Es nährt uns und spricht dabei zu uns, als *logos* und *rhēma,* biblisch und prophetisch zugleich. Doch bei all den Metaphern ist es immer noch tatsächlich Brot: die Frucht des Feldes, das Werk geschickter Hände. Unser tägliches Brot ist materiell *und* spirituell. Wir empfangen es aus den Händen gewöhnlicher Menschen und es spricht zu uns durch zwischenmenschliche Begegnungen – mehr noch als durch andere, mystischere Formen der Offenbarung.

Und wenn Jesus das Brot bricht, werden wir an seinen Leib erinnert, der am Kreuz auf so grausame Weise für uns gebrochen wurde. Wir nehmen seinen gebrochenen Leib in unsere eigenen gebrochenen Leiber auf, und auf geheimnisvolle Weise werden wir in diesem Moment zum Leib Christi, der immer und immer wieder aufs Neue geboren wird: die Gemeinschaft der Heiligen, durch die er immer noch spricht und handelt – die leibhaftige Verkörperung seines Wortes in der Welt.

Jedes Mal, wenn wir das Abendmahl feiern, wird das Wort Gottes in Jesus neu ausgesprochen (durch sein Leben, seinen Tod und seine Auferstehung, durch die Heilige Schrift, durch seinen Geist, durch die Kirche), und wir nehmen dieses Wort in unser Leben auf.

Es ist faszinierend, darüber zu spekulieren, mit welcher Plötzlichkeit Christus am Ende dieser Geschichte verschwand: Noch während er dabei war, ihnen das Brot zu geben – «im selben Moment» –, noch bevor er damit fertig war,[185] «verschwand er, und sie konnten ihn nicht mehr sehen» (Lukas 24,31).

Es ist fast so, als wollte Jesus das Brot für sich sprechen lassen: Mit seiner Bibelauslegung auf dem Weg und den Brotkrumen, die sie nun kauen, hat er ihnen alles gegeben, was sie brauchen. Er wollte nicht, dass Maria Magdalena ihn dort im Garten festhielt, und offenbar will er auch nicht, dass Maria und Kleopas das tun. Es ist an der Zeit, dass sie das nehmen, was er ihnen bereits gegeben hat, und den Rest selbst herausfinden. Und das tun sie auch: Sie eilen sofort in die Nacht hinaus, laufen die zwei Stunden durch die Dunkelheit zurück nach Jerusalem und unterwegs sprechen sie zweifellos über die Dinge, die Jesus gesagt hat. Und dann, als sie ankommen, verkünden sie den übrigen Jüngern die aufregende Nachricht: «Es ist wahr: Der Herr ist wirklich auferstanden!»

Jesus hatte sich ihnen in einer verblüffenden persönlichen Begegnung offenbart, und nun würden sie Zeugen seiner Auferstehung für die kommenden Generationen sein. Er öffnete ihnen die Heilige Schrift auf eine Weise, die ihre Herzen für den Rest ihres Lebens brennen ließ. Sie hatten mit dem auferstandenen Gottessohn das Brot gebrochen, und nichts würde jemals wieder sein wie zuvor.

Und nun, da wir Gottes Wort in der Bibel *gehört* haben, sein Wort mit brennendem Herzen *erfahren* haben und Gottes Wort in Christus persönlich *begegnet* sind, wollen wir wie sie dieses Wort in die Welt hinaustragen.

> Wer ist der Dritte, der immerzu geht neben dir?
> Wenn ich zähle, sind's zusammen nur du und ich
> Doch wenn ich vorausschaue auf die weiße Straße
> Ist immer ein andrer da, der geht neben dir.[186]
>
> *T. S. Eliot*

Lebendiges Wort
George Washington Carver (1864–1943)
Gottes Flüstern in der Kultur und in der Schöpfung hören

Mein ganzes Leben lang bin ich regelmäßig um vier Uhr morgens aufgestanden, um in den Wald zu gehen und mit Gott zu reden. Dort offenbart er mir seine Geheimnisse. Dann, wenn alle anderen schlafen, kann ich Gott am besten hören, und erfahre seinen Plan für mich.[187]
George Washington Carver

Die Leistungen des bedeutenden Wissenschaftlers George Washington Carver waren an sich schon außergewöhnlich; aber der kulturelle Kontext, in dem er sie vollbrachte, macht seinen Beitrag zur Menschheitsgeschichte besonders bemerkenswert: Er wurde während des Amerikanischen Bürgerkriegs in Newton County, Missouri, in die Sklaverei hineingeboren. Als Baby wurde er entführt und im Tausch für ein 300 Dollar teures Pferd an seinen Besitzer zurückgegeben. Seine Mutter war bei diesem Zwischenfall gestorben. Als «Waisenkind aus einer verachteten Rasse» blieb ihm eine Schulbildung verwehrt und sein Gesundheitszustand war so schlecht, dass man nicht erwartete, dass er älter als 21 Jahre alt werden würde.

Doch als junger Mann verschaffte ihm sein brillanter Intellekt einen Platz an einer Universität in Kansas. Als man dort jedoch die Wahrheit über seine Hautfarbe herausfand, wurde er kurzerhand abgewiesen.

Dennoch wurde George Washington Carver zu einem der bedeutendsten Wissenschaftler des frühen 20. Jahrhunderts: ein wegweisender Agrarwirt, Erfinder, Lehrer, Maler, Umweltschützer, Verfechter der Sache der Armen, Pionier der nachhaltigen

Landwirtschaft und Berater von drei Präsidenten. Einer von ihnen, Franklin Roosevelt, errichtete Carver zu Ehren eine Gedenkstätte – es war das erste Nationaldenkmal für einen Afroamerikaner und das erste für einen Nicht-Präsidenten.

Der entscheidende Moment in diesem außergewöhnlichen Leben war der Tag, an dem George Washington Carver ein Nachfolger Jesu wurde:

> Ich war bei meiner Bekehrung noch ein kleiner Junge, kaum zehn Jahre alt. Es gibt keine große Geschichte dazu zu erzählen. Gott kam einfach eines Nachmittags in mein Herz, als ich allein oben auf dem Heuboden unserer großen Scheune war, während ich Mais schälte, um ihn zur Mühle zu tragen und daraus Mehl zu mahlen. Ein lieber kleiner weißer Junge, einer unserer Nachbarn, der etwa in meinem Alter war, kam an einem Samstagmorgen vorbei und erzählte mir beim Spielen, dass er morgen früh in die Sonntagsschule gehen würde. Ich wollte unbedingt wissen, was eine Sonntagsschule ist. Er sagte, dass man dort Lieder singt und betet. Ich fragte ihn, was Beten sei und was man dabei sagte. Ich erinnere mich nicht an seine Antwort; ich weiß nur noch, dass ich auf den Heuboden stieg, sobald er weg war, mich neben das Maisfass kniete und betete, so gut ich konnte. Ich erinnere mich nicht mehr an meine Worte. Ich weiß nur noch, dass ich mich so gut fühlte, dass ich gleich mehrere Male betete, bevor ich aufhörte. Mein Bruder und ich waren die einzigen farbigen Kinder in der Nachbarschaft, und natürlich konnten wir weder in die Kirche noch in die Sonntagsschule noch in sonst irgendeine Schule gehen. Das war meine einfache Bekehrung, und ich habe seither mein Bestes getan, am Glauben festzuhalten.[188]

Carver hielt nicht nur am Glauben fest, er förderte ihn auch auf unzählige Arten: Er hielt mehr als dreißig Jahre lang Bibelunterricht, betete jeden Morgen in der Natur, wo Gott mit ihm über seine zahlreichen wissenschaftlichen Projekte sprach, und wandte die konkreten Wahrheiten des Evangeliums auf viele der größten Herausforderungen seiner Epoche an.

In einer Zeit, in der viele Menschen Glauben und Wissenschaft als gegensätzliche Weltanschauungen betrachteten, sah George Washington Carver sie als vollständig integriert an. Sein Labor nannte er «Gottes kleine Werkstatt». Häufig wurde er in wissenschaftlichen Kreisen dafür verspottet, dass er sich auf göttliche Offenbarungen berief und auf seinen Glauben an Jesus verwies als Begründung dafür, was ihn zu einem effektiven Wissenschaftler machte.[189]

Carver erzählte gerne von der Gebetszeit, in der Gott ihn beauftragte, die bescheidene Erdnuss zu seinem Lebenswerk zu machen, und ihm erklärte, dass andere Dinge zu hoch für seinen Verstand wären. Er veränderte das Leben unzähliger armer Farmer in den Südstaaten, indem er mehr als dreihundert Verwendungsmöglichkeiten für Erdnüsse entdeckte – von Shampoo über Milchersatz bis hin zu Klebstoff.

Carvers Glaube katapultierte ihn auch an die vorderste Front des Umweltschutzes: Er entwickelte wichtige Methoden für einen nachhaltigeren Anbau von Nutzpflanzen, darunter Sojabohnen, Süßkartoffeln, Baumwolle und natürlich Erdnüsse. Als jemand, der so deutlich Gottes Wort in der Schöpfung vernahm, verbrachte er konsequenterweise auch einen Großteil seines Lebens damit, sie zu Gottes Ehre besser zu verwalten. «Ich stelle mir die Natur gerne als eine endlose Reihe von Radiosendern vor», schrieb er, «über die Gott jeden Tag, jede Stunde und jeden Augenblick unseres Lebens zu uns spricht, wenn wir nur auf Empfang schalten».[190]

Carver sah im Glauben an Jesus auch den Schlüssel zur Überwindung des Rassismus und zur Verbesserung der Lage der Armen. Zweifellos dachte er auch an seine eigene Vergangenheit, als er es sich zum Lebensziel machte, «dem Menschen zu helfen, der am weitesten unten auf der Leiter steht».[191] Er lehnte Professuren an angesehenen Universitäten ab und blieb siebenundvierzig Jahre lang am bescheidenen Tuskegee-Institut, wo er mehreren Generationen Schwarzer Studierender landwirtschaftliche Techniken zur Selbstversorgung beibrachte. Durch seine Lehrtätigkeit und seine Forschung leistete George Washington Carver einen bedeutenden Beitrag dazu, den Süden der USA nach dem Bürgerkrieg aus der Armut zu befreien.

George Washington Carvers Leben als Wissenschaftler, Umweltschützer und Aktivist für die Armen ist ein Zeugnis dafür, dass Gott in allen Dingen und über alle Dinge spricht: von den Ursachen der Armut bis zur guten alten Erdnuss. In vielerlei Hinsicht erwies er sich daher auch als eine prophetische Figur, die zu vielen der drängendsten Probleme unserer Zeit etwas zu sagen hat – von Rassismus bis zur Umweltkrise –, und all das aus einer rein christlichen Perspektive. Die Worte, die auf der Roosevelt-Medaille stehen, die George Washington Carver 1939 verliehen wurde, sind nach wie vor eine treffende Zusammenfassung eines erstaunlichen Lebens:

> Für einen Wissenschaftler, der demütig die Führung Gottes suchte, und einen Befreier der Menschen – Weißer wie Schwarzer.

Hörübung: Gottes Flüstern in seiner Welt hören

Geübt wird, was man ehrt, vernachlässigt hingegen, was man missachtet.[192]

Plato

In diesem Kapitel haben wir uns darauf konzentriert, Gott im *ganzen* Leben zu hören. Wir hören ihn nicht nur in religiösen Kontexten, sondern auch in den konkreten Gegebenheiten von Gemeinschaft, Schöpfung und Kultur, durch die gewöhnlichen Menschen, Orte und Beschäftigungen, die unseren Tag ausfüllen.

Kreative Unterscheidungsübungen

Gebetsspaziergang (Einzelübung)

Der Himmel verkündet Gottes Hoheit und Macht, das Firmament bezeugt seine großen Schöpfungstaten. Ein Tag erzählt dem nächsten davon, und eine Nacht sagt es der anderen weiter.

Psalm 19,2–3

Mache einen Gebetsspaziergang in Gottes Schöpfung und bitte ihn einfach, durch das, was du siehst, zu dir zu sprechen. Das funktioniert in der Stadt genauso gut wie auf dem Land – die Beweise für Gottes Schöpferwerk sind überall sichtbar. Sei während des Spazierens sensibel für spontane Eingebungen des Heiligen Geistes: Studiere die Details und bestaune ihre Schönheit, betrachte die unendliche Komplexität aller Dinge. Frage dich: Was sagt mir das über Gottes Charakter? Was könnte er mir durch diesen besonderen Moment, diesen Ort, diese Sache, die er gemacht hat, mitteilen wollen?

Kulturkenner (Gruppenübung)

Diese Übung eignet sich für jegliche Art der Auseinandersetzung mit der Kultur: ob beim Filmeschauen, beim Hören von Mainstream-Musik, beim Zeitunglesen oder bei der Diskussion über einen Roman in einer Lesegruppe. Sie ist dazu gedacht, die Unterscheidungsgabe von Christen zu fördern, die ihren Glauben in Beziehung zur Kultur ihrer Umgebung bringen wollen.

Führe die Gruppe in das Thema ein, indem du sie daran erinnerst, dass Gott durch die gesamte Schöpfung spricht – nicht nur durch ihre offenkundig christlichen Aspekte (vielleicht nimmst du dabei Bezug auf meine Kommentare zu Paulus' Rede auf dem Areopag in diesem Kapitel). Bitte die Gruppenmitglieder, von einer Begebenheit zu erzählen, bei der Gott ihnen durch eine Person begegnet ist, die kein Christ ist, oder wo er in einem überraschenden Kontext (vom Supermarkt bis zum Kino) oder auf eine andere unerwartete Weise zu ihnen gesprochen hat. Das sollte eine gute Ausgangsbasis bieten, um die Grundzüge einer christlichen Auseinandersetzung mit der Welt zu erklären:

- *Erstens ziehen wir unsere Schuhe aus* und machen uns bewusst, dass wir auf heiligem Boden unterwegs sind. Gott ist uns immer einen Schritt voraus. Er spricht und handelt selbst in Umgebungen, die seine Existenz leugnen, weil er der Schöpfer und Erhalter aller Dinge ist. «Dem Herrn gehört die ganze Welt und alles, was auf ihr lebt» (Psalm 24,1). Wir haben kein Recht, das Schlechte an einer Kultur zu kritisieren, bis wir erkannt haben, wo Gott bereits in ihr und durch sie am Werk ist. Das Erste, was wir also tun, ist, Gottes Gegenwart zu entdecken und zu feiern.
- *Zweitens lernen wir die Sprache* und machen uns bewusst, dass eine andere Kultur größtenteils nicht besonders gut oder schlecht, sondern eben einfach anders ist: Kleidung, Sitten und Gebräuche, Musik und Sprache sind meist nicht böse, sondern moralisch neutral. Unsere Aufgabe ist es nicht, diese

Dinge auszutauschen, sondern sie zu respektieren. Dies ist ein grundlegendes Prinzip der interkulturellen Mission, das wir zunehmend auch vor der eigenen Haustüre anwenden müssen. Das Zweite, was wir also tun, nachdem wir Gottes Gegenwart in der Kultur entdeckt haben, ist, alles daran zu respektieren, das gut – oder einfach nur anders – ist.

- *Drittens lehnen wir uns auf* und machen uns bewusst, dass es in jeder Kultur Dinge gibt, die sündhaft, korrupt und kaputt sind. Wir akzeptieren die Kultur nicht wahllos, sondern gehen differenziert mit ihr um. Wir *erkennen* Gottes Wirken darin, *respektieren* ihre Andersartigkeit, wir *verwerfen* ihre Sünde. Wir haben allerdings kein Recht, uns gegen eine Kultur aufzulehnen, bevor wir nicht ihre Sprache gelernt und Gott in ihr gefunden haben.

Erkläre der Gruppe, dass ihr diese drei Filter nun auf einen bestimmten Ausdruck der Kultur anwenden werdet. Ihr könnt euch gemeinsam einen Film ansehen, ein beliebtes Buch lesen und darüber sprechen oder einfach Zeitschriften und Zeitungen austeilen. Ermutige die Gruppe zu fragen: «Wo kann ich Gott in diesem kulturellen Kontext sehen oder hören? Wo kann ich Zerbruch und Dunkelheit am Werk sehen?»

Wenn ihr wieder zusammenkommt, seid ihr ausgerüstet für ein spannendes Gespräch darüber, wie Gott in überraschenden Kontexten spricht.

Zu oft bringen wir unseren Leuten nur bei, wie sie Gott in religiösen Kontexten hören können. Deshalb ist es so aufregend, uns gegenseitig darin zu schulen, in der realen Welt dem auferstandenen Christus zu begegnen, der im Gewand der Kultur zu uns kommt, so wie er es an jenem Tag auf dem Weg nach Emmaus tat.

Fragen für die persönliche Reflexion und für Gruppengespräche

- Welche Menschen scheinen immer wieder Gottes Sprache mit mir zu sprechen und sein Wort in mein Herz und meinen Verstand zu bringen?
- Wo nehme ich Gottes Reden und Handeln an meiner Schule, meinem Arbeitsplatz oder in meiner Stadt wahr? Was sagt er?
- Ich lese die Nachrichten des Tages und frage mich: Welche Botschaft möchte Gott mir persönlich übermitteln?
- Ich entscheide mich für einen Lieblingsfilm oder ein Lieblingslied und nehme mir Zeit, in Form eines Tagebucheintrags darüber nachzudenken, was ich daran so liebe (einfach) und wie Gott dadurch zu mir spricht (nicht ganz so einfach).

Zur Vertiefung

Andy Crouch: *Culture Making. Recovering our Creative Calling,* IVP: Downers Grove 2008.

Der Kurs *Lectio Divina* von www.prayercourse.org

Es dauerte etwa drei Stunden, bis der Groschen endlich fiel und die Zwei aus Emmaus erkannten, dass sie das lebendige Wort Gottes zu Gast hatten. Aber in dem Moment, als ihre Augen und Ohren geöffnet wurden, war ihre Reaktion ein deutliches «Ja!». Aus Hören wurde Tun: Sie eilten sofort aus dem Haus und warteten nicht bis zum Morgen. Sie gingen die elf Kilometer zurück nach Jerusalem, wo sie die Jünger fanden, und ihnen «erzählten, was … geschehen war» (Lukas 24,35).

Das ist das Muster, dem wir folgen: Je mehr wir «Ja» zu Jesus sagen, desto vertrauter und kostbarer wird seine Stimme, bis wir schließlich, am Ende der Straße, am Ende des Tages, am Ende unseres Lebens, wenn die Sonne untergeht, zurückblicken und vor Staunen und Freude flüstern: «Brannte nicht unser Herz in uns, als er mit uns redete?»

8
Das Wort, das Flüstern und der Weg

Nun erzählten die beiden, was auf dem Weg nach Emmaus geschehen war.
Lukas 24,35

Meine Schafe hören auf meine Stimme;
ich kenne sie, und sie folgen mir.
Johannes 10,27

Hören und folgen. Das ist alles. All die riesigen Bibliotheken voll theologischer Abhandlungen, die Predigten aus Tausenden von Jahren, das unablässige Geschnatter der Christenheit – all das lässt sich in vier überraschend einfachen Worten zusammenfassen: Jesus zuhören und ihm nachfolgen.

Aber natürlich ist das keine einmalige Sache. Ich höre Jesus nicht nur einmal zu und sage einmal «Ja» zu ihm, an dem Tag, an dem ich Christ werde. Im Laufe der Wochen, Monate und Jahre versuche ich, immer wieder «Ja» zu sagen, auf große, furchteinflößende, lebensverändernde Weise, aber auch (und vor allem) auf kleine, kaum merkliche Arten.

Erstens – und das ist am offensichtlichsten – bedeutet dies, «Ja» zu seinem Wort in der Bibel zu sagen, wie wir im ersten Teil dieses Buches gesehen haben. Er sagt: «Komm und folge mir nach, tu Buße und lass dich taufen, nimm dein Kreuz auf dich, liebe deine Feinde, geh hin in alle Welt», und ich sage: «Okay.»

Aber es bedeutet auch, Tag für Tag auf besondere und persönliche Weise «Ja» zu seinem Flüstern zu sagen, wie wir im zweiten Teil dieses Buches gesehen haben. Ich muss lernen, diese sanfte, leise Stimme zu erkennen, die mir sagt, ich solle am Ende der Straße links abbiegen, meinen Kindern zuhören, das blaue T-Shirt anziehen, 57 Pfund in den Opferbeutel werfen, meine Einstellung ändern, einen Tag frei nehmen, meine Mutter anrufen, etwas Neues wagen, meinen Glauben teilen, den Mund halten, auf ein bestimmtes Wort in der Predigt achten, innehalten und beten.

Wenn ich lerne, auf diese Weise zu leben – aufmerksam auf Gottes Wort in der Bibel und auf das Flüstern seines Geistes zu achten –, entdecke ich nach und nach die unermessliche Güte seiner Führung, die in wunderbar komplexen Formen hinter mir herzieht wie die Leuchtspur einer Wunderkerze in der Nacht. Durch zehntausend kleine Jas werden meine Nervenbahnen allmählich neu ausgerichtet, durch jede gerechte Entscheidung wird mein Charakter geschliffen, und letztlich entscheidet sich mein Schicksal nicht durch die großen, markanten Momente des Lebens, sondern an einer Unzahl von scheinbar unbedeutenden Entschlüssen, die sich zu Überzeugungen verdichten und zu Verhaltensweisen verfestigen.

Unsere Vorfahren haben es gut ausgedrückt, wenn sie sagten: *lex orandi, lex credendi, lex vivendi* – die Art, wie wir beten, bestimmt die Art, wie wir glauben und leben. Hör zu, glaube und gehorche. Sag einfach Ja zu Jesus.

Was immer er euch befiehlt, das tut.
Johannes 2,5

Auf der Hochzeit in Kana ist der Wein ausgegangen. Maria versucht, Jesus zu drängen, das Problem zu lösen, aber er wehrt sich auf das Heftigste: «Es ist nicht deine Sache, mir zu sagen, was ich tun soll! Meine Zeit ist noch nicht gekommen!» (Johannes 2,4). Das ist ein ziemlich kräftiges Nein! Aber dann, kurz darauf, ändert er seine Meinung. Im direkten Widerspruch zu dem, was er gerade gesagt hat, mischt sich Jesus auf höchst bedeutsame und dramatische Weise in das Geschehen ein. Anscheinend ist seine Stunde nun doch gekommen.

Was bringt Jesus dazu, seine Meinung zu ändern? Es scheinen die wenigen Worte Marias gewesen zu sein, die sie nicht zu ihrem Sohn, sondern zu den umstehenden Dienern sprach. Ich stelle mir vor, wie Maria sie mit einem wissenden Blick ansieht, als sie sagt: «Was immer er euch befiehlt, das tut!» (2,5). *Hört zu und gehorcht. Alles ist möglich. Sagt einfach Ja zu Jesus.*

Mit diesen Worten gibt Maria im Alleingang den Startschuss für das wundertätige Wirken Jesu. Sie hat dreißig Jahre lang die Prophezeiungen der Engel in ihrem Herzen getragen, ihren Sohn heranwachsen sehen, ihn besser kennengelernt als irgendjemand sonst auf der Welt, und nun ist es Maria (nicht Jesus), die spürt, dass seine Zeit gekommen ist. (Wenn du auf die Erfüllung einer Verheißung von Gott wartest, dann denke daran, aktiv zu warten und wie Maria erwartungsvoll zu beobachten, auch wenn die Antwort Jahre auf sich warten lässt. Wenn du weiterhin aufmerksam zuhörst und konsequent Ja zu Jesus sagst, wird deine Zeit kommen.)

Als die Diener in Kana der Anweisung Marias folgten, hielten sie es wahrscheinlich für eine unbedeutende Aufgabe – ein bisschen Geschleppe für einen exzentrischen Gast. Indem sie sechs Steinkrüge mit mehr als achtzig Litern Wasser füllten, dienten sie lediglich den Gästen des Festes. Aber natürlich war ihre Arbeit keineswegs unbedeutend: Sie, die am Rande des Geschehens standen, waren im Begriff, den Lauf der Geschichte für alle Generationen nach ihnen zu verändern.

Wenn du dich vergessen fühlst, als würdest du am Rand stehen und das Leben der anderen beobachten, dann fasse Mut! Bleibe in der Nähe von Jesus und tu, was er dir sagt. Ein einziger

Moment des schlichten Gehorsams, ein einziges einfaches Ja kann bis in alle Ewigkeit nachhallen.

In ihren wunderschönen Memoiren *Amen: Wie die Luft zum Atmen* beschreibt Jill Weber, wie sie sich Gott mit einer Herzenshaltung nähert, die sagt: «Die Antwort lautet Ja, aber wie lautet die Frage?»

> Im Wesentlichen: Ja sagen. Ja zu allem, was Gott meint, dass ich tun sollte, denn er ist ganz klar intelligenter, weiser und kreativer als ich ... Ja, weil er die möglichen Risiken kennt, die um die Ecke lauern. Ja, bevor er mir sagt, wozu ich Ja sage ... Ich sage Ja und höre dann hin, um das zu befolgen, was ich wahrnehme. Weil es ohnehin alles nur ein großes, verrücktes Experiment ist.[193]

Es dauerte etwa drei Stunden, bis der Groschen endlich fiel und Maria und Kleopas auf ihrem Heimweg nach Emmaus erkannten, dass sie das leibhaftige Wort Gottes sahen und hörten. Aber sobald ihre Augen und Ohren geöffnet wurden, war ihre Reaktion ein klares «Ja!». Sie eilten sofort nach draußen und gingen die elf Kilometer zurück nach Jerusalem «und fanden die Elf versammelt und die bei ihnen waren; die sprachen: ‹Der Herr ist wahrhaftig auferstanden›» (Lukas 24,33–34; LUT).

Innerhalb von sieben Wochen nach dieser Offenbarung in Emmaus sagten dreitausend Menschen in Jerusalem das Gleiche: «Es ist wahr. Der Herr ist auferstanden!» Innerhalb eines Jahrzehnts, so schätzt man, wiederholten weitere fünftausend Menschen in allen Teilen des Römischen Reiches diese Worte. Am Ende des 3. Jahrhunderts nach Christus gab es etwa fünf Millionen Menschen in circa 65.000 Hauskirchen, die allesamt verkündeten: «Der Herr ist auferstanden. Er ist wahrhaftig auferstanden!» Und heute gibt es etwa zwei Milliarden Menschen auf allen Kontinenten und in den meisten (aber nicht allen) Völkern und Nationen, die sich als Gläubige an den auferstandenen Christus bezeichnen.

Wenn jeder einzelne Christ – alle zwei Milliarden von uns – den morgigen Tag damit verbringen würden, ein bedingungsloses Ja zu Jesus zu sagen, würden wir, so glaube ich, am Tag danach die Schlagzeilen in der Welt bestimmen. Denk mal darüber nach:

- Plötzlich würden auf unerklärliche Weise riesige Geldbeträge an die Armen verteilt. Es könnte die größte Umverteilung von Reichtum sein, die die Welt je an einem Tag gesehen hat. Die Märkte würden völlig verrücktspielen!
- Generationen der Verbitterung könnten durchbrochen werden, weil endlich die lang ersehnten Entschuldigungen ausgesprochen würden. Es gäbe eine Epidemie der Versöhnung zwischen sich bekriegenden Ehepartnern, Nachbarn und sogar Kirchen.
- Womöglich würden die Gewinne von Amazon einbrechen, wenn zwei Milliarden Christen aufhören würden, Dinge zu kaufen, die sie nicht brauchen.
- Vielleicht würde Anbetungsmusik plötzlich die Spitze der Streaming-Charts erobern und Popmusikexperten dazu bringen, sich die Köpfe zu zerbrechen und ihre Marketingpläne zu überdenken.
- Rein statistisch würden sich Millionen zu Christus bekehren, wenn zwei Milliarden von uns einfach dem Gebot unseres Herrn gehorchen und das Evangelium jeweils mit ein paar Menschen teilen würden. Und wenn wir, sagen wir mal, vier Menschen von Jesus erzählen würden, könnte theoretisch an einem Tag jeder Mensch auf der Erde das Evangelium hören! Der Missionsbefehl wäre erfüllt! Ich sage *theoretisch,* weil viele Menschen natürlich leider weder einen Christen kennen noch eine Bibel in ihrer Muttersprache zur Verfügung haben. Das bedeutet, dass wir morgen zwar nicht alle Menschen erreichen würden, aber viele Menschen mehrfach. Wenn nur eines von hundert dieser Gespräche zu einem neuen Bekenntnis zu Christus führen würde, könnten wir an einem einzigen Tag acht Millionen Männer, Frauen und Kinder in Gottes Familie aufnehmen. Stell dir nur den Jubel im Himmel vor!

Natürlich ist das alles rein hypothetisch – leider. Ich bin sicher, dass dein Kopf bereits voller Einwände ist. Viele, viele Menschen, die sich Christen nennen, wissen nicht wirklich, was es bedeutet, eine lebendige, hörende Beziehung zu Jesus zu haben. Und, ja, man kann Institutionen sicher nicht von heute auf morgen umkrempeln. Aber welche Berge könnten wir versetzen, wenn nur die Hälfte von uns, sagen wir, eine Milliarde, den Großteil eines Monats damit verbringen würde, bedingungslos Ja zur Führung Jesu zu sagen? Oder anders ausgedrückt, wenn genug von uns Jesus wirklich zum unbestrittenen Herrn unseres Lebens machen würden? Könnte es nicht sein, dass er schließlich als Herr ganzer Schulen, Straßen und sogar ganzer Städte anerkannt würde?

Damit dies geschieht, brauchen wir keine Nicht-Christen, die Christen werden. Wir brauchen zunächst einmal Christen, die Christen werden. Jüngerinnen und Jünger Christi, die «tun, was immer er befiehlt», so wie Maria sagte. Schafe des Guten Hirten, die einfach seine Stimme hören und ihm folgen. Menschen wie Samuel in der Bibel und wie die vielen anderen Glaubenshelden, von denen dieses Buch berichtet, die lernen zu beten: «Sprich, Herr, dein Diener hört».

Das tat Sojourner Truth, als Gott durch eine Vision zu ihr sprach. Durch ihren rückhaltlosen Gehorsam wurde sie zu einem «Zeichen für diese Nation» und «zeigte ihnen ihre Sünden auf».

Das tat Augustinus von Hippo, als er auf das Singen eines Kindes reagierte. Durch Umkehr und Gehorsam wurde er aus einem «brodelnden Sündenpfuhl» gezogen und schlug den bemerkenswerten Weg ein, der ihn zu einem der Väter der Kirche werden ließ.

Das lernte Ignatius von Loyola, nachdem er zum ersten Mal die Stimme Gottes gehört hatte und (notgedrungen) ein christliches Buch las. Seine Gottesbegegnung führte zu einer Bewegung, die die Welt verändern sollte.

Das tat auch Heidi Baker als Reaktion auf die Worte eines Navajo-Predigers in einem Indianerreservat in Mississippi. Heute hat ihr freudiger Gehorsam mächtige Auswirkungen auf Hunderttausende der ärmsten Menschen der Welt.

Es ist das, was Bruder Lorenz tat, indem er sich darin übte, Gottes Gegenwart in der Alltäglichkeit seines Arbeitslebens zu hören, zu sehen und zu feiern. Dadurch wurde er zu einem Mentor für Millionen.

Es ist das, was Juliana von Norwich tat und wodurch sie zu einer bahnbrechenden Schriftstellerin und Heiligen wurde.

Es ist das, was George Washington Carver jeden Morgen tat, wenn Gott durch die Natur zu ihm sprach. Dadurch wurde er zu einem bedeutenden Wissenschaftler, Umweltschützer und gewaltigen Fürsprecher für die Armen.

Letztlich ist es das, was Jesus selbst getan hat. Er sah und ahmte nach: «Was immer ... der Vater tut, das tut auch der Sohn!» (Johannes 5,19). Er hörte zu und dann sprach er: «Denn ich habe nicht eigenmächtig zu euch geredet. Der Vater hat mich gesandt und mir gesagt, was ich reden und verkünden soll» (Johannes 12,49).

Ich bin mir bewusst, dass dies alles ziemlich einschüchternde Beispiele sein können. Aber ich bin mir gleichzeitig sicher, dass die meisten dieser Helden (vielleicht mit Ausnahme von Ignatius) keinen besonderen Wunsch nach Ruhm hatten, als sie begannen, zu Jesus Ja zu sagen. Die meisten von ihnen waren sich wahrscheinlich sogar sicher, dass die Nachfolge Jesu für sie eine Abkehr von Glaubwürdigkeit, Einfluss und Macht bedeutete. Wenn man lernt, Ja zu Jesus zu sagen, kann uns das ins grelle Rampenlicht führen, aber es ist mindestens genauso wahrscheinlich, dass es uns in das schummrige Licht des stillen Dienens führt. Es kann wie Misserfolg aussehen oder wie Erfolg, wie Ruhm oder Anonymität (eine bzw. einer der beiden Reisenden auf dem Weg nach Emmaus ist bis heute namenlos).

Nichts von alledem ist wichtig. Was zählt, ist der mittlere Teil des Verses, mit dem wir das Kapitel begonnen haben; die drei Worte, die ich bisher noch nicht erwähnt habe: «Meine Schafe hören auf meine Stimme; *ich kenne sie,* und sie folgen mir.» Jesus Christus kennt mich! Er kennt meinen Namen, meine Gedanken, meine Fehler, Ängste und Träume, und dennoch liebt er mich. Ich höre auf seine Stimme, weil er mich besser kennt, als ich mich selbst kenne. Ich folge seinem Beispiel, weil er sich besser um mich kümmert, als irgendjemand sonst es jemals könnte.

Nachdem wir viele verschiedene Arten betrachtet haben, auf die Gott spricht – durch die Bibel und durch Prophetie, durch Träume, das Gewissen, die Gemeinschaft, die Schöpfung und die Kultur –, müssen wir dort enden, wo wir begonnen haben: mit dem endgültigen Wort Gottes in Jesus Christus. Es ist Jesus, der verborgen zu uns kommt, getarnt im Gewand des Gewöhnlichen, der unsere Gespräche auf dem Weg unterbricht. Es ist seine Gegenwart, die unser Denken neu ausrichtet, es sind seine Einsichten, die die Heilige Schrift zum Leben erwecken. Er betritt unsere Häuser, bevor wir die Gelegenheit hatten, aufzuräumen, er lässt sich unaufgefordert an unseren Esstischen nieder und erweicht unsere Herzen, indem er das Brot bricht.

Manchmal spricht er dramatisch, aber meistens spricht er leise – mit «Worten, die Geist und ... Leben [sind]» (Johannes 6,63; Schlachter). Je mehr wir Ja zu dem sagen, was er sagt, desto vertrauter und kostbarer wird seine Stimme, bis wir schließlich am Ende des Weges, am Ende des Tages, am Ende unseres Lebens mit einer Mischung aus Verwunderung und Freude zurückblicken und sagen:

> Brannte nicht unser Herz in uns, als er mit uns redete?

Und so stehen wir auf, ziehen unsere Mäntel an und treten hinaus ins Dunkel der Nacht.

Anmerkungen

1 Mehr als 24 Millionen Menschen haben schon einen Alpha-Glaubenskurs besucht – und das in 113 verschiedenen Sprachen in über 169 Ländern dieser Welt. Alpha begann in den 1970er Jahren als kleiner Kurs in der Holy Trinity Brompton Kirche (HTB) in London. Dort stellte man fest, dass viele Menschen außerhalb der Kirche Interesse am christlichen Glauben und damit an diesem Kurs haben. 1990 übernahm Nicky Gumbel als Pastor der HTB den Kurs und entwickelte ihn weiter. Alpha läuft heute in allen Teilen der weltweiten Kirche: der katholischen Kirche, orthodoxen Kirche, in Freikirchen und der evangelischen Kirche. (Quelle: https://alphakurs.de/geschichte-von-alpha/)

2 J. R. R. Tolkien: *Der Herr der Ringe. Band 1 – Die Gefährten,* Klett-Cotta: Stuttgart 2012. Übersetzt von Wolfgang Krege.

3 David Lewis (Übersetzer): *Autobiography of Saint Teresa of Ávila,* CreateSpace: Scotts Valley 2010 (S. 26) [Übers.].

4 Pete Greig: *Kraftvoll beten,* Asaph: Lüdenscheid 2020. Übersetzt von Dorothea Appel.

5 Vgl. Markus 12,28–29; Lukas 10,25–27.

6 «Mein ganzes Leben lang bin ich regelmäßig um vier Uhr morgens aufgestanden, um in den Wald zu gehen und mit Gott zu reden. Dort offenbart er mir seine Geheimnisse. Dann wenn alle anderen schlafen, kann ich Gott am besten hören und erfahre seinen Plan für mich.» – Gary R. Kremer: *George Washington Carver. A Biography,* Greenwood: Santa Barbara 2011 (S. 12) [Übers.].

7 Das Tagebuch von Florence Nightingale vom 7. Februar 1837, im Besitz der britischen Nationalbibliothek, zitiert in Heather Kelly: Florence Nightingale's Autobiographical Notes. A Critical Edition of BL Add. 45844, Wilfred Laurier University 1998 (S. 12) [Übers.]. Siehe auch Edward Tyas Cook: *The Life of Florence Nightingale.* Volumes 1 and 2, MacMillan & Co.: London 1913 [Übers.]: «In einem autobiografischen Fragment, das sie im Jahr 1867 schrieb, erwähnt Florence, dass einer der Wendepunkte ihres Innenlebens gewesen sei, dass Gott sie am 7. Februar 1837 in Embley ‹in seinen Dienst berief›; und es bestehen auch noch spätere Notizen, die diesen Tag als den Anbruch ihres wahren Lebens festhalten.»

8 Mehr zu Ben Carsons Geschichte folgt in Kapitel 6.

9 Nach Hammarskjölds Tod bedauerte US-Präsident John F. Kennedy ausdrücklich, dass er sich gegen die Kongo-Politik der UN gestellt hatte, und sagte: «Nun wird mir bewusst, dass ich im Gegensatz zu ihm unbedeutend bin. Er war der größte Staatsmann unseres Jahrhunderts.» – Sture Linnér & Sverker Åström: «UN Secretary-General Hammarskjöld. Reflections and Personal Experiences (The 2007 Dag Hammarskjöld Lecture)», Universität Uppsala 2008 (PDF, S. 28) [Übers.].

10 Allen voran Pascals «Nacht des Feuers» am Montag, den 23. November 1654, die er in seinem *Mémorial* festhielt.

11 Seit ihrer frühen Jugend empfing Tubman Träume und Visionen von Gott, die ihr ganzes Leben hindurch ihr Handeln leiteten.

12 Die «Religious Landscape Survey» des *Pew Research Center,* eine Umfrage unter 35.000 Amerikanerinnen und Amerikanern in allen 50 US-Bundesstaaten, zeigt, dass 77 Prozent der Amerikaner regelmäßig beten (55 Prozent täglich, 16 Prozent zweimal pro Woche, 6 Prozent monatlich). Im weniger religiösen Großbritannien fand eine im Dezember 2018 veröffentlichte YouGov-Studie im Auftrag der *Times* derweil heraus, dass der Anteil der Atheisten an der Bevölkerung von 38 Prozent im Jahr 2016 auf 33 Prozent im Jahr 2018 gesunken war, und im selben Zeitraum der Anteil der Menschen, die regelmäßig oder gelegentlich beteten, signifikant gestiegen war. Dies ergänzt die Ergebnisse einer ebenfalls 2018 veröffentlichten, von ComRes im Auftrag der Nichtregierungsorganisation *Tearfund* durchgeführten Untersuchung, die zeigt, dass 51 Prozent der britischen Bevölkerung beten – einschließlich 20 Prozent derjenigen, die sich als «nicht religiös» bezeichnen.

13 N. T. Wright: *Luke for Everyone,* SPCK: London 2001 (S. 293) [Übers.].

14 Ebd. [Übers.].

15 C. S. Lewis [Hrsg. Walter Hooper]: *The Collected Letters of C. S. Lewis. Volume 3: Narnia, Cambridge, and Joy, 1950–1963,* HarperOne: San Francisco 2007 (S. 246) [Übers.].

16 Nach zwanzig Jahren harter Arbeit schloss *Elam Ministries* 2003 die Übersetzung des Neuen Testaments und 2014 die des Alten Testaments ins moderne Persisch (Farsi) ab.

17 Siehe z. B. 2. Mose 3,4; 4. Mose 22,28; Hebräer 13,2.

18 Es gibt zahlreiche Versionen dieser Geschichte, die verschiedenen Schulen zugeschrieben werden und oft als urbaner Mythos betrachtet werden. Ausführliche Recherchen deuten jedoch auf die Schule in Walgett, New South Wales, als Ursprung hin. Dort findet der Schriftzug «Audio, Video, Disco» immer noch Verwendung, nicht zuletzt auf der Facebook-Seite der Schule. Verständlicherweise hat sich die Schule aber dafür entschieden, daneben auch die englische Version ihres Mottos beizubehalten!

19 Siehe z. B. Tanya Luhrmann: *When God Talks Back,* Alfred A. Knopf: New York 2012

(hierbei handelt es sich um eine anthropologische Studie zu einer Vineyard-Gemeinde in den USA, der sich die Kulturwissenschaftlerin für ein Jahr anschloss, um deren Lobpreis- und Gebetspraxis zu untersuchen). Oder Mark & Patti Virkler: *Dialogue With God. Opening the Door to Two-way Prayer,* Bridge-Logos: Florida, 1986.

20 [Übers.] aus: C. S. Lewis: *The Problem of Pain,* HarperCollins: London, 2002 (S. 91); die dt. Übersetzung erschien unter dem Titel *Über den Schmerz* [ins Dt. übertr. von Hildegard und Josef Pieper], Brunnen Verlag Gießen.

21 Fredrick William Faber: *Growth in Holiness. The Progress of the Spiritual Life,* CreateSpace: Scotts Valley 2013 (S. 145, 149) [Übers.].

22 Madeleine L'Engle: *Walking on Water. Reflections on Faith and Art,* Convergent Books: New York 2016 (S. 174) [Übers.].

23 Gott ein Ultimatum zu stellen, funktioniert selten und ist im Allgemeinen nicht ratsam! Mose sagt: «Fordert den HERRN, euren Gott, nicht heraus», und Jesus selbst wiederholt diese Anweisung in seiner Auseinandersetzung mit dem Satan in der Wüste (5. Mose 6,16; Matthäus 4,7). Offensichtlich konnte Asrin das nicht wissen, und in seiner Gnade kam der Herr ihrem Wunsch nach!

24 Die Ermahnung Jesu, «Wer Ohren hat, der höre», kommt zwölfmal in den Evangelien und dreimal in der Offenbarung vor. (Der einzige Ausdruck, den er noch häufiger verwendet, ist: «Wahrlich, ich sage euch».) Die bildhaften Worte wurden zuerst von Mose in 5. Mose 29,3 und dann vom Propheten Hesekiel (12,2) verwendet. In *Jesus Remembered. Christianity in the Making, Volume 1* (William B. Eerdmans: Grand Rapids 2019, S. 462) argumentiert James D. G. Dunn, dass dieser Ausspruch Jesu auch in der mündlichen Überlieferung der frühen Kirche widerhallte.

25 Dies ist eine wunderbare Verheißung für alle, die in ihrer Fähigkeit wachsen wollen, den Herrn zu hören. Er sagt: «Rufe mich an, so will ich dir antworten und will dir kundtun große und unfassbare Dinge, von denen du nichts weißt» (Jeremia 33,3; LUT).

26 Sojourner Truth & Olive Gilbert: *The Narrative of Sojourner Truth,* Historic Publishing: Dublin 2017 (S. 128) [Übers.].

27 Ebd. (S. 58).

28 Ebd. (S. 128).

29 Ebd.

30 Ebd.

31 Die Überlieferung von Truths «Ain't I a Woman?»-Rede hat verschiedene Stadien durchlaufen. Die vorliegende Fassung [Übers.] stammt aus dem Jahr 1863, zwölf Jahre nach dem Ereignis, und wurde von Frances Gage, einer der Organisatorinnen des ursprünglichen Kongresses, veröffentlicht. Die früheste Fassung, die von Rev. Marius Robinson, der ebenfalls vor Ort gewesen war, nur einen Monat nach der Veranstaltung in der Zeitschrift *The Anti-Slavery Bugle* veröffentlicht wurde, ist

nicht weniger kraftvoll und enthält deutlich mehr Bezüge zur Bibel, jedoch nicht den berühmten Satz «Ain't I a woman?».

32 Ebd.

33 Simon Ponsonby: *Amazed by Jesus,* Muddy Pearl: Edinburgh 2020 [Übers.].

34 Rowan Williams: *God With Us. The Meaning of the Cross and Resurrection – Then and Now,* SPCK: London 2017 (S. 87) [Übers.].

35 Am Pfingsttag tat der Apostel Petrus das Gleiche. Als er und seine Freunde, die vom Geist erfüllt waren, beschuldigt wurden, betrunken zu sein, verwies er auf die Heilige Schrift (Joel 3,1–5), um die Ereignisse in den Kontext des biblischen Zeugnisses zu stellen und als Erfüllung einer alten Prophezeiung auszuweisen.

36 Hierbei handelt es sich um die *Amity Printing Company,* die 1987 von den *United Bible Societies* in China gegründet wurde und heute mit den staatsnahen Institutionen des Chinesischen Christenrates und des Nationalkomitees der Patriotischen Drei-Selbst-Bewegung zusammenarbeitet.

37 Einige dieser Daten stammen aus Lektion 6 des Alpha-Kurses «Wie kann ich die Bibel lesen?». Alpha hat Millionen von Menschen geholfen, eine Antwort auf ihre Lebensfragen zu finden und einen lebendigen Glauben für sich zu entdecken.

38 Die Ereignisse rund um den erbetenen Regen auf Ibiza beschreibe ich ausführlicher in meinem Buch *Red Moon Rising* (SCM R. Brockhaus: Wuppertal, 2005).

39 John Wesley: «Preface to the Sermons», in: Henry Craik [Hrsg.]: *English Prose,* The Macmillan Company: New York 1916; Bartleby.com 2010 (bartleby.com/209) [Übers.].

40 Aus «Speeches at Home and Abroad» des *Annual Meeting of the British and Foreign Bible Society* vom 5. Mai 1875 [Übers.].

41 Brian Tierney: *The Idea of Natural Rights. Studies on Natural Rights, Natural Law, and Church Law 1150–1625,* William B. Eerdmans: Grand Rapids 2001 [Übers.].

42 Kyle Harper: *From Shame to Sin. The Christian Transformation of Sexual Morality in Late Antiquity,* Harvard University Press: Cambridge, Massachusetts 2013 [Übers.].

43 Aus dem Newsletter des *Museums of the Bible,* Dezember 2020 [Übers.].

44 Thomas Walsingham: *Historia Anglicana;* zitiert in Richard B. Dobson: *The Peasants Revolt of 1381,* Pitman: Bath 1970 (S. 375) [Übers.].

45 Ebd.

46 «State of the Bible»-Report, veröffentlicht von der *American Bible Society* und der Barna Group, 2020.

47 Ebd.

48 George H. Gallup Jr. in einer Rede vor der *Evangelical Press Association* am 8. Mai 2005 [Übers.].

49 Lawrence Kushner: *Eyes Remade for Wonder,* Jewish Lights: Woodstock, Vermont, 1998 (S. 50) [Übers.].

50 William Wilberforce: *Real Christianity,* Bethany House: Minneapolis 2006 (S. 23) [Übers.].

51 Siehe z. B. Robert Louis Wilken: *The Spirit of Early Christian Thought,* Yale University Press: New Haven 2005 (Kapitel 6).

52 Alternativ argumentieren einige Denker auch für eine rhetorische Lesart dieses Abschnitts, die besagt, dass Paulus die Meinungen derer zitiert, mit denen er nicht übereinstimmt, und sie anschließend korrigiert. In jedem Fall zeigt sich hier, dass Exegese es uns ermöglicht, die ursprüngliche Bedeutung und Absicht des Autors besser zu verstehen. Für eine ausgezeichnete ausführliche Analyse dieser Verse siehe Lucy Peppiatt: *Women and Worship at Corinth. Paul's Rhetorical Arguments in 1 Corinthians,* Cascade Books: Eugene 2015, und *Unveiling Paul's Women. Making Sense of 1 Corinthians 11:2–16,* Cascade Books: Eugene 2018.

53 Siehe z. B. Lucy Peppiatt: *Unveiling Paul's Women* und Cynthia Long Westfall: *Paul and Gender. Reclaiming the Apostle's Vision for Men and Women in Christ,* Baker Academic: Grand Rapids 2016.

54 Ich empfehle insbesondere die Kommentarreihe *The Bible Speaks Today* von InterVarsity Press.

55 9. Auflage der deutschen Übersetzung erschien 2022 im Brunnen Verlag, Gießen.

56 Der Einfachheit halber möchte ich mich hier nicht in die komplexe und faszinierende Diskussion über die chronologische Beziehung zwischen den Paulusbriefen und den Evangelien – wer hat wen beeinflusst? – einmischen. Es scheint allerdings klar zu sein, dass selbst die frühen Paulusbriefe, die vor den geschriebenen Evangelien entstanden sind, von der mündlichen Überlieferung des Stoffes der Evangelien beeinflusst wurden und dass daher eine wechselseitige Beziehung besteht.

57 Die christologische Hermeneutik verändert zweifellos unsere Lesart des Alten Testaments, aber es bleiben berechtigte Fragen zu den Völkermord-Passagen in Josua 6 und 1. Samuel 15 offen. Es reicht nicht aus, einfach zu sagen: «Na ja, Jesus ist nicht so», denn dann laufen wir Gefahr, die Autorität der Bibel herabzusetzen und in die Irrlehre des Markionismus zu verfallen, die den gütigen Gott des Neuen Testaments, der sich in Jesus offenbart, gegen den bösartigen «Demiurgen» des Alten Testaments ausspielt. Wer sich eingehender mit diesem Thema befassen möchte, dem sei die Lektüre von L. Daniel Hawks *The Violence of the Biblical God* (Eerdmans: Grand Rapids 2000) empfohlen. Hawk argumentiert, dass die Rhetorik der Massentötungen «mehr Stil als Substanz» enthält. Er beruft sich dabei unter anderem auf 5. Mose 7, wo Gott unmittelbar auf die Rede von der «Ausrottung» der Bewohner des Landes (7,1–2) ein Gebot folgen lässt, sich nicht durch Heirat mit ihnen zu vermischen (7,3). Das Tötungsgebot «scheint also nicht so sehr darauf abzuzielen, sie auszulöschen, als vielmehr Israel auf Distanz zu ihnen zu halten» [Übers.].

58 Wie Henri Nouwen sagt: «Für Jesus gibt es keine Länder, die erobert werden müssen, keine Ideologien, die aufgezwungen werden müssen, keine Menschen, die beherrscht werden müssen. Es gibt nur Kinder, Frauen und Männer, die geliebt werden wollen.» – *Peacework. Prayer Resistance Community,* Orbis Books: New York 2014 (S. 94) [Übers.].

59 Zitiert in Raniero Cantalamessa: *Life in Christ,* Liturgical Press: Minnesota 2002 (S. 7) [Übers.].

60 Ebd.

61 Otto Lachmann (Übersetzer): *Die Bekenntnisse des heiligen Augustinus,* Reclam: Leipzig 1888 (XIII.12).

62 Ebd. (II. 2)

63 T. S. Eliot: «Die Feuerpredigt» in *The Waste Land.* Übersetzt von Karl Heinz Göller.

64 Otto Lachmann: *Die Bekenntnisse des heiligen Augustinus* (XIII.7).

65 Ebd. (XIII.12)

66 Ebd.

67 Gott sprach in dieser Situation zu Augustinus; aber im Allgemeinen ist dessen Vorgehensweise, die Bibel einfach nach dem Zufallsprinzip aufzuschlagen, weder ein zuverlässiges noch gesundes Mittel der Erkenntnis, wie ich bereits erklärt habe.

68 Otto Lachmann: *Die Bekenntnisse des heiligen Augustinus* (XIII.12).

69 Zitiert in Richard Foster: *Streams of Living Water,* Harper Collins: London 1999 (S. 195) [Übers.].

70 Otto Lachmann (Übersetzer): *Die Bekenntnisse des heiligen Augustinus.* Reclam: Leipzig 1888 (X. 27).

71 Robert Waldron: *Thomas Merton, Master of Attention,* Paulist Press: Mahwah 2008 (S. 17) [Übers.].

72 Arnold Cole & Pamela Caudill Ovwigho: «Understanding the Bible Engagement Challenge: Scientific Evidence for the Power of 4». Center for Bible Engagement, Dezember 2009.

73 Francis de Sales: *An Introduction to the Devout Life,* Ignatius Press: San Francisco 2015 (S. 80) [Übers.].

74 David G. Benner: *Opening to God. Lectio Divina and Life as Prayer,* InterVarsity Press: Illinois, 2010 (S. 47).

75 «[Die Meditation] hört auf, ein Bild zu sein, und wird zu einem Fenster, durch das der Mystiker in das spirituelle Universum blickt und bis zu einem gewissen Grad – wenn er auch nicht weiß, wie – die wahrhaftige Gegenwart Gottes wahrnimmt.» – Evelyn Underhill: *Mysticism,* Penguin Books: New York 1910 (S. 315) [Übers.].

76 Siehe z. B. Richard Bauckham: *The Climax of Prophecy. Studies on the Book of Revelation,* T & T Clarke: London 1998.

77 Bereits im 3. Jahrhundert n. Chr. verwendete der Kirchenvater Origenes von Alexandria den griechischen Ausdruck *thea anagnosis* («göttliche Lesung»), um eine besondere Beschäftigung mit der Heiligen Schrift zu beschreiben, die persönliche Offenbarung durch den Text suchte. Dieser Ansatz, der seinerseits im jüdischen Denken über die Thora verwurzelt war, inspirierte die Wüstenväter und -mütter, die ihn zu einem zentralen Bestandteil ihrer außergewöhnlichen Lebensweise machten. Da praktisch das gesamte Mönchtum auf dem Vorbild dieser Eremiten beruhte, diente die *Lectio divina* (unter anderem Namen) von Anfang an als Muttersprache der monastischen Bewegung, noch Jahrhunderte bevor die Benediktsregel diese Praktik formalisierte.

78 Lectio 365: https://www.24-7prayer.com/resource/lectio-365/

79 Maurice Simon (Übersetzer; Hrsg. Rabbi Dr. Isidore Epstein): *Babylonian Talmud. Tractate Berakoth, Folio 55b* (halakhah.com) [Übers.].

80 Deutsche Version nach Pfr. Sebastian Steinbach, https://lebensliturgien.de/

81 Michael Polanyi: *Personal Knowledge. Towards a Post-Critical Philosophy,* Routledge: Oxford 1998 (S. 58).

82 Madame Guyon, «Excerpts from Experiencing the Depths of Jesus Christ», in Richard Foster & James Bryan Smith (Hrsg.): *The Devotional Classics,* Harper and Row: San Francisco 1989 (S. 301) [Übers.].

83 https://www.bible.com/de/bible/1588/COL.3.AMP [Übers.].

84 François Fénelon (Hrsg. Robert J. Edmonson): *The Complete Fenelon,* Paraclete Press: Brewster 2008 (S. 52) [Übers.].

85 Mit Anpassungen übernommen aus Richard Rohr: *Everything Belongs. The Gift of Contemplative Prayer,* Crossroad: New York 2003 (S. 39).

86 Martin Luther (Hrsg. Martin Jaroslav Pelikan, Helmut T. Oswald & H. C. Lehmann): «Preface to the Wittenberg Edition of Luther's German Works», in *Luther's Works, Vol. 34,* Concordia Publishing House: Saint Louis 1955 (S. 286); zitiert in Amy Boucher Pye: *Seven Ways to Pray,* NavPress: Colorado Springs 2021 [Übers.].

87 Predigt 7 über das Hohelied, 4.5, in G. R. Evans (Übersetzer): *Bernard of Clairvaux. Selected Works,* Paulist Press: Mahwah 1987 (S. 233–234); zitiert in Amy Boucher Pye: *Seven Ways to Pray,* NavPress: Colorado Springs 2021 [Übers.].

88 Wenn es dir schwerfällt, solche Wörter oder Sätze im Text zu erkennen, denkst du wahrscheinlich zu viel darüber nach. An diesem Vorgang ist nichts besonders Seltsames oder Übernatürliches. Anstatt dir die geschlossene Frage zu stellen: «Gibt es in diesem Text solche Wörter?» (worauf die Antwort entweder ein eindeutiges Ja oder – wie in deinem Fall – Nein ist), versuche, die offene Frage zu stellen: «Welche Wörter oder Sätze erregen meine Aufmerksamkeit?»

89 A. W. Tozer: «The Value of a Sanctified Imagination», aus: *The Best of Tozer,* Crossway Books: Wheaton, Illinois, 1991 (S. 52) [Übers.].

90 Mark Twain: *Ein Yankee aus Connecticut am Hof des König Artus,* AtheneMedia-Verlag: Dinslaken 2023. Übersetzt von André Hoffmann.

91 Richard Foster: *Sanctuary of the Soul. A Journey into Meditative Prayer,* Hodder & Stoughton: London 2011 (S. 35) [Übers.]. Auf Deutsch erschienen unter dem Titel *Der Weg zu Gott führt nach innen,* Neukirchener Aussaat: Neukirchen-Vluyn 2012.

92 A. W. Tozer: *Born After Midnight.* Moody Publishers: Chicago 2015 [Übers.].

93 Alexander Whyte: *Lord Teach Us to Pray,* Harper & Brothers: New York (S. 251); zitiert in Richard Foster: *Sanctuary of the Soul* (S. 41) [Übers.].

94 Mark Batterson: *Kreiszieher. Kühn beten – und Wunder erleben,* SCM R. Brockhaus: Wuppertal 2022[9]. Übersetzt von Doris Leisering.

95 Lawrence S. Cunningham & Keith J. Egan: *Christian Spirituality. Themes from the Tradition,* Paulist Press: Mahwah 1996 (S. 88) [Übers.].

96 James Martin SJ: *The Jesuit Guide to (Almost) Everything. A Spirituality for Real Life,* HarperOne: New York 2010 (S. 409–410) [Übers.].

97 Ebd. (S. 410).

98 Diego Laínez, SJ; zitiert in James Martin: *The Jesuit Guide to (Almost) Everything* (S. 17) [Übers.].

99 David G. Benner: *Opening to God* (S. 47).

100 Pierre Teilhard de Chardin: *The Heart of the Matter,* Houghton Mifflin: Boston 1980 (S. 57) [Übers.].

101 Aus Malcolm Guites Blog: malcolmguite.wordpress.com vom 8. Dezember 2012 [Übers.].

102 Ignatius von Loyola: *Die Exerzitien,* Johannes Verlag: Einsiedeln, 1999[12] (Die zweite Weise zu beten).

103 Die Andachts-App *Lectio 365* ist bei allen gängigen Anbietern erhältlich.

104 Ignatius of Loyola: *Personal Writings,* Penguin: London 1996 (S. 27) [Übers.].

105 Ebd.

106 Übersetzung aus https://de.wikipedia.org/wiki/Anima_Christi (20.11.23).

107 Benedicta Ward (Übersetzerin): *The Sayings of the Desert Fathers,* Cistercian Publications: Kalamazoo 1975 (S. 183) [Übers.].

108 Peter Pearson: *A Brush with God. An Icon Workbook,* Morehouse: Harrisburg 2005 (S. 17) [Übers.].

109 Für eine ausgewogene Einführung in das Beten mit Ikonen siehe Richard Foster: *Der Weg zu Gott führt nach innen,* Kapitel 3.

110 Wenn der Heilige Geist uns Informationen über eine Person, einen Ort oder eine Situation offenbart, die wir auf keine andere Weise erfahren können, spricht man von einem *Wort der Erkenntnis* (siehe 1. Korinther 12,8).

111 Die ganze Geschichte erzähle ich in meinem Buch *Dirty Glory. Gebetserhörungen an vorderster Glaubensfront heute,* Asaph: Lüdenscheid 2019.

112 Wenn der Apostel Paulus über «das Schwert des Geistes, welches das Wort Gottes ist» (Epheser 6,17; SLT) spricht, bezieht er sich nicht auf die Bibel als Ganzes, sondern, wie Jack Hayford sagt, «auf den jeweiligen Teil [der Bibel], den der Gläubige in der Not wie ein Schwert führt» (Jack Hayford: «The Word – Part 2», 23. Januar 2015). Bei der Verkündigung des Herrn an Maria sagt sie zum Engel Gabriel: «Mir geschehe nach deinem [*rhēma*]» (Lukas 1,38; SLT). In Simeons *Nunc dimittis* sagt er: «Nun, Herr, entlässt du deinen Knecht in Frieden nach deinem Wort [*rhēma*]!» (Lukas 2,29; SLT). Als Jesus die Jünger auffordert, ihre Netze für einen Fang auszuwerfen, antwortet Petrus: «Meister, wir haben die ganze Nacht hindurch gearbeitet und nichts gefangen; aber auf dein Wort [*rhēma*] will ich das Netz auswerfen!» (Lukas 5,5; SLT). Dies sind alles Beispiele dafür, wie der Herr zu bestimmten Menschen in konkreten Kontexten und zu wichtigen Zeiten auf unterschiedliche Weise spricht.

113 Ich will damit nicht sagen, dass Prophetie immer «nett» sein soll. Der Zweck der Prophetie besteht von Anfang bis Ende darin, das Volk Gottes in Einklang mit seinem Bund zu bringen. Dazu gehören auch heute noch Worte der Zurechtweisung, der Wegweisung und der Warnung, so wie es schon immer der Fall war. Aber wenn Leute sich zum ersten Mal mit Prophetie auseinandersetzen, ermutige ich sie immer, mit positiven Botschaften anzufangen, bevor sie sich auf schwierigeres Terrain wagen.

114 Jim Asker: «Bethel Music, Jonathan David Helser & Melissa Helser Top Christian Airplay Chart With ‹Raise a Hallelujah›». Billboard, 22. August 2019.

115 Jonathan David Helser, Joel Case & Brian Mark Johnson: «No Longer Slaves» vom Album *We Will Not be Shaken* © 2014 Bethel Music Publishing [Übers.].

116 Jack Deere: *Surprised by the Voice of God,* Zondervan: Grand Rapids 1996 (S. 146–147), [Übers.].

117 Zeiten, in denen Gott schweigt, können auch ein Hinweis auf die «dunkle Nacht der Seele» sein. Eine ausführliche Erklärung dieses und anderer wichtiger Aspekte von Gottes Schweigen finden sich in meinem Buch *Offline. Warum antwortest du nicht, Gott?* (Brunnen: Gießen 2009).

118 Das Alte Testament erwähnt Prophetenschulen in 1. Samuel 19,18–24, in 2. Könige 2 und 4,38–44 (andere Bezeichnungen sind «Schar bzw. Gemeinschaft oder Versammlung der Propheten» oder «Prophetensöhne»). Auch der Prophet Amos spielt möglicherweise auf die Prophetenschulen an, als er dem Priester Amazja in Amos 7,14 seine Qualifikationen (oder vielmehr deren Fehlen) erklärt. Die Gruppe der Propheten in 1. Samuel 19 bestand aus Samuels Schülern, bei denen es sich wahrscheinlich um Leviten handelte, die im Kontext der Stiftshütte und des zeremoniellen Gottesdienstes dienten.

119 Apostelgeschichte 2,4 und 19,6; Epheser 5,18.

120 «Gott kommt zu dir, verkleidet als dein Leben.» Das Zitat stammt ursprünglich von Paula D'Arcy, die ihren Mann und ihr einjähriges Kind bei einem Autounfall verlor, als sie siebenundzwanzig war. Bekannt wurde es durch Richard Rohrs Buch *Falling Upward. A Spirituality for the Two Halves of Life,* Jossey-Bass: San Francisco 2011 (S. 66).

121 Die Idee, zu dem zurückzukehren, was Gott zuletzt zu dir gesagt hat, vertieft Loren Cunningham in seinen Memoiren mit dem Titel *Bist du es Herr?* (Edition JMEM: Herrnhut 2010). Wer im Prophetischen wachsen möchte, kann sich für Christine Westhoffs zwölf Module umfassenden Online-Kurs «ReFraming the Prophetic» anmelden: www.reframingtheprophetic.com.

122 Eine faszinierende Zusammenfassung der Rolle, die Prophetie für die schottische Reformation im 16. Jahrhundert spielte, findet sich in Kapitel 5 von Jack Deeres Buch *Surprised by the Voice of God.* Auf Deutsch erschienen unter dem Titel *Überrascht von der Stimme Gottes,* Gerth Medien: Wetzlar 2005.

123 Quelle: «The History of Iris»: www.irisglobal.org/about/history [Übers.]

124 Rolland & Heidi Baker: *Always Enough. God's Miraculous Provision Among the Poorest Children on Earth,* Chosen Books: Grand Rapids 2003 (S. 49) [Übers.]. Auf Deutsch erschienen unter dem Titel *Es gibt immer genug!* Asaph: Lüdenscheid 2008[3].

125 Emily Dickinson: *Sämtliche Gedichte. Zweisprachig. Übersetzt, kommentiert von Gunhild Kübler,* Verlag Carl Hanser: München 2015 (Gedicht 1263).

126 Michael Casey: *Sacred Reading: The Ancient Art of Lectio Divina,* HarperCollins: London 1996 (S. 44) [Übers.]. Auf Deutsch erschienen unter dem Titel *Lectio divina. Die Kunst der geistlichen Lesung,* EOS Verlag: Sankt Ottilien 2020.

127 Matthew Bridges & Godfrey Thring: «Crown Him with Many Crowns» [Übers.].

128 John Greenleaf Whittier: «Dear Lord and Father of Mankind» [Übers.].

129 Die Begriffe *Unaufmerksamkeits-* bzw. *Wahrnehmungsblindheit* wurden 1992 von den Psychologen Arien Mack und Irvin Rock geprägt. Zahlreiche Studien haben dieses Phänomen untersucht und vier Faktoren identifiziert, die sein Auftreten beeinflussen: Auffälligkeit, Erwartung, mentale Anstrengung und Aufmerksamkeitskapazität.

130 Laut Levine und Witherington berichtet Eusebius, «dass mehrere Kirchenväter meinten, Kleopas sei identisch mit Klopas (Ecc. Hist. 3.32)». Allerdings fügen sie hinzu: «Die Verbindung zwischen den beiden Namen Kleopas und Klopas ist nicht gesichert» (Amy-Jill Levine & Ben Witherington III: «The Gospel of Luke» in *New Cambridge Bible Commentary,* Cambridge University Press: Cambridge 2018 (S. 657f.) [Übers.]). Interessanterweise schreibt Eusebius auch, dass Simeon, der Sohn von Klopas und Maria, nach dem Märtyrertod des Jakobus der zweite Bischof der Gemeinde von Jerusalem wurde. «Er war, wie es heißt, ein Vetter des Heilands, denn Hegesippus sagt uns, dass Klopas Josefs Bruder war» (Eusebius:

The History of the Church, translated by G. A. Williamson, Penguin: London 1965, 1986, S. 123f. [Übers.]). In jüngerer Zeit schrieb Tom Wright in seinem Kommentar zum Lukasevangelium: «Das Paar auf der Straße könnte sehr gut ein Ehepaar gewesen sein, Kleopas und Maria (siehe Johannes 19,25; ‹Klopas› dort ist wahrscheinlich dieselbe Person wie ‹Kleopas› hier). Auch wenn wir uns dessen nicht sicher sein können» (N. T. Wright: *Luke for Everyone*, SPCK: London 2001, 2004, S. 293 [Übers.]).

131 B. S. Orthau: «Was der Donner sprach» aus «Neuübertragung von T. S. Eliots *The Waste Land* mit erweiterten Anmerkungen, Teil IV», erschienen in «eXperimenta» 02/2017 (www.experimenta.de).

132 Brother Lawrence: *The Practice of the Presence of God,* Baker: Grand Rapids 1999 (S. 44) [Übers.].

133 Ebd. (S. 15) [Übers.].

134 Ebd. (S. 44) [Übers.].

135 Ebd. (S. 46) [Übers.].

136 [Übers.] aus: Henri J. M. Nouwen: *The Way of the Heart,* Ballantine: New York 1981 (S. 15–16). Auf Deutsch erschienen unter dem Titel: Henri J. M. Nouwen: *Feuer, das von innen brennt: Stille u. Gebet,* Herder: Freiburg im Breisgau; Basel; Wien (vergriffen, nur antiquarisch erhältlich).

137 Richard Foster: *The Celebration of Discipline,* Hodder & Stoughton: London 1989 (S. 131) [Übers.]. Auf Deutsch erschienen unter dem Titel *Nachfolge feiern. Geistliche Übungen neu entdeckt,* SCM R. Brockhaus: Wuppertal 2017.

138 Norman Wirzba: *Living the Sabbath. Discovering the Rhythms of Rest and Delight,* Brazos Press: Grand Rapids 2006 (S. 13) [Übers.].

139 William J. Wolf: *The Religion of Lincoln,* The Seabury Press: New York 1963 (S. 29) [Übers.].

140 John A. Sanford: *Dreams and Healing,* Paulist Press: Mahwah 1988 (S. 7) [Übers.].

141 Zum Beispiel weist Gustave Oehler in *Theology of the Old Testament* (Zondervan: Grand Rapids 2001, S. 143) darauf hin, dass die Trennung zwischen Träumen und Visionen in der Bibel allgemein unscharf ist.

142 [Übers.] aus: Billy Graham: *Angels. God's Secret Agents,* Hodder & Stoughton: London 2004 (S. 28). Auf Deutsch erschienen unter dem Titel: Billy Graham: *Engel – Gottes Geheimagenten,* SCM Hänssler: Holzgerlingen 2002[4] (vergriffen, nur antiquarisch erhältlich).

143 [Übers.] aus: Dallas Willard: *Hearing God. Developing a Conversational Relationship with God,* IVP: Downers Grove 2012 (S. 122); auf Deutsch erschienen unter dem Titel *Die eine, sanfte Stimme: Gott hören lernen in einer lauten Welt,* Hänssler: Holzgerlingen, 2004 (vergriffen, nur antiquarisch erhältlich).

144 In ihrem Buch *Paranormal America* stellen die Soziologen Christopher Bader,

F. Carson Mencken und Joseph Baker fest: «Engel sind in der Populärkultur allgegenwärtig – in Büchern, Fernsehsendungen und Filmen» (NYU Press: New York 2011 (S. 184) [Übers.]). Die «Baylor Religion Survey» ergab 2007, dass 57 Prozent der Katholiken, 81 Prozent der afroamerikanischen Protestanten, 66 Prozent der evangelikalen Protestanten und 10 Prozent der Juden angaben, eine persönliche Erfahrung mit einem Schutzengel gemacht zu haben. Und 20 Prozent derjenigen, die sich selbst als konfessionslos bezeichneten, gaben ebenfalls an, schon einmal einem Engel begegnet zu sein.

145 *Red Moon Rising,* SCM R. Brockhaus: Wuppertal 2005 (S. 75–78).

146 Ben Carson: *Gifted Hands,* Zondervan: Grand Rapids 1996 (S. 75) [Übers.].

147 Ebd. (S. 75–76) [Übers.].

148 John A. Sanford: *Dreams. God's Forgotten Language,* HarperOne: New York 1989 (S. 5) [Übers.].

149 Abraham Heschel: *The Prophets,* Harper Perennial: New York 2001 (S. xxii) [Übers.].

150 John A. Sanford: *Dreams* (S. 6) [Übers.].

151 Daniel 2,30; *God's Word Translation* [Übers.].

152 Gott setzt sich manchmal über den gesunden Menschenverstand hinweg, aber ich würde immer nach einer aussagekräftigen Bestätigung suchen – in jedem Fall mehr als einem Traum –, bevor ich jemandem rate, einem völlig kontraintuitiven Impuls zu folgen.

153 Siehe z. B. C. S. Lewis' These von universellen Moralvorstellungen in *Die Abschaffung des Menschen* (1943), insbesondere die «Illustrationen des Tao» im Anhang.

154 Um mehr über das *Examen* zu erfahren, siehe Pete Greig: *Kraftvoll beten* (Kapitel 10). Oder probiere die Abendgebete in der App *Lectio 365* aus, die auf dieser Praxis basieren.

155 Anm. d. Übers.: Keats meint damit einen Ort, der – gerade wegen seiner Leiden und Herausforderungen – unsere Seele heranreifen und uns somit erst im vollen Sinne Mensch werden lässt.

156 Julian of Norwich: *Revelations of Divine Love. Translated by Elizabeth Spearing,* Penguin: London 1998 (S. 33) [Übers.].

157 St. John of the Cross: *Spiritual Canticle. Translated by E. Allison Peers,* Image Books 1961 (Strophe i 7,8); zitiert in: Bradley Jersak: *Can You Hear Me? Tuning in to the God Who Speaks,* Fresh Wind Press: Abbotsford 2012 (S. 146) [Übers.].

158 Zitiert in: Bradley Jersak: *Can You Hear Me? Tuning in to the God Who Speaks,* Fresh Wind Press: Abbotsford 2012 (S. 146) [Übers.].

159 Ebd. (S. 129) [Übers.].

160 Ebd. (S. 130) [Übers.].

161 Zitiert aus A. W. Tozer: *The Pursuit of God,* Bethany Publishing House: Minnesota 2010 [Übers.].

162 Robert Llewelyn (Hrsg.): *Enfolded in Love. Daily Readings with Julian of Norwich,* Darton, Longman & Todd: London 1980 (S. 7) [Übers.].

163 Siehe T. S. Eliot: «Little Gidding» aus: *Four Quartets,* Faber & Faber: London 1963 (S. 59).

164 Robert Llewelyn (Hrsg.): *Enfolded in Love* (S. 18) [Übers.].

165 Ebd. (S. 34) [Übers.].

166 Carl Jung (Hrsg. Aniela Jaffé): *Memories, Dreams, Reflections,* Vintage Books: New York 1989 (S. 326) [Übers.].

167 James Martin SJ: *The Jesuit Guide to (Almost) Everything. A Spirituality for Real Life,* HarperOne: New York 2010 (S. 43) [Übers.].

168 Alpha ist ein elfwöchiger Kurs, durch den bereits Millionen von Menschen zum Glauben an Jesus gekommen sind. Dazu gehört auch *Alpha for Forces,* ein speziell auf Angehörige der Streitkräfte zugeschnittenes Format.

169 Pierre Teilhard de Chardin: *The Divine Milieu,* Harper Torchbooks: New York 1960 (S. 36) [Übers.].

170 Eugene H. Peterson: *Reversed Thunder. The Revelation of John and the Praying Imagination,* Harper and Row: San Francisco 1988 [Übers.].

171 Laut einer 2014 von MORI durchgeführten Befragung unter 4269 Personen sind Kirchengemeinden die sozial und kulturell diversesten Gemeinschaften in Großbritannien.

172 C. S. Lewis: «Answers to Questions on Christianity» in *God in the Dock,* Eerdmans: Grand Rapids 1970 (S. 61–62) [Übers.].

173 Zitiert in Michael Casey: *Sacred Reading* (S. 44). [Übers.]

174 Dietrich Bonhoeffer: *Gemeinsames Leben,* Brunnen: Gießen 2015 (S. 34–35).

175 Diese Geschichte wurde an verschiedenen Stellen von Gordon MacDonald, Chefredakteur des *«Leadership Journal»* von Christianity Today wiedergegeben. Anm. d. Übers.: Eine Version der Erzählung findet sich in den sogenannten *Fioretti,* den *Blümlein des Heiligen Franziskus,* einer Legendensammlung aus dem späten 14. Jahrhundert (Kapitel XVI). Dort überbringt nur einer der Freunde, Bruder Masseo, die Botschaft, welche Schwester Clara und Bruder Silvestro unabhängig voneinander im Gebet empfangen hatten.

176 So ergab zum Beispiel eine von der *Movember Foundation* im Jahr 2015 durchgeführte Untersuchung, dass etwa 2,5 Millionen britische Männer und 1,1 Millionen australische Männer im Alter zwischen dreißig und fünfundsechzig Jahren angaben, keine engen Freunde zu haben.

177 Laut Edward Sellner geht das Konzept der Seelenfreundschaft sogar noch weiter zurück, bis in die Zeit der Wüstenväter und -mütter: «Diese Fähigkeit zur Freundschaft und die Fähigkeit, die Herzen anderer Menschen zu lesen, wurde zur Grundlage der Wirksamkeit der Wüstenältesten als spirituelle Führer» (Edward C. Sellner: «Soul

Friendship in Early Celtic Monasticism», erschienen in «The Aisling Magazine» – Ausgabe 17, 1995 [Übers.]). Diese Lehren wurden im 4. Jahrhundert von Johannes Cassianus, einem der Begründer des Mönchtums, popularisiert. Er betonte, dass der Seelenfreund ein Kleriker oder ein Laie, ein Mann oder eine Frau sein könne.

178 John O'Donohue: *Anam Cara. Spiritual Wisdom from the Celtic World,* Bantam: London 1999 (S. 35) [Übers.].

179 In seinem Buch *Community, the Structure of Belonging* sagt Peter Block: «Fragen sind eine eigene Kunstform, die es verdient, sich ein Leben lang damit zu befassen. Durch sie wurde [unsere gemeinsame Zeit] vollkommen verändert» (Berrett-Koehler Publishers: Oakland 2018[2] (S. 59) [Übers.]).

180 Wendell Berry: «How to be a Poet», erschienen in «Poetry», Januar 2001.

181 Aus der Einleitung von Thomas Merton (Hrsg. Kathleen Deignan): *A Book of Hours,* Sorin Books: Indiana 2007 (S. 22) [Übers.].

182 Andy Crouch: *Culture Making. Recovering Our Creative Calling,* IVP: Downers Grove 2004 (S. 75) [Übers.].

183 Ruth Haley Barton: *Strengthening the Soul of your Leadership. Seeking God in the Crucible of Ministry,* IVP: Downers Grove 2018 (S. 62) [Übers.].

184 «Earth's crammed with heaven, / And every common bush afire with God, / But only he who sees takes off his shoes; / The rest sit round it and pluck blackberries» – Elizabeth Barrett Browning (1806–1861) in «Aurora Leigh» [Übers.].

185 Die New International Version übersetzt das Verb ἐπεδίδου im Englischen richtig mit «began es ihnen zu geben». Dies trifft die Imperfekt-Indikativ-Zeitform des griechischen Urtexts, wodurch eine Handlung beschrieben wird, die eine gewisse Zeit lang andauert, ohne deren Abschluss zu spezifizieren.

186 B. S. Orthau: «Was der Donner sprach» aus «Neuübertragung von T. S. Eliots *The Waste Land* mit erweiterten Anmerkungen, Teil IV», erschienen in «eXperimenta» 02/2017 (www.experimenta.de).

187 Gary R. Kremer: *George Washington Carver. A Biography,* Greenwood: Santa Barbara 2011 (S. 12) [Übers.].

188 G. W. Carver in einem Brief an Isabelle Coleman, 24. Juli 1931 [Übers.].

189 «Man of Science – and of God», in «The New American», Januar 2004.

190 William Federer: *George Washington Carver. His Life and Faith in his Own Words,* Amerisearch: St. Louis 2002 (S. 72) [Übers.].

191 John Perry: *Unshakable Faith. Booker T. Washington & George Washington Carver,* Multnomah: Sisters, Oregon 1999 (S. 361) [Übers.].

192 Platon: *Der Staat (Politeia), Buch XII.* Nach der Übersetzung von A. Prantl (www.projekt-gutenberg.org).

193 Jill Weber: *Amen: Wie die Luft zum Atmen,* SCM R. Brockhaus: Holzgerlingen 2022 (Kapitel 3). Übersetzt von Silke Gabrisch.

Über den Autor

Pete Greig ist Bestsellerautor, Pastor und Initiator der Gebetsbewegung 24-7 Prayer, die in bereits mehr als der Hälfte aller Länder der Erde Fuß gefasst hat. Er ist außerdem leitender Pastor von *Emmaus Rd* (Guildford, England), Botschafter für die NGO *Tearfund* und lehrt am *St. Mellitus Theological College* in London. 7 Jahre lang war Pete im Leitungsteam von *HTB* und *Alpha International* tätig. Zu Petes Veröffentlichungen gehören *Red Moon Rising: Wenn Freunde anfangen zu träumen und zu beten. Die Geschichte von 24-7 Prayer* (2005), *Offline: Warum antwortest du nicht, Gott?* (2009), *Dirty Glory: Gebetserhörungen an vorderster Glaubensfront heute* (2017), und *Kraftvoll beten* (2020). Pete liebt Kunstgalerien, Live-Musik und ... das Einreißen von Mauern.

Mehr Informationen unter: www.24-7prayer.com

Von Pete Greig ebenfalls erhältlich

Pete Greig

Kraftvoll beten

Jeder betet. Aber niemand findet es einfach. Wir alle brauchen ein wenig Hilfe. Wie kann mein Gebet kraftvoll werden? – Seit über zwanzig Jahren sammelt Pete Greig Erfahrungen mit der weltweiten 24-7-Gebetsbewegung.

Schwierige Umstände im persönlichen Leben sind der Grund, weshalb er sich intensiv mit der Frage nach nicht erhörtem Gebet beschäftigt. Hier gibt er uns anhand des Vaterunsers einen Überblick über die wesentlichen Aspekte des Betens und hilft, von der Theorie zur Praxis zu finden. *Kraftvoll beten* ist eine angenehm lesbare, tiefgehende und umfassende Hinführung zum Thema.

978-3-95459-037-7, 288 Seiten, Paperback